AUFBAU VERLAGSGRUPPE

August von Goethe
Bleistiftzeichnung von Julie von Egloffstein, 1817

August von Goethe

Wir waren sehr heiter

Reisetagebuch 1819

Herausgegeben von
Gabriele Radecke

Aufbau-Verlag

Mit 22 Abbildungen

ISBN 978-3-351-03209-8

Aufbau ist eine Marke
der Aufbau Verlagsgruppe GmbH

1. Auflage 2007
© Aufbau Verlagsgruppe GmbH, Berlin 2007
Einbandgestaltung Andreas Heilmann, Hamburg
Druck und Binden Ebner & Spiegel, Ulm
Printed in Germany

www.aufbau-verlag.de

INHALT

MIT NUTZEN ZU REISEN
Vorwort

Am 4. Mai 1819 brachen August und Ottilie von Goethe zu
einer achtwöchigen Reise auf, die sie nach Potsdam, Berlin,
Dessau, Torgau, Dresden und in die Sächsische Schweiz
führen sollte. Es war die erste und längste gemeinsame Reise
der beiden, in deren Mittelpunkt der dreiwöchige Aufenthalt in Berlin vom 8. Mai bis zum 1. Juni 1819 stand. Die jungen Eheleute wurden vom König empfangen, nahmen am
kulturellen und geselligen Leben teil, besichtigten die Stadt
und besuchten Schauspiele und Opernaufführungen. Wich-
tiger als diese Vergnügungen aber war die Erfüllung eines
Wunsches, an dem Johann Wolfgang Goethe sehr gelegen
war. Aus gesundheitlichen Gründen konnte er selbst eine so
weite und anstrengende Fahrt nicht antreten, und so wurden August und Ottilie gebeten, in seinem Namen in der
preußischen Residenz repräsentative Aufgaben zu überneh-
men.

Seit Goethes erstem und einzigem Besuch in Berlin und
Potsdam im Mai 1778 waren zahlreiche Kontakte zu Berliner
Wissenschaftlern, Politikern, Schriftstellern, Schauspielern
und bildenden Künstlern entstanden. Die Verbindungen
vertieften sich, als Goethe von 1809 bis in die 1820er Jahre
hinein ein geschätzter Berater der preußischen Wissen-
schafts- und Kulturpolitik unter den Ministern Wilhelm von
Humboldt und Karl vom Stein zum Altenstein war. Mit
dem Intendanten August Wilhelm Iffland und dessen Nachfolger Karl Graf von Brühl knüpfte er Beziehungen zum
Nationaltheater, mit Thomas Seebeck und Christoph Friedrich Ludwig Schultz führte er unter anderem einen Briefwechsel über die Farbenlehre, und im brieflichen Austausch
mit seinem langjährigen Freund Carl Friedrich Zelter nahm

Goethe an den kulturellen und politischen Ereignissen in Berlin teil. Zudem waren einige Bekannte – etwa Amalie Helvig oder das Schauspielerehepaar Amalie und Pius Alexander Wolff – von Weimar nach Berlin gezogen und korrespondierten seitdem mit Goethe. Schließlich lebte Ludwig Nicolovius, der Ehemann von Goethes verstorbener Nichte Louise Schlosser, mit seinen Kindern in der preußischen Residenz. Der älteste Sohn Franz studierte zwischen April 1818 und April 1819 in Jena Rechtswissenschaften und war regelmäßig zu Gast in Weimar, was zu einer engen Beziehung der beiden Familien beitrug. Mit August und Ottilies Reise sollten die zahlreichen persönlichen Verbindungen Goethes zu Berlin vertieft und neue Kontakte aufgebaut werden.

1806 hatte Goethe das erste Mal beabsichtigt, seinen damals sechzehnjährigen Sohn August in eigener Sache nach Berlin zu schicken. Berufliche Verpflichtungen hielten ihn vermutlich davon ab, die Reise selbst anzutreten. Goethe wollte sich Zelters Stadt durch Augusts junge »Augen« in Erinnerung rufen (an Zelter, 2. Juni 1806), so wie es ein Jahr zuvor geschehen war, als August die Großmutter, Catharina Elisabeth Goethe, in Frankfurt besucht und ihr »Bild« nach Weimar zurückgebracht hatte (an Zelter, 26. März 1806). Am 5. März 1806 bat Goethe Zelter um die Aufnahme seines Sohnes, damit er »in früher Jugendzeit, wo die weltlichen Dinge noch einen lustigen Eindruck machen, das Bild einer so großen Stadt in sich aufnehme« und zu seinem – Goethes – »Genusse lebhaft« nach Weimar zurücktrage. Die Reise wurde vorbereitet, Goethe hatte schon eine Liste mit 18 Berliner Persönlichkeiten zusammengestellt, und auch Zelter hatte bereits wichtige Vorkehrungen getroffen. Er erwartete »die Ankunft [des] Sohnes« spätestens in der Woche vor Ostern (an Goethe, 11. März 1806). Nachdem aber Zelters zweite Frau Juliane am 16. März gestorben war, wurde der Berlin-Besuch immer wieder verschoben, bis Goethe ihn am 2. Juni 1806 schließlich ganz aufgab.

In den folgenden Jahren erreichten Goethe immer wieder

Einladungsschreiben, aber erst elf Jahre später zog er ernsthafte Reisepläne in Erwägung. Staatsrat Schultz sprach während seines Aufenthalts in Jena und Weimar im August 1817 mit Goethe über einen Berlin-Besuch (an Goethe, 23. August 1817). Bei seiner Rückkehr kündigte Schultz trotz Goethes zögernder Antwort etwas voreilig dessen baldige Ankunft »Schinkel'n und einigen anderen« an (an Goethe, 13. September 1817). Goethe empfahl er am 24. Oktober und 13. Dezember 1817 den Besuch einiger Kunst- und Antikensammlungen, darunter auch der Giustinianischen Gemäldesammlung. Am 25. Februar 1818 schickte Schultz einen nicht mehr überlieferten Stadtplan nach Weimar, auf dem er die Wohnungen »von Altenstein, Hirt, Langermann, Fürst Radziwill, Schadow, Schinkel, von Schuckmann, Schultz, Solly (Schultz gegenüber), Fr. A. Wolf und Zelter« eingezeichnet hatte. Inzwischen hatte auch Zelter dem Freund »3 gute Zimmer in der belétage« seiner Wohnung angeboten (21. Dezember 1817). Aus gesundheitlichen Gründen sagte Goethe die Reise trotz aller Bemühungen von Schultz und Zelter schließlich am 8. Januar 1819 endgültig ab.

Vor diesem Hintergrund wurde vermutlich im Frühjahr 1819 der Plan entworfen, daß August und Ottilie nach Berlin reisen sollten, um in Stellvertretung Goethes Zelter und den Staatsrat Schultz wiederzusehen sowie die Familie Nicolovius, Ottilies Verwandte und die politische und kulturelle Prominenz der preußischen Hauptstadt näher kennenzulernen. August war schon früh in die Arbeitsbereiche seines Vaters einbezogen worden: 1801 nahm Goethe den erst Elfjährigen mit nach Göttingen und stellte ihn in den Gelehrtenkreisen vor, und 1805 folgte eine weitere Reise nach Halle, wo er August mit dem Philologen und Professor Friedrich August Wolf bekannt machte. Das Studium der Kameral- und Rechtswissenschaften in Heidelberg und Jena und die praktische Ausbildung als Kammerassessor in Kapellendorf bei Weimar bereiteten Augusts beruflichen Werdegang als Weimarer Verwaltungsbeamter vor. 1811 wurde er als Assessor bei der herzoglichen Kammer angestellt und 1815 zum Kammerrat befördert. Er wurde bei Hofe eingeführt, und Goethe übertrug ihm verantwortungsvolle organisatorische Aufgaben. August übernahm Goethes Rechnungs- und Schriftverkehr und führte im Auftrag des Vaters die Verhandlungen mit den Geschäfts- und Verlagsleuten. Er betreute dessen zahlreiche Sammlungen – etwa die Mineralien-, Handschriften- und Münzsammlungen sowie die Sammlung der Versteinerungen –, wirkte bei der Theaterintendanz mit und kümmerte sich um die Bauangelegenheiten. Allmählich übertrug ihm Goethe auch repräsentative Aufgaben, und August vertrat den Vater bei Empfängen, Beerdigungen oder in der Weimarer Freimaurerloge, in der beide Mitglieder waren. Da August die vielfältigen Tätigkeitsbereiche zur Zufriedenheit des Vaters ausführte, lag es also nahe, daß Goethe seinen inzwischen verheirateten Sohn zu dieser für ihn bedeutenden Reise beauftragte.

Für das Besichtigungsprogramm, das zunächst einen zweiwöchigen Aufenthalt vorsah, orientierte man sich offensichtlich an denjenigen Informationen, die Schultz im Herbst 1818 Goethe hatte zukommen lassen. August und Ottilie trafen fast alle Personen, die Schultz auf dem Stadtplan eingetragen hatte, und sahen sich die ihnen wärmstens empfohlenen naturwissenschaftlichen und paläontologischen Ausstellungen im Universitätsgebäude an. Im April 1819 schrieb Goethe unter anderem an Schadow und Ludwig Nicolovius, um die Ankunft seiner Kinder anzukündigen. Es ist anzunehmen, daß zu diesem Zeitpunkt schon an eine längere, insgesamt sieben Wochen dauernde Fahrt gedacht war, die August und Ottilie über Berlin hinaus auch an jene Orte führen sollte, in denen Ottilies nächste Verwandte lebten. August sollte nicht nur Ottilies Angehörigen in Berlin – den Familien von Pogwisch und von Treskow – vorgestellt werden, sondern auch den von Hagen in Dessau und Henckel von Donnersmarck in Torgau. Ottilie hatte den Kontakt

nach Dessau und Torgau aufgenommen und von den Reise-
plänen erzählt. Es sind nur noch die Antwortschreiben vom
17. und 18. April 1819 überliefert, in denen sowohl ihr Onkel
Wilhelm Henckel von Donnersmarck als auch ihre Tante
Auguste von Hagen eine herzliche Aufnahme in Aussicht
stellen. Aus diesen Schreiben geht auch hervor, daß die
Reise zunächst für den Sommer 1819 geplant war. Weitere
Informationen über die Vorverlegung des Reisetermins oder
wie es dazu kam, den Rückweg über Dresden und Leipzig
zu nehmen, sind nicht bekannt. Da Goethe aber in den vergangenen Jahren viele Bekannte, so die Malerin Louise Seidler, zu Kunststudien nach Dresden vermittelt hatte, liegt es
nahe, daß er besonders für Dresden seine Empfehlungen
ausgesprochen hatte. Inzwischen hatte er auch Zelter die
näher gerückte Abfahrt mitgeteilt. Am 17. April 1819 schickte
dieser eine genaue Wegbeschreibung zu seiner Wohnung in
der Friedrichsstraße, und am 26. April 1819 bestätigte er
noch einmal seine Vorfreude: »Auf die Ankunft unseres
Sohnes freue ich mich und seine Zimmer sind offen für ihn.
Ist es auch bei uns etwas weitläufig so ist er bei mir doch
besser aufgehoben als in einer gemieteten Wohnung. Einen
Diener habe ich der uns beide beschaffen kann und für die
Frau bietet sich meine Tochter die ein verständiges Mädgen
ist als Kammerjungfer an, und Köchin und Küche nebst Zu-
behör sind auch im Hause.« Auch an Ludwig Nicolovius
hatte Goethe am 7. April 1819 geschrieben und um freundliche Aufnahme gebeten. Während der letzten Tage vor dem
Aufbruch wurde immer wieder über die »vorhabende Reise«
gesprochen (vgl. Goethes Tagebuch, 26. April 1819), wobei
inhaltliche Details nicht bekannt sind. Vermutlich konsul-
tierten August und Ottilie Goethes Bücher über Berlin und
Dresden, etwa Friedrich Nicolais »Beschreibung der Königlichen Residenzstädte Berlin und Potsdam, aller daselbst befindlichen Merkwürdigkeiten, und der umliegenden Gegend«, Johann Daniel Rumpfs »Berlin oder Darstellung der
interessantesten Gegenstände dieser Residenz« oder Johann

August Lehningers »Description de la ville de Dresden«. Am 4. Mai 1819 fuhren August und Ottilie schließlich aus Weimar ab, obwohl Ottilie noch kurz zuvor, am 29. April, erkrankt war.

Nicht nur im Vorfeld, sondern auch während der Reise nahm Goethe regen Anteil an den Unternehmungen seiner Kinder. So berichtete er vielen Bekannten von dem Berlin-Besuch und lieh sich noch am 14. Juni 1819 in der Herzoglichen Bibliothek August Friedrich Calaus »Ansichten von Berlin, Potsdam, Charlottenburg, Paretz, Pfaueninsel« aus, von denen 1818/19 erste Fortsetzungslieferungen erschienen waren. In den drei Briefen, die Goethe an August schrieb, finden sich immer wieder Hinweise darauf, daß er Einfluß auf das Besuchsprogramm nahm. Er unterbreitete beispielsweise seine Vorstellungen von der Besichtigung Dresdens und stellte auch eine Erhöhung des Reiseetats in Aussicht: »Thue in Dresden die Augen auf so gut Du kannst und übereile Dich nicht, Du möchtest so bald nicht wieder hinkommen und hast dort sehr viel zu gewinnen. Die Reise bis dahin hat Dich wahrscheinlicher Weise schon mehr gekostet als Du dachtest, ich schreibe daher Herrn von Verloren daß er Dir Geld zahle wenn Du etwas brauchest. Um Dresden mußt Du die Natur beschaulich genießen, in Dresden die Kunstwerke aller Art die näher beysammen stehen als irgendwo und auf einem echten Grund und Boden. Übereile Dich also nicht« (14. Juni 1819). Er forderte seinen Sohn auf, Ausschau zu halten nach dem englischen Maler George Dawe und dem amerikanischen Mineralogen Joseph Green Cogswell, die Anfang Mai auf der Durchreise nach Dresden Station in Weimar gemacht hatten. Am 22. Juni 1819 erinnerte Goethe schließlich daran, bei der Dresdner Freimaurerloge »Zum goldenen Apfel im Orient« vorbeizuschauen, »deren Einrichtung und Anstalt zu vernehmen« er sehr »neugierig« sei (S. 190). In dem Brief schlug er auch vor, bei der Rückfahrt in Leipzig etwas länger zu verweilen, um dort verschiedene Bekannte zu treffen, etwa den Schriftsteller und Musikkritiker Friedrich Rochlitz – dem Goethe schon am 18. April einen Besuch der Kinder angekündigt hatte –, den Theaterdirektor Karl Theodor von Küstner, den Schriftsteller Heinrich Blümner und den Bankier Christian Gottlob Frege. Aus einem in die letzte Brieffassung nicht übernommenen Konzept geht hervor, daß Goethe ursprünglich sogar einen ausführlichen Reiseplan für Leipzig entworfen hatte und mit Nachdruck weitere Besuche wünschte. Aus Zeitgründen aber blieben August und Ottilie nur eine Nacht in Leipzig und verzichteten auf die Pflichtvisiten. Wie sehr Goethe daran gelegen war, daß möglichst jeder seiner engsten Freunde und Bekannten besucht werden sollte, zeigt sein Brief vom 29. Mai 1819 an Zelter. Dort äußerte er sich verwundert darüber, daß in Augusts Briefen ein Treffen mit dem Philologen Friedrich August Wolf und dem Archäologen Aloys Hirt nicht erwähnt wird. Er bat Zelter eindringlich, dafür Sorge zu tragen, »daß diese Freunde nicht übergangen werden«. August hatte Wolf jedoch schon am 16. Mai getroffen und offenbar nur vergessen, diesen Besuch dem Vater zu melden, und Zelter versicherte Goethe in seiner Antwort am 2. Juni 1819, daß Hirt von Berlin »abwesend« sei. Goethes Gesuch an den Minister Ernst Christian August von Gersdorff am 21. Juni 1819 wegen der einwöchigen Urlaubsverlängerung und seine Dankesschreiben an Brühl (2. Juni 1819), Seebeck (5. Juni 1819), Friedrich Tieck (9. Juni 1819), Johann Gottfried Langermann (8. Juli 1819) und Ludwig Nicolovius (11. Juli 1819) für die »gütige und ehrenvolle Aufnahme« seiner Kinder zeigen einmal mehr, daß er sich für Organisation, Programm und Ertrag der Reise letztlich verantwortlich fühlte.

Wie bei allen Reisen schrieb August von Goethe im Auftrag des Vaters an seinem Tagebuch. Der historische Wert der Niederschriften von 1819 ist groß, weil es nur wenige authentische Reisebeschreibungen aus Berlin und Dresden zu Beginn des 19. Jahrhunderts gibt. Das ist Augusts sorgfältigen

Aufzeichnungen zu verdanken, die zahlreiche Begegnungen und Besichtigungen festhalten und dem Leser des 21. Jahrhunderts somit ein umfassendes Bild von der vielfältigen, aber längst vergangenen Stadtkultur geben. Das Tagebuch bildet eine kleine Kulturgeschichte des Reisens; es enthält neben den Informationen über einzelne Sehenswürdigkeiten und aktuelle Ereignisse in Preußen und Sachsen auch Allgemeines über die Reisebedingungen im 19. Jahrhundert. Die Unbequemlichkeiten während der Fahrt mit der Postkutsche, das Warten auf Ersatzpferde, den zu entrichtenden Wegezoll sowie die Zollmodalitäten beim Passieren der Ländergrenzen und der Einfahrt in die Städte werden von August immer wieder hervorgehoben. Seine Berichte belegen den Beginn touristischer Führungen in den Museen und Galerien bis hinein in die Privatgemächer der königlichen Familien, für deren Besichtigung zum Teil hohe Eintrittsgelder erhoben wurden; auch private Kunstsammlungen waren den beiden zugänglich. Augusts Beschreibungen der Opern- und Schauspielaufführungen unterrichten über die damaligen Gepflogenheiten, das Theater als Stätte gesellschaftlicher Begegnungen zu nutzen, und wo es üblich war, zum Vergnügen nur ausgewählte Akte anzusehen. Der Vergleich mit den zeitgenössischen Tageszeitungen zeigt, daß auch Augusts kritische Urteile über die Theaterinszenierungen mit den Besprechungen zum größten Teil übereinstimmen. Einen Höhepunkt der Tagebuchaufzeichnungen ist die Wanderung durch die Sächsische Schweiz, die August und Ottilie zusammen mit drei Reisegefährten unternahmen. Die Beschreibung belegt den Beginn eines Wandertourismus, noch bevor das Elbsandsteingebirge durch die Werke bildender Künstler und Schriftsteller zu einem der beliebtesten Wandergebiete Deutschlands avancierte.

Das Tagebuch erfüllte verschiedene Funktionen, deren Kenntnis für das Textverständnis nicht unwichtig sind. August von Goethe schrieb seine in der Regel kurz nach den Besichtigungen formulierten Aufzeichnungen nicht im Hinblick auf eine Veröffentlichung, was unter anderem die etwas ungelenken Formulierungen erklärt. Es ist anzunehmen, daß der Tagebuchniederschrift Notizen vorausgingen, denn es sind zwei Blätter überliefert, auf denen Termine, Personennamen und Adressen stehen, die Eingang in den Tagebuchtext gefunden haben. Das Tagebuch bildete zunächst die Grundlage für seine und Ottilies Briefe an Goethe und Henriette von Pogwisch. An den Seitenrändern der Tagebuchblätter finden sich noch Spuren davon, denn August notierte zu seiner Orientierung immer, bis wohin er genau dem »Vater Nachricht« hatte zukommen lassen. Im Unterschied zu den Tagebuchaufzeichnungen sind die Briefe an den Vater kürzer und fassen die Erlebnisse mit einer etwas größeren Distanz zusammen. Sie informieren – wie es Goethe erwartete – fortlaufend über die Erlebnisse und Eindrücke sowie über Ottilies körperliches Befinden. Die Briefe wurden von Goethe an die »allernächsten« (an August, 26. Mai 1819) weitergereicht und Auszüge davon an die großherzogliche Familie nach Wilhelmsthal verschickt (Goethe an August, 22. Juni 1819). Das Tagebuch diente darüber hinaus aber noch einem anderen Zweck: August hatte die Aufzeichnungen von Beginn an so angelegt, daß er sie nach seiner Rückkehr als Gedächtnisstütze für die Gespräche mit dem Vater nutzen konnte. Immer wieder findet man Randbemerkungen zum Tagebuchtext, die August mit einem »memorabilia« kennzeichnete und die die wichtigsten Gesprächsinhalte oder Sehenswürdigkeiten für die späteren mündlichen Berichte in Weimar markieren. Es gibt einige Briefstellen, die auf die ausführlichen Niederschriften im Tagebuch verweisen und offensichtlich beim Lesen der Briefe Goethes Neugier wecken sollten. In seinem Brief vom 18. Mai 1819 äußerte sich August gegenüber seiner Schwiegermutter Henriette von Pogwisch einmal über das wesentliche Anliegen des Tagebuchs: »Mein Tagebuch führe ich ordentlich und hoffe bey unsrer Rükkehr in vertraul: Abendstunden manchen guten Spaß mitzutheilen.« Daß davon rege Gebrauch gemacht wurde, belegt schließlich Goethes Tagebuch, in welchem er noch unter dem 19. November 1819 ein solches Nachgespräch festhielt.

August von Goethe beginnt seine Aufzeichnungen mit der Schilderung des wehmütigen, aber hoffnungsvollen Aufbruchs aus Weimar: »[E]s war ein heiterer Morgen, Alles Grün frisch und es lockte einen wirklich in die Welt hinein. Der Postillion, ein heiterer Bursch, schmetterte im Webicht mit den Nachtigallen um die Wette«. Die vielfältigen Begegnungen mit den Freunden, Bekannten und Verwandten, die zahlreichen Unternehmungen, die überwältigenden Eindrücke von Berlin und Dresden und nicht zuletzt das schöne frühsommerliche Wetter unterstreichen die hier schon beschriebene Heiterkeit und Zufriedenheit, die am Schluß in das Fazit münden: »Ende gut, alles gut«. Auch Ottilies Briefe an ihre Mutter wurden in dieser glücklichen Stimmung geschrieben. Sie erzählen von den Annehmlichkeiten des Fahrens, von dem beeindruckenden Wogen und Treiben in der Großstadt, von der »himmlische[n] Gegend« um Potsdam und von ihrer »Herzensstadt« Berlin, in der sie als Kind nach der Trennung ihrer Eltern gelebt hatte. Liest man das Tagebuch und die Briefe genauer, so finden sich Andeutungen, die diese ausgelassene Fröhlichkeit in Frage stellen. Da ist die Sorge um Ottilies Gesundheit, die unterwegs unter einem chronischen Husten litt, sowie Ottilies Beziehungen zu Goswin von Brederlow, Franz Nicolovius und zu den Leutnants in Dessau, die auf eine Störung der Harmonie hinweisen. Hinzu kommen die unterschiedlichen Interessen der jungen Eheleute, die sie oft zu getrennten Unternehmungen veranlaßten, sowie Augusts sich hier schon abzeichnende und ihm später zum Verhängnis werdende Alkoholabhängigkeit. Auch die Mitteilungen über den finanziellen Ruin der Familie Schopenhauer und deren überstürzte Reise nach Danzig verdeutlichen schließlich, daß sich die in den Tagebüchern und Briefen so oft betonte Heiterkeit im Grunde genommen nur auf momentane Stimmungen bezieht, hinter denen sich erste Anzeichen späterer Ehekonflikte verbergen. Das Tagebuch dokumentiert darüber hinaus das ständige Bemühen August von Goethes, alle Begegnungen, Besichtigungen und Eindrücke möglichst vollständig zu erfassen. Der Druck auf den Chronisten war so groß, daß oft der erste und letzte Gedanke seinem Tagebuch galt, in dem er früh am Morgen oder spät in der Nacht seine Erlebnisse skizzierte. Die Aufzeichnungen belegen, daß sich der Berlin-Aufenthalt immer mehr zu einem kaum zu bewältigenden Pflichtprogramm gestaltete, über das August dem Vater ständig Rechenschaft ablegte. Schon der zweite Brief an Goethe endet mit der Versicherung, daß sie »früh anfangen das Nothwendige abzuthun« (10. Mai 1819, S. 51). Einen Tag später wiederholen sich die Beteuerungen, daß sie ihre »Zeit möglichst gut anzuwenden suchen«, um die an sie gestellten repräsentativen Aufgaben zu erfüllen (an Goethe, 11. Mai 1819, S. 53). Auch gegenüber der Schwiegermutter Henriette von Pogwisch sind diese Rechtfertigungen zu spüren, wenn August am 18. Mai auf das von Ottilie immer wieder geäußerte Motto der Reise, »mit Nutzen zu reisen«, zurückkommt.

August und Ottilie erlebten die Großstadt Berlin in einer Phase des gesellschaftlichen, kulturellen und politischen Umbruchs. Wenige Wochen vor Reiseantritt, am 23. März 1819, wurde der konservative Theaterdichter August von Kotzebue in Mannheim von dem Studenten und Burschenschafter Karl Ludwig Sand ermordet. Dieses Ereignis erschütterte den seit 1815 geschlossenen Frieden in Deutschland, führte am 7. Juli 1819 zu ersten »Demagogen«-Verfolgungen und mit den Karlsbader Beschlüssen im September 1819 zu einer Überwachung der Universitäten sowie einer Verschärfung der Zensur. Obwohl die Zeitungen täglich über die Folgen des Verbrechens berichteten, hielt sich August mit einer Bewertung der politisch angespannten Lage zurück. Nur ein Tischgespräch im Haus des Rechtsgelehrten

Friedrich Karl von Savigny am 16. Mai 1819, in dem von den Störungen während einer Gedenkfeier für Kotzebue in Königsberg die Rede ist, hielt er in seinem Tagebuch fest.

Berlin entwickelte sich allmählich zu einer europäischen Metropole; 1819 zählte man den 200000sten Einwohner. Die Stadt wuchs über ihre alten Grenzen hinaus, und es begann die sukzessive Verschmelzung mit den umliegenden expandierenden Dörfern. August und Ottilie wurden Zeugen dieser Entwicklung. Das Tagebuch berichtet zum Beispiel von den Besichtigungen der führenden Spinnerei- und Maschinenfabriken, die seit der Erfindung der Dampfmaschine von Georg Christian Freund im Jahr 1815 ihre Produkte vermehrten. Auch auf kulturellem Gebiet hatte die Großstadt einiges zu bieten: Die zahlreichen Schauspiel- und Opernaufführungen unter Brühls Intendanz und mit Schinkels Bühnendekorationen, die August von Goethe in seinen Aufzeichnungen streift, waren das Ergebnis der Bühnenreform seit Brühls Übernahme der Theaterleitung im Jahr 1815. In Zusammenarbeit mit Schinkel entwickelte er eine »realistische« Inszenierung, die sich bei der Wahl der Bühnenbilder und Kostüme auf der Grundlage des Schauspiel- oder des Operntextes an historischen Quellen orientierte. Den größten Erfolg feierte man mit der Neuinszenierung von Mozarts »Zauberflöte«, die August und Ottilie am 25. Mai 1819 erlebten. Mit insgesamt zwölf Bühnenbildern von Schinkel in ägyptischer Architektur galt sie als künstlerische Vollendung der stilistischen Einheit von Gestaltung, Dekoration und Kostümen. August und Ottilie nahmen auch an den städtebaulichen Veränderungen Berlins Anteil: Sie sahen Schinkels Neue Wache, besichtigten mit ihm die Baustelle des neuen Königlichen Schauspielhauses am Gendarmenmarkt und verschafften sich einen Eindruck von Rauchs und Tiecks Modellen der Bronzegruppe »Apollon Musagetes mit Greifengespann« für das neue Theater. In der Königlichen Eisengießerei schauten sie sich die ersten Abgüsse für das 1823 fertiggestellte Nationaldenkmal an, das zur Erinnerung an die Befreiungskriege von 1813 bis 1815 auf dem später so genannten Kreuzberg aufgestellt wurde. Ein besonderes Interesse galt den Kunst- und Antikensammlungen, die durch die Ankäufe der vergangenen Jahre angewachsen waren. So konnten August und Ottilie im Schloß Monbijou die Abgüsse des griechischen Tempels Apollon Epikurion zu Bassai bei Phigalia sowie Abgüsse der »Elgin Marbles«, der Parthenon-Skulpturen auf der Akropolis in Athen, sehen. Goethe hatte sich damit seit Jahren beschäftigt und Zeichnungen erworben, an die sich August während der Besichtigung erinnerte. An den Plänen zum Bau des Königlichen Museums auf der Spreeinsel, das unter Schinkels Leitung 1830 fertiggestellt werden sollte, nahmen Goethe und Heinrich Meyer regen Anteil. Eine Besonderheit bildet schließlich Augusts ausführliche Beschreibung der Kunstsammlung Naglers, der bedeutendsten und umfangreichsten Privatsammlung, deren Besuch Goethe veranlaßte, mit Nagler zu korrespondieren.

Mit der 1810 gegründeten Universität Unter den Linden gehörte Berlin mittlerweile zum wissenschaftlichen Zentrum Deutschlands. Schon zu Beginn holte Wilhelm von Humboldt den bedeutenden Juristen Savigny nach Berlin. Wolf und Hirt lehrten hier, und am 21. Oktober 1818 übernahm Hegel mit seiner Antrittsvorlesung die Nachfolge Fichtes. In den Räumen der Universität waren seit 1818 verschiedene naturhistorische Sammlungen untergebracht, die über die Grenzen Berlins hinaus bekannt werden sollten. August erlebte, wie ein an der Küste von Schleswig-Holstein gefundener toter »Wallfisch« auf Veranlassung des Anatomen Karl Asmund Rudolphi von Hamburg nach Berlin gebracht wurde, wo er für Forschungszwecke an der Tierarzneischule präpariert wurde. Auch auf medizinisch-pädagogischem Gebiet wurden in Berlin Erfolge erzielt, wie Augusts Besichtigung des Taubstummeninstituts zeigt, das durch innovative Unterrichtsmethoden die Schüler auf ein eigenständiges Leben vorbereitete.

Der wirtschaftliche und wissenschaftliche Aufschwung Berlins hatte seinen Grund nicht zuletzt in dem Sieg der alliierten Truppen über die französische Armee bei der Schlacht von Belle Alliance (Waterloo) am 18. Juni 1815. Der Triumph über Napoleon fand noch vier Jahre später in Augusts Tagebuch einen Nachhall: August, der große Napoleon-Verehrer, schaute sich einzelne Siegestrophäen in den Museen gezielt an. Im Zeughaus fielen ihm die erbeuteten Waffen und Fahnen der französischen Armee auf, und in einem Verschlag fand er unter anderem François Gérards Gemälde, die Napoleon und seine erste Frau Joséphine im »Krönungsornat« zeigten. August und Ottilie besichtigten das Modell-Haus am Schlesischen Tor, in dem die Pappmaché-Modelle der französischen Festungen ausgestellt waren, und entdeckten in der Kunstkammer im Schloß Napoleons Hut und Degen.

Der Berlin-Besuch der jungen Goethes gestaltete sich zu einem gesellschaftlichen Ereignis. Das Paar wurde von der politischen, kulturellen und künstlerischen Prominenz empfangen und traf in Stellvertretung Goethes dessen Freunde und Bekannte. In den Tagebuchaufzeichnungen wird dabei immer wieder Goethes Präsenz sichtbar. Während eines Mittagessens im Haus des Staatsrats Schultz las man aus Goethes wenige Wochen zuvor erschienenen »Festgedichten« vor, Goethe zu Ehren wurde am 10. Mai 1819 die »Iphigenie« gegeben mit Amalie Wolff als Iphigenie und Goethes bestem Schauspielschüler, Pius Alexander Wolff, als Orest. Ein weiterer Höhepunkt der Goethe-Verehrung in Berlin bildete die Uraufführung der »Faust«-Kompositionen des Fürsten Anton Heinrich von Radziwill im Schloß Monbijou am 24. Mai, zu der August und Ottilie eingeladen wurden. Immer wieder gedachte man in Anwesenheit des Sohnes der persönlichen Begegnungen mit dem Dichter, auf dessen Gesundheit man anstieß. Hinzu kamen Audienzen beim König und Minister vom Stein zum Altenstein und die Besuche in den literarischen Salons von Amalie Helvig und Elisabeth Staegemann, in denen man sich seit

Jahren schon zu regelmäßigen Goethe-Lektüren versammelte. Für Goethes Autographensammlung warb Ottilie erfolgreich bei dem General August Graf Neidhardt von Gneisenau, der einen Brief an Goethe schrieb, und ihr Cousin Brederlow stiftete ein Blatt aus seinem Stammbuch, einen Gedichtentwurf des blinden Dichters Ludwig von Baczko. Der Mediziner und Staatsrat Johann Gottfried Langermann stellte noch einen Bericht des Christian Ludwig Mursinna über die wissenschaftliche Tätigkeit seines Lehrers, des Physiologen Caspar Friedrich Wolf, zur Verfügung. In Stellvertretung Goethes übernahm Ottilie schließlich die Patenschaft für das jüngste Kind des Staatsrats Schultz, das nach Goethes »Wahlverwandtschaften« auf den Namen Ottilie getauft wurde.

In Dessau und Torgau, den weiteren Stationen der Reise, waren die Besuche zunächst Ottilies Verwandten und Bekannten vorbehalten. Nachdem sich ihre Eltern getrennt hatten, verbrachte Ottilie um 1805 etwa ein Jahr bei ihrer Tante Auguste von Hagen in Dessau, bis sich ihre Mutter Henriette von Pogwisch als Hofdame der Großherzogin Luise in Weimar niederließ. Über diese Zeit ist nichts bekannt, auch die Biographen haben keine weiteren Informationen zusammengetragen. August von Goethes Tagebuch, vor allem aber die beiden Briefe von Auguste von Hagen knüpfen an die während dieser Zeit entstandene enge Beziehung an, und Ottilie erinnert sich schon beim ersten Aufenthalt in Dessau am 5. Mai 1819 an die Freundschaft mit Waldersees und Knebels.

Aber auch in Dessau gab es zahlreiche Verbindungen zu Goethe, der die Haupt- und Residenzstadt des Fürstentums Anhalt-Dessau zwischen 1776 und 1797 insgesamt achtmal besucht hatte. In geselligen Runden bei Waldersees, zu denen auch die Nachkommen von Goethes Großonkel Johann Michael Loen eingeladen waren, kam man auf diese Begegnungen zu sprechen. Die Sieglitzer Solitüde (Abb. 11) verglich August mit dem Römischen Haus im Weimarer

Ilmpark, das auch auf Goethes Veranlassung in Anlehnung an das Schlößchen bei Dessau von Friedrich Wilhelm von Erdmannsdorf gebaut wurde. Auch der Besuch des Wörlitzer Landschaftsgartens weckte Erinnerungen an Weimar, wo August im Pantheon ein bronzener Stier auffiel, der einer Stierstatuette des Vaters glich. Der Anblick des künstlich angelegten Steins zeigte in doppelter Hinsicht Verbindungen nach Weimar, denn Goethe hatte eine Zeichnung davon angefertigt (Abb. 12), und 1782 war eine Kopie des Dessauer Steins zur Erinnerung an den Fürsten Leopold III. Friedrich Franz im Park an der Ilm aufgestellt worden.

Am 11. Juni erreichten August und Ottilie schließlich ihre letzte Station, die sächsische Hauptstadt Dresden, wo sie sich bis zum 26. Juni aufhielten. Dresden galt 1819 als eine der bedeutendsten Kunststädte Deutschlands. Durch die Sammelleidenschaft August des Starken waren große Gemälde- und Kunstsammlungen entstanden, die der Öffentlichkeit präsentiert wurden. Auch hier folgten die Kinder den Spuren des Vaters. Sie stiegen im Hotel Goldener Engel in der Altstadt ab, in dem Goethe 1810 gewohnt hatte, und besichtigten wie dieser die Mengsischen Gipsabgüsse, die Rüstkammer im Schloß und die Königliche Gemäldegalerie, von der Goethe schon als Leipziger Student bei seiner ersten Reise nach Dresden 1768 beeindruckt war. Auf der Straße begegnete August dem Bruder des verstorbenen Ministers Johann Friedrich von Koppenfels, der ihm Grüße nach Weimar auftrug. Goethes Beziehungen zum Major Heinrich Ludwig Verlohren, dem Goethe noch am 14. Juni die Ankunft seiner Kinder gemeldet hatte, ermöglichten, daß August und Ottilie weiteres Reisegeld bezogen. Auf väterlichen Wunsch lernte August schließlich noch Johann Nicolaus Bischoff kennen, den Vorsteher der Dresdner Loge »Zum goldenen Apfel«.

Am Abend des 27. Juni 1819 kehrten August und Ottilie über Meißen, Leipzig und Lützen nach Weimar zurück. Sie waren eine Woche länger als geplant unterwegs, und es hatten sich, wie es in Augusts Brief vom 16. Juni aus Dresden heißt, erste Ermüdungserscheinungen eingestellt. Goethe weilte noch in Jena, wo er einen Tag später von der Ankunft seiner Kinder erfuhr. Es sollte Augusts einzige Fahrt nach Potsdam und Berlin bleiben, und auch nach Dresden kam er nicht wieder. Mit seiner Reise nach Berlin begann eine Reihe von Besuchen in der preußischen Residenz, an denen der Vater ebenfalls großes Interesse zeigte: Im Auftrag Goethes reiste Heinrich Meyer ein Jahr später dorthin, um sich unter anderem über die Kunstsammlungen ein Bild zu verschaffen, 1821 folgte Ottilies Schwester Ulrike von Pogwisch, und 1823/24 kam Ottilie ein weiteres Mal nach Berlin und vertiefte die 1819 entstandenen freundschaftlichen Beziehungen.

August und Ottilies Reise nach Preußen und Sachsen im Frühsommer 1819 wurde bisher kaum rezipiert. Die Forschungsliteratur und die Biographik kommen entweder gar nicht oder nur vereinzelt auf Augusts Tagebuch- und Briefdarstellungen zu sprechen, und in den Goethe-Handbüchern gibt es noch nicht einmal Anmerkungen über die Begegnungen der jungen Goethes in Berlin und Dresden. Ein wesentlicher Grund ist, daß Augusts Reisetagebuch bis jetzt nicht veröffentlicht wurde. Da August immer im Schatten seines Vaters stand, genügten für die Rezeption des Goethe-Bildes die von Geiger abgedruckten Berliner Briefe an den Vater. Das Reisetagebuch galt »nur« als Vorstufe zu den Briefen, so daß man es kaum beachtete und für eine Publikation nicht ertragreich genug fand. Die vorliegende Edition dokumentiert das Gegenteil: Das Zusammenspiel von Tagebuch und den verschiedenen autobiographischen Texten eröffnet ein facettenreiches Bild, das über die familiären Beziehungen hinaus zahlreiche kulturhistorische Details vermittelt. Es wird zudem deutlich, daß Goethe die Reise von der Planung bis zur Rückkehr für die eigenen Forschungsinteressen funktionalisierte. Die gezielten Begegnungen mit dessen Bekannten und die Besichtigungen der

Museen und Galerien zeigen, daß letztlich nur der Wille des Vaters und nicht die persönlichen Vorlieben des Sohnes die Niederschriften und Unternehmungen motivierte. Die herzliche Aufnahme in Berlin, die Huldigungen, die August und Ottilie erfuhren, sowie der Ehrenplatz neben der königlichen Loge im Theater galten im Grunde genommen nicht ihnen, sondern Goethe, der zwar abwesend war, aber dennoch im Mittelpunkt der Aufmerksamkeit stand. Wie ein Jahrzehnt später auf seiner Italienreise wurde August von der Öffentlichkeit nur als Goethes Sohn wahrgenommen, der im Dienst des Vaters stand. Die Reise von 1819 diente letztlich nicht nur der Bildung der Kinder, sondern auch Goethes weiterer Beschäftigung mit seinen kunstkritischen und naturwissenschaftlichen Studien, in denen der »Nutzen« der Reise sichtbar wurde. Die vorliegende Edition ermöglicht es erstmals, diese Spuren auch in Goethes Œuvre weiterzuverfolgen – nun mit den Augen des Sohnes.

August von Goethes Reise
nach Preußen und Sachsen
im Jahr 1819

Tagebuch und Briefe

Carl Friedrich Zelter an Ottilie von Goethe

Berlin den 17 April 1819.

Alles ist bereit. Sie fahren am 9. Mai in unsere Stadt, durch das Potsdammer Thor in die Leipziger Strasse herein. Die dritte Querstraße ist die (grosse) Friedrichsstrasse: in diese wird links herein gefahren, gerade aus über die Weidendammer Brücke in das Haus No. 129 links. Auf dem Thorwagen, an der Treppe wird gehalten, ausgestiegen und Sie sind in Ihrer Wohnung bey Ihrem

Zelter.

Wilhelm Henckel von Donnersmarck an Ottilie von Goethe, Torgau, 17. April 1819

Meine Beste Ottilie!

Du bist wirklich die Vernünftigste von der ganzen Familie, denn die andern liegen entweder auf dem Rücken oder sind ärgerlich u. s. w., und Du schreibst denn doch und was noch mehr ist, machst einem die frohe Hoffnung Dich und Deinen lieben Mann wieder zu sehn. Welch eine große Freude wir über diese vortreffliche Entschließung haben, brauche ich Dir wohl nicht zu sagen und mit offenen Armen und noch offeneren Hertzen werden wir Euch empfangen, denn Ihr hättet sicherlich keine größere Freude für uns ansinnen können als diese. Es ist sogar möglich, daß wir Euch nachher nach Dresden begleiten; was aber vom Befinden meiner Frau abhängen wird die leider seit dem Tode der Mutter gar nicht wieder recht auf die Beine kommen konnte, sich aber Gottlob jetzt wieder seit ein paar Tagen etwas zu erholen scheint. – Noch eines muß ich bemerken, daß wir leider so eng wohnen, Euch nicht beherbergen zu können, aber es wird alles mehr zur höchsten Zufriedenheit arrangiert werden und durch Frau Wagener wirst Du ersehen, wo das Quartier für Dich bereitet ist.

Ich finde daß Dein lieber Mann, den wir herzlich grüßen, sehr vernünftige Gedanken hat, Dich bey uns hinbringen zu wollen, denn hier in dem verwünschten Torgau sehnt man sich mehr als irgendwo mit den Seinigen einmal froh zu sein, denn von Gesellschaftlichen Umgang ist bis jetzt hier noch gar nicht die Rede, wird auch wohl schwehrlich zu wege zu bringen sein, denn die Städter lieben uns nicht und ma chers Soldate scheinen nicht sehr passioniert für das Gesellschaftliche Leben; man muß sich dann doch in alle dem finden. Ich fürchte daß Du Hagen Anfangs May nicht zu Hause finden wirst, denn er will nach Berlin, wo er sich ein rendez vous mit seinem Bruder aus Pommern gegeben hat. In Berlin bitte ich Dich hauptsächlich das Museum und die Bilder Gallerie zu sehen, aber auf jeden Fall sich auch einen Tag in Potsdam aufzuhalten und dabey Sans Souci und wo möglich die Pfauen Insel nicht zu vergeßen, so wie auch den Neuen Garten mit dem Marmoor Palais, was alles im May von der höchsten Pracht zu sein pflegt. Das Begräbnis der Königin in Charlottenburg ist nicht zu vergeßen. Recht lebhaften Antheil nehmen wir daran, daß die Mutter und die Rieke immer krank sind; grüße sie beyde herzlich von uns. Sie sollten beyde einmal nach einem Baade gehen, um sich recht auszucouriren, denn die Gesundheit ist doch immer das Wesendlichste im Leben. Wie sich die Rieke als Wirthschafterin ausnehmen wird, bin ich recht neugierig, denn das gehörte sonst niemals zu ihren Haupt Vergnügungen. Dein Sohn wird schon so alt, daß Du bald an ein placement für ihn wirst denken müßen; hüte ihn nur immer dafür, daß er nicht der Deutschte unter den Deutschen wird, denn die sind jetzt noch gerade gantz verrückt – und das wollte ich ihnen noch erlauben, wenn sie nur nicht anfingen die gantze Nation zu brandmarken. Das nennt man also die so viel gepriesene, verlangte und erstrittene Denck- Sprech- und Rede Freyheit???!!! Das nennen sie

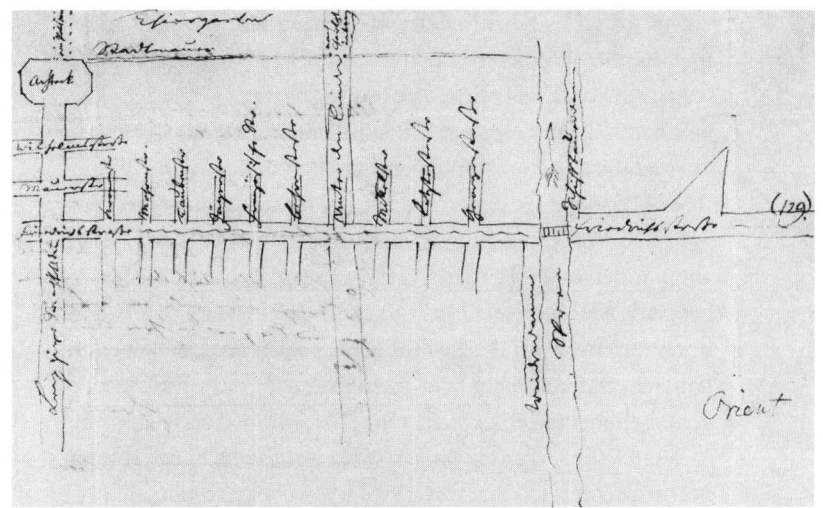

1 Skizze des Wegs zu Zelters Wohnung
Aus Zelters Brief an Ottilie von Goethe, 17. April 1819

ein aufgeklärtes Jahrhundert, wo nun die Menschheit endlich ihre Rechte erkennen lernt! – Da möchte ich des Teuffels werden, mit dieser Sorte von aufgeklährter Glückseeligkeit, wo man in seiner eigenen Stube nicht mehr seines Lebens sicher ist. Sand hat uns im eigentlichen Sinn des Worts um unsere National Ehre gebracht, denn so lange waren wir das einzig reine Volck; jetzt ist die Bahn gebrochen und wir stehen allen andern gleich, daran Geschichte mit solchen Flecken besudelt ist. Doch ich ärgere mich ohne Noth, denn ich kann doch nichts abwenden, werde aber zu seiner Zeit beweisen, daß ich immer mit Ehre, meinen geleisteten Eide treu – untergehen werde.

Was Deinen Wunsch wegen einer Anleihe von 200 rth. anbetrifft, so will ich ihn gerne erfüllen, wenn mir eine Zahlung eingeht die mir schon den 1. Maertz eingehn sollte, und hoffe ich, daß Wagener Dir bey Deiner Anwesenheit in Berlin das Geld wird zahlen können. Sollte das Geld nicht eingehen, dann müßte ich bitten, mir nur etwas Zeit zu geben, indem ich in diesem Augenblick etwas knapp zu Gelde bin, da meine Reisen von Franckreich und meine hiesige Einrichtung mir über 5000 rth. gekostet haben. Kannst Du es aber möglich machen, mir das Gelde in 2 Jahren wieder zu geben, so würde es mir angenehm sein, doch darüber mündlich ein mehreres; auf jeden Fall wirst Du es auf eine oder die andere Art erhalten. – Meinen Respect dem Geheimen Rath und herzlichen Gruß an Deinen lieben Mann. Ich bin recht neugierig, ob meine liebe Mama schreiben wird, denn sie ist ohne Grund böse auf mich, und 4 oder 5 respectsvolle Auseinandersetzungen über den Gegenstand, haben noch immer nichts gefruchtet. Lege mich ihr zu Füßen. Nun meine alte Seele lebe wohl und behalte immer denjenigen lieb, der mit aufrichtigen Hertzen ist und bleibt, Dein! treuster aufrichtigster Freund,
WHenckel vD.

Torgau
den 17. Aprill 19.

Deßau, den 18. April – 19 –
Sey uns mit Deinem lieben Mann, herzlich, herzlich willkommen, meine liebe Ottilie, ich versichere Dir dies in meinem und in meines Mannes Nahmen. Es ist uns auch viel
lieber daß die Umstände, es so wenden daß ihr Eure Reise
jetzt antretet, weil wir jetzt völlig Herren unserer Zeit, es
wir dies nicht ganz im August waren. Ich freue mich sehr,
Dich einmal wiederzusehen, und Deinen Mann kennen zu
lernen, denn Beides ist ein Genuß den ich schon recht lange
wähnte. Das Plätzchen zu Eurer Aufnahme ist da, und Euch
aufs freundlichste angebeten aber mit dem Bemerken, daß
es wirklich *nur* ein Plätzchen ist, denn es ist ein einziges und
nicht mahl großes Zimmer. Doch wird hoffe ich der Raum
ein Zimmer Dir, in der Ueberzeugung genügen, daß der
Raume den Du in unsern Herzen einnimmst verhältnißmä-
ßig so viel größer ist – Ich wünsche daß Du noch einmal mit
ein paar Worten Eure Ankunft bestimmst daß ihr, in einem
Tage herwollt kommt mir windig vor – aber nimm es nicht
übel, es ist mir in der Natur entgegen so in's Blaue zu warten, am meisten auf etwas wo ich mich recht darauf freue.
Machet also hübsch vorher, einen festen vernünftigen Plan,
und dann schreib': liebe Tante, wenn wir nicht unterweges
ein Erdbeben erleben kommen wir dann und dann –
Nun aber von des Krankseyn von Mutter und Ulriken,
was mir höchst betrübt gewesen zu hören. Ich habe mich
nämlich gewundert in so viel Zeit, nichts von Henrietten zu
hören da sie mir nicht hin und wieder an Worten gewährt
hat, so ärgerte ich mich wohl, ängstigte mich aber nicht –
jetzt ist es mir recht unheimlich und ich wünsche sehr sehn-
lichst, etwas beruhigendes darüber zu hören. Ulrike, soll
uns ebenfalls recht herzlich willkommen seyn; sie mag doch
aber auch ihre Pläne entwickeln, daß wir sie in Ueberlegung
nehmen können – Ich hoffe, daß Deine gute Mutter, mir
sobald sie kann, mit einen Brief erfreuen wird.

Mein Mann geht übermorgen nach Berlin und wird wohl ein Zehn Tage wegbleiben. Sein einziger noch lebender Bruder, der Vater von der Hegelin, kommt hin, und hat ihm dort ein – Stell Dich ein – gegeben worauf dann beyde Brüder, sich sehr freuen –

Gr: Waldersee, liegt seyt 7 Wochen krank an der Gicht, zu Bett. Marie ist Ostern konfirmirt worden, und 8 Tage darauf zum erstenmal bey Hof erschienen – Man freut sich sehr in dem Hause, Dich zu sehen, liebe Ottilie, so auch bey Knebels, was Dir dann doch wohl ein bischen schwer werden wird. Uebrigens ist's mir, als fändest Du hier, nicht mehr recht viel alte Bekannte. Die arme Luise Meisner, gewesene Minkwitz, verliehrt wahrscheinlich ihre Grosmutter, die sie so lieb hatte, die alte Frau v. Seidewitz; sie ist sehr schlecht. Franz Waldersee ist Major geworden Eduard hat das johanniter Kreuz. – Empfiehl mich dankbar, für das schöne daß er mir gütigst überschickt, Deinem Schwiegervater – Empfiehl mich auch recht angelegentlich der Grosmutter. Komm, zur Freude Deiner treuen

Tante Hagen.

AUGUST VON GOETHE
TAGEBUCH DER REISE VON WEIMAR NACH *BERLIN,*
DESSAU TORGAU, DRESDEN, DIE SÄCHS: SCHWEIZ ÜBER
LEIPZIG ZURÜK VON
4. MAY BIS 27. JUNY 1819.

Weimar d. 4. May 19. Früh 6 Uhr fuhren Ottilie und ich,
nach einem etwas wehmütigen Abschied, von Weimar ab; es
war ein heiterer Morgen, Alles Grün frisch und es lockte
einen wirklich in die Welt hinein. Der Postillion, ein heiterer
Bursch, schmetterte im Webicht mit den Nachtigallen um
die Wette und so kamen wir denn schon ½ 9 Uhr nach
E[*ck*]ardtsberge:

Eckardtsberga. Das Visitiren, wovor wir uns wegen der
großen Unbequemlichkeit des Umpackens sehr gegrault
hatten, fand gar nicht statt und man fragte uns blos ob wir etwas Accesbares bey uns hätten? Bei der Verneinung ließ man
uns ziehen und nahm *nicht einmal eine Ergötzlichkeit* (und
nun ist wohl zu bemerken daß ich bis jetzt in Potsdam nicht
wieder angehalten worden bin). Von Eckardsberge ging es
bis Nauenburg etwas schläfrig, da wir müde Pferde hatten;
doch entschädigte die Gegend bei SchulPforte u. s. w. für
diese Langsamkeit.

Nauenburg Um ½ 12 kamen wir daselbst an, bekamen
schnell Pferde und fuhren, ohne auszusteigen, gleich nach
Weisenfels. Das Wetter blieb günstig und der Weg war vortreffl: In *Weisenfels* Kaffe getrunken und sodann auch gleich
wieder abgefahren; die Preußen bauen daselbst eine sehr
schöne Brüke und die neue Chaussée bis Merseburg ist in einer ganz geraden Richtung geführt, und wenn diesselbe erst
noch mehr befahren worden, so kann sie außerordentlich
werden: Ueberall sind sie mit italiänischen Pappeln bepflanzt,
welche ein munteres Ansehen geben, auch ist hier jetzt das
Angenehme das das Chaussegeld mit dem Postgeld entrichtet wird. Die Chaussee Häuser sind nach einer Norm ge-
baudt und bei jeden ein hübscher Garten nebst einer Baum-

schule von Ital. Papeln *zur Nachzucht* angelegt. In *Merseburg* hielten wir uns gar nicht auf, da wir den Hrn. Henkel nicht antrafen, sondern fuhren nach *Halle*, – *logirt im Kronprinzen*, – wo wir auch ohne Aufenthalt um ½ 7 Uhr ankamen. Es war Theater u. zwar *Kabale u. Liebe* von Schiller; – Ottilie ließ mir keine Ruhe u. ich mußte mit ins Theater. – Ich muß gestehen daß mir diß Stük einen sehr unangenehmen Eindruck machte, wegen seiner unmäßigen Unnatürlichkeit. Die Schauspieler waren mittelmäßig u. sprachen dazu sehr undeutlich. Der welcher den Major spielte Hr.   glich Wolf sehr im Aeußern, und es schien so gar als ob er ihn irgend wo spielen gesehen. Der Abend verging ruhig, und nach erfolgter Nachtruhe, setzten wir

Mittwoch den 5. unsere Reise nach Dessau fort, die erste Station nach Radegast durchfuhren wir unter heiteren Gesprächen, der Postillion war gut gelaunt u. die Pferde vortreffl: In *Radegast* mußten wir etwas lange auf die Pferde warten – Endekung daß das Kofferschloß fehlt – u. dennoch kamen wir ½ 1 Uhr in Dessau an. Der Eindruk den es macht wenn man sich der Umgebung Dessaus nähert hat etwas friedliches u. beruhigendes; nur mußte es dießmal das Gegentheil bei uns her[v]orbringen, da wir schon in Weimar die Krankheit des *Onkels* in Berlin erfahren hatten und im Zweifel waren ob wir die Tante finden würden; leider wurden wir auch schon im Thor mit einem Brief von der Tante, welche uns darin ihre Reise nach Berlin meldete zwar nicht überrascht, aber doch sehr betrübt, da uns nun auf einmal das erste Ziel unserer Reise viel weiter gesteckt wurde. Jedoch! wir entschlossen uns schnell, da man uns keine Nachricht wegen der Zurükkunft der Tante u. des Onkels geben konnte, heute noch bis *Coswig* zu gehen, welches auch, nachdem meine Frau Knebels u. Waldersees besucht hatte, ins Werk gerichtet wurde, zugleich beschlossen wir Dessau auf der Rükreise zu berühren. Traurig machte uns der Anblick von Wörlitz, wo wir schon jetzt vergnügte Wege zuzubringen hofften, welche nun unbestimmt hinausgescho-

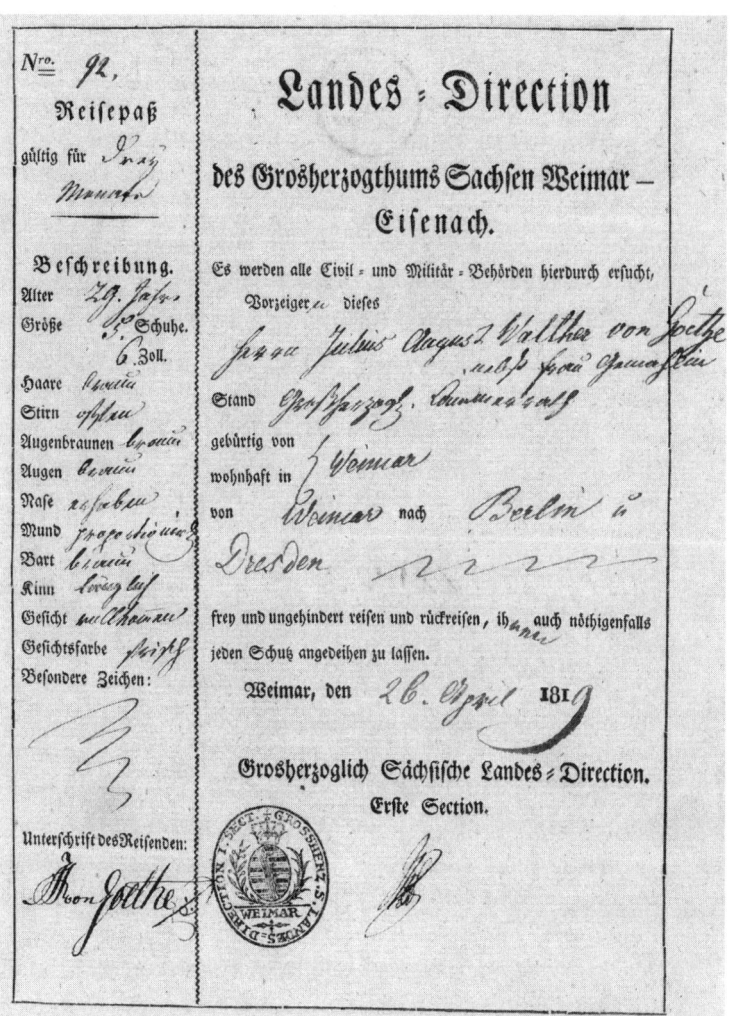

2 August von Goethes Reisepaß
Aus dem Reisetagebuch 1819

ben waren. Abends um ½ 7 Uhr kamen wir nach *Coswig* wo wir die Nacht zu bleiben gedachten; – *logirt im Raths-Keller.* – Der Anblick des dasigen Gasthofs versprach in seinem äußern wenig, doch war das Zimmerchen in das man uns brachte recht artig. Auf Ottiliens Anrathen wurde auch noch ein Spaziergang durch das Städchen und in die nächste Umgebung gemacht, wo wir durch einen Herlichen Blik auf die Elbe bei untergehender Sonne entschädigt wurden. Nachdem wir die Nacht gut geschlafen hatten fuhren wir

Donnerstag den 6. May früh 6 Uhr von Coswig nach Grobstedt ab, diß ist eine langwierige, sandige Station, wo es durch öde Berghöhen geht, wo kaum die Kiefer wächst. Bey *Grobstedt* komt man wieder auf die Wittenberger Chaussee und nun gings auch ohne Unterlaß und Aufenthalt nach *Treuenbrizen.* Der Postmeister daselbst lobte das weimar. Oppositionsblatt sehr und äußerte daß es das beliebteste Blatt in Preußen sey? Nach einer halben Stunde bekamen wir Pferde. Ottilie war ganz glüklich hier ins eigentliche Urpreußen gekommen zu seyn, denn das Neupreußen hatte sie noch nicht für gültig erkannt. Auf der Station von hier nach *Belizt* und weiter fort waren mir besonders die ungeheuere Menge abgerundeter Grannit Geschiebe, womit die Chausseen gebaut werden merkwürdig. Sie sind von den verschiedensten Größen; näm. von der Größe eines Zwey Eimerfasses bis zur Größe eines Hünereys vorhanden, werden zunächst am Wege auf den Sand Hayden gesucht und sodann geklopft.

Die Granite sind die verschiedenartigsten von der welt, von den Grobkernigsten bis zum feinkörnigsten, von den verschiedenartigsten Farben zugleich und auch von den verschiedensten Korn. Man könnte glaube ich hier in einer Stunde alle bis jetzt bekannte Grannitsorten zusammen finden; und dieses geht auch fort bis

Potsdamm wo wir um 5 Uhr Ab. ankamen. – *Logirt in Hotel de Berlin. Schachmaschiene.* – Es macht einen eigenen

3 Lange Brücke in Potsdam
Ölgemälde von Wilhelm Barth, 1828

Eindruck eine Stadt zu sehen welche aus lauter Pallästen besteht, denn 6–7 Privathäuser machen immer ein ganzes aus,
und so macht es ein ungeheuren Eindruck. Die Canäle welche durch die Stadt gehen beleben das Ganze und erinnern
im kleinen an Venedig. Ein Spazirgang durch den Lustgarten, die Stadt u. s. w. machte uns noch einen angenehmen
Abend.

AUGUST VON GOETHE AN GOETHE

Potsdamm den 6. May. 19:

Der Mensch denkts Gott lenkts!
so möchte ich ausrufen bester Vater, da ich jetzt hier in
Potsdamm eher bin als ich dachte: als wir nach einer glücklich überstandenen Reise gestern nach Dessau kamen fanden wir schon im Thor daselbst einen Brief von Frau von
Hagen, welche plötzlich nach Berlin reisen mußte wo hin
der Onkel meiner Frau wie sie wissen gereißt war, und daselbst von einer heftigen Krankheit befallen wurde: Was nun
zu thun? ich entschloß mich schnell, ließ nach einem kurzen Diner gleich die Pferde anspannen und fuhr noch bis
Coswig wo ich die Nacht blieb. Heute früh machten wir uns
um Sechs Uhr auf und kamen nach abermals glüklich über-
standener Tagereise um 5 Uhr hier an:
Welch einen Anblik mir Potsdamm für einen Eindruck
macht kann ich noch nicht beschreiben, ich sah wohl schon
manche große und größere Stadt, doch eine Stadt von lauter
Pallästen zusammengesetzt glaubte ich nie in der Wirklich-
keit zu finden, die Kanäle welche es durchschneiden, und
die kleinen Gondeln darauf erinnern an manche bekannte
Zeichnung von Venedig, und so kann ich sagen daß ich den
heutigen Abend zuerst in Erstaunen zugebracht habe. Morgen werden die Merkwürdigkeiten besehen und schon ist
der Lohnbediente bestellt, damit es hübsch nach Ordnung

und Bequemlichkeit geht. Ottilie ist so eben (um 9 Uhr) überaus glücklich da sie den Zapfenstreich ihrer Jugend hört. Wir logiren im Hotel de Berlin dem Schloß gegenüber in einem recht guten Gasthofe. Morgen bleiben wir hier und gehen wahrscheinlich Sonnabend nach Berlin; so viel für heute in einer ruhigern und weniger müden Stunde mehr. Uebermorgen kommt auch der König mit der Familie auf einige Tage hierher welches wir aber wohl nicht abwarten werden.

In Halle wo wir um 6 Uhr ankamen war Theater und Kabale und Liebe. Ottilie ließ mir keine Ruhe u. wir gingen hin, daß ist ein Stük von dem man sagen kann es gränzt an Tiranney u. Barbarey es kam mir vor als hätte ein toller Hund eine Herde Schafe gebissen und nun würden diese sonst unschuldigen Geschöpfgen auch toll, wegen dieses Stücks hätte man auch unterlassen die Welt zu schaffen wie der Pole sagt. Mich wundert nur daß es das Publikum noch frißt, doch das hat so stumpfe Zähne, daß es diesen Sand mit Zitronensaft angemacht, auch hinter knirscht.

Nun gute Nacht ich will heute einmal ausschlafen. Tausend Grüße an Ulriken die Mutter und alle Freundlich gesinnte, Ottilie grüßt ebenfalls freundl.

Ihr treu liebender Sohn
JAWGoethe.

OTTILIE VON GOETHE AN HENRIETTE VON POGWISCH
POTSDAM, 6. UND [7.] MAI 1819 (Anfang)

Potsdam den 6. May
1819.

In Potsdam – höre ich Euch sagen, und ich wiederhole es mir selbst oft um daran zu glauben, so wunderbar dünkt es mir plötzlich dem Ziel jahrelanger Sehnsucht so nahe zu sein. – Doch will ich nun in möglicher Kürze Dir unsere

Leiden und Freuden mittheilen. In Halle kamen wir Abens halb 7 Uhr an, und ich kabalierte und liebte meinen Mann trotz seiner Müdigkeit in Kabale und Liebe hinein, – wie es dort war, davon soll mein Tagebuch erzählen, sobald es nur erst angefangen ist, doch bemerke ich für Ulriken das wenig Jäger darin waren. Bis Halle hatten wir uns gar nicht aufgehalten, da Onkel Leo, noch sein Diener bei unserer Durchreise in Merseburg zu Hause waren, und nur eine huldreiche Köchin im Hause zu finden; die unsere Grüße zu bestellen versprach. In Dessau empfing uns im Thor ein Brief der Tante, der uns sagte »sie sei dem Onkel auf seinen Wunsch nach Berlin gefolgt.[«] Ich kann Dir nicht genug beschreiben wie unendlich wehmüthig und traurig wir dadurch gestimmt wurden. Ich lief einen Augenblick zu Knebels herüber, und kam nicht heiterer zurück, denn es war mir recht fremd und kalt dort, doch erfuhr ich das Tante schon Freitag abgereiset sey, obgleich der Onkel um vieles besser. Nach einem eiligen Mittagessen, ging ich zu Waldersees, und dort erst wurde mir wieder wohl, so herzlich und unverändert fand ich sie für mich. Auf mein Verlangen irgend etwas von einem der Herrn Söhne mitzunehmen um doch nicht ganz auf unanständige Weise nach den Herrn Leutnants zu schicken ward mir ein kleiner Brief an Graf Eduard mitgegeben und nach anderthalb Stunden waren wir schon auf dem Weg nach Coswig wo wir übernachteten. – Seit Treuenbrietzen ist mein Herz in ewig freudiger Bewegung, und ich betrachte alles mit Liebesblicken. Gleich nach unserer Ankunft hier, machten wir einen Spaziergang durch die Stadt, und Ihr alle die Ihr Potsdam gesehen werdet in Wemut unser Entzücken gewußt haben. Die himmlische Gegend, die prächtigen Häuser und Straßen der Canal das alles haben wir abwechselnd bewundert, und bei Letzteren ist uns Beiden die Zeichnungen von Venedig von Canaletti eingefallen. Morgen früh ist ein Lohnbedienter bestellt, um unseren Wegweiser zu machen, und Uebermorgen ziehen wir in die Mauern meiner Herzensstadt. Doch wärst Du hier liebe

Mutter Du sagtest gewiß gehe zu Bette, und ich bin auch wirklich so müde, daß nur der Wunsch Dich nicht in Unge-wißheit zu laßen, es mir möglich machen konnte, noch die Rede zu halten. Lebe wohl liebe Mutter und Ihr Alle sehr Lieben, lebt wohl und freut Euch meines Glückes.

Deine Ottilie

Freytag den 7. May: Ottilie befand sich am Morgen nicht ganz wohl indem der Husten etwas Stärker war, auch ein Schmerz in der Seite sie belästigte, dennoch ward es ihr möglich

1.) mit mir das Schloß zu besehen wovon der eine Theil – welchen Friedr. der Gr. bewohnte – noch ganz so einge-richtet ist wie er zu lebzeiten dieses Helden war. Ein anderer Theil, welcher zuweilen vom König u. der Familie bewohnt wird, ist moderner eingerichtet, besonders war das Zimmer welches für die Kaiserin von Rußland (Mutter) voriges Jahr arangirt – war einzig in Einfachheit u. lieblichkeit indem es blos mit weißen Mousselin mit rosa unterfutter drapirt war.

2) fuhren wir nach dem Frühstük nach *Sanssouci,* wo wir

a) die Bildergallerie besahen. Das ganze war, außer weni-gen Bildern, nicht sehr erfreulich, hingegen ist das Lokal wo es aufgestellt ist einzig in seiner Art; ein ungeheueres mit Kuppel alles weiß und gold, die Säulen von Carar. Marmor aus einem Stück. Hierauf wurde

b) das Schloß Sanssouci selbst mit Friedrich des Gr. Zim-mer, und den angränzenden zweiten Theil des Schlosses für die Gäste u. Umgebungen besehen, alles deutete auf einen Geist welcher auch in Hinsicht der Baukunst wie in der Kriegskunst nur Großes hervorbringen konnte

c) das neue Palais das. ist das größte und Prächtigste um u. in Potsdamm aus der Zeit des Großen Friedrich; es wurde *ao* 1763 nach Be[e]ndigung des 7jähr. Kriegs begonnen und in 6 Jahren vollendet. Es besteht in einem Hauptgebäude und gegenüberstehenden Gebäuden für Hof- und andere Dienerschaft, hat 195 Zimmer worunter 2 große Säle, wir sahen nur 60 Zimmer, der Grottensal schön mit Muscheln u. Steinen geziert.

Von hier in den Gasthof zurük. Nachmittag 5 Uhr in das so genannte Marmorpalais. Schöner Garten nebst Holländ: Dorf, vom Verstorb. König angelegt, Fasanerie von Gold und Silberfasanen, das Schloß selbst, schön eingerichtet ziemlich Modern, enthält noch mehrere Antike Statüen in Marmor, so wie eine sehr schöne antike bronzene Victoria. Von hier in die Grotte und die Eremitage, beides sehenswerth.

Den Abend ruhig zuhaus und bald zu Bett.

OTTILIE VON GOETHE AN HENRIETTE VON POGWISCH
POTSDAM, 6. UND [7.] MAI 1819 (Schluß)

Gestern war mir recht unwohl liebe Mutter, doch da August einen Wagen genommen konnte ich alles ohne die geringste Anstrengung sehen, die Pfaueninsel ausgenommen, die wir aufgeben mußten weil sonst noch ein längeres Hierbleiben nöthig gewesen wäre. Um Dich aber über meine Gesundheit zu beruhigen kann ich Dir mit voller Wahrheit versichern, daß mir heute wieder recht wohl ist. Waldersees waren gestern hier, doch leider verfehlten wir sie. Wir hören das jetzt das ganze Regiment Garde du Corps beisammen ist, und Du kannst Dir die Verzweiflung meines verwandtschaftlichen Herzens denken kein Mittel zu wißen ihn ausfindig zu machen. August hegt und pflegt mich aufs sorgsamste und Großmama würde wieder sagen daß ich einen solchen Mann gar nicht verdiene. August und ich bitten Dich Alle recht herzlich von uns zu grüßen, und sobald wir nur auf ein wenig ausgeruht in dem lieben Berlin, sollt Ihr Euch gewiß über die Geschwätzigkeit meiner Feder wundern. Wegen dem visitiren muß ich noch bemerken daß wir nur in Eckhartsberge befragt wurden, und auf unsere Antwort wir hätten nichts accesbares, uns ruhig fahren ließ, und sogar bis jetzt noch Niemand die Frage wiederholt hat. Denke Dir meine preußische Wonnen, mir gegenüber ist das Schloß und mein König ist darin; und in wenig Stunden sind wir in Berlin.

Deine Ottilie.

Wie benimmt sich denn die kleine Hausfrau? Jedes Kind was wir begegneten wurde immer eine kleine Nunne genannt.

August und Ottilie von Goethe an Goethe

Potsdam den 7. May. 19.
Abend um 8 Uhr.

Da doch die Post erst morgen geht so will ich weiter melden wie es mir hier ergangen u. ergeht. Heute früh war Ottilie von der Ermüdung der Reise, den schlechten Betten und sonst etwas angegriffen, doch ermannte sie sich und wir besahen das uns gegenüber liegende Königl: Schloß: der Theil desselben welchen Friedrich der Große bewohnte ist noch ganz so wie er zu Lebzeiten desselben eingerichtet, *ja man sagt* daß alle Meubels noch so stehen wie er dasselbe ver-[*l*]assen; hier zeigt man eine[*n*] Stuhl auf den er besonders gern gesessen. Hier wird man auf einen Tintenkleks aufmerksam gemacht u. s. w. Das Ganze ist in dem großen Stiel der damaligen Zeit gebaut.

Ein anderer Theil dieses Schlosses ist modern eingerichtet und hat manche hübsche Zimmer. Nachdem dies geschehen fuhren wir (zum Gehen war es für Ottilie zu weit) nach Sanssouci wo zuerst die Bilder Gallerie durchgangen wurde welche in einen Ungeheuren Saal mit einer Cuppel alles weiß mit Gold aufgestellt ist. Erst heute habe ich gesehen wie man mit doch mäßiger Kunstkenntniß vor Gegenständen steht welche man zum ersten male sieht. Große Bilder und in Masse zusammen sah ich noch nie und ich muß gestehen daß ich im ersten Augenblicke nicht recht wußte ob es gut mittelmäßig oder schlecht sey; erst da ich ein paar außerordentlich gute Bilder wovon eins von Domenikino seyn soll, welches ein junges Mädchen das unter einen Baume mit einem Körbchen Obst sitzt und zu der eine ältere Person trit im Hintergrund eine Landschaft? (Lebensgröße) wurde ich gewahr daß besonders die ungeheuer großen für Rubense ausgegebene Bilder gar nicht erfreulich waren, außer dem waren einige gute Tenjes und van Daubs da so wie viele Franzosen, mündl. mehr, der Professor der es zeigte leierte sein Liedlein über diese Bilder herunter und führte einen so wieder zum Saal hinaus um desto schneller seine Belohnung zu empfangen.

Von da fiel man einen alten Franzosen in die Hände welcher das Schloß Sanssouci selbst beargust, auch hier geht es ins ungeheuere in der damaligen Bauart und man sieht aus allen eine ungeheuere Geldverschwendung. Das Zimmer wo Friedr. der Gr. gestorben sein Arbeitszimmer sind noch wie sie waren, es geht immer aus Sälen in Säle so daß man zu letzt ganz verwirrt wird.

Hier liegt auch gleich das sogenannte neue Pallais welches Friedrich der Große nach Be[e]ndigung des 7 Jähr. Kriegs in 6 Jahren bauen ließ um der Welt zu zeigen daß er noch Geld habe.

Und daß er welches dazu gebraucht habe giebt der Augenschein; hier ist wirklich für die damalige Zeit eine übertriebene Pracht und man könnte es sogar überorientalisch nennen, es hat das Hauptgebäude allein 198 Zimmer wovon wir aber nur 60 gesehen haben, die Nebengebäude enthalten wohl noch mehr, so daß man zuletzt jeden Maasstab verliert an den man seine Mnemonik anknüpfen könnte, besonders ist die Manir der Kastellane wirklich dazu erfunden den Reisenden in der kürzesten Zeit ganz verwirrt aus dem Gebäude zu spediren.

Dieß war unser Vormittag, am Nachmittag traf die Reihe das Marmorpalais von dicken König erbaut, in sehr modernen Geschmack zwar klein aber ausnehmend reizend von Einrichtung und Lage (an der Havel) in diesem Gebäude befinden sich mehrer Antiken von Marmor denen ich aber keine[n] großen Geschmack abgewinnen konnte, da bei den mehresten die Restauration mehr war als das Original, was vorzüglich war, war eine Bronzen Victoria ohngefähr wie die Casler und vorzüglich erhalten.

Die Fasanerie mußte auch besehen werden damit ja jeder den Tribut von den Fremden bekommt auch eine Eremitage u. Grotte wurden zuletzt für schweeres Geld gezeigt und so wird man scharf am Beutel gestraft aus Potsdam entlassen.

Morgen hoffe gegen Abend in Berlin zu seyn da ich erst gegen Mittag ausfahren will. Und so wünschen wir nochmals ein freundliches lebe wohl u. bitten um Ihre Liebe

Ihre treu liebenden

Kinder

August u. Ottilie.

Alle Beschreibungen hat mir August schon fortgenommen lieber Vater, und mir bleibt daher nichts übrig zu sagen, als wie sehr mich alles um mich herum erfreut. Doch hindert mich weder Parade noch das königliche Schloß gegenüber recht oft Ihrer zu gedenken, und gar Vieles habe ich nur genauer betrachtet um Ihnen dann mündlich Bericht abstatten zu können. Manchmal wird es wohl etwas verwirrt ausfallen und der Ergänzung von August bedürfen, doch sehen Sie im Ganzen den guten Willen. Leben Sie wohl bester Vater; – und umarmen Sie ich bitte die kleine dicke Hausfrau, und die kleine dicke Nunne. Erstere soll ja nicht zu viel am Fenster stehen, so lauten meine mütterlichen Lehren. Ich küße mit der größten Liebe Ihre Hand.

Ihre Ergebene Tochter

Ottilie.

Sonnab: den 8. May 1819. Ottilie noch leidend doch zur Abreise nach Berlin bereit; dann gepact – 11, gefrühstückt, und um ½ 12 Uhr nach Berlin abgefahren. Schöner Weg, Große Pappelalleen, in Zeelendorf die Pferde gewechselt und um *3 Uhr*
  In Berlin.

Zum Brandenburger Thor hinein gefahren schöner Anblik desselben belebter Blik auf die Linden, rastloses Gewühl von Gehenden, Reitenden u. Fahrenden. Zelter war nicht zu Hause, durch die Tochter freundl: empfangen. Zelter kommt zurük, Caffe wird getrunken.

AUGUST VON GOETHE AN GOETHE

Berlin den 8. May 19:
Nachmittag 4 Uhr:
Vor einer Stunde liebster Vater sind wir hier angekommen und ich eile es Ihnen zu melden. Zelter ist wohl und wir sind ausnehmend freundlich empfangen worden, wir haben zwey niedl: Zimmer und alles ist vortreffl: so sind wir denn einen Tag früher angekommen als wir dachten.

Meinen Brief aus Potsdam werden Sie erhalten haben oder mit diesen erhalten und so wüßte weiter nichts vor der Hand zu melden.

Zelter dankt für das übersendete. Das Festgedicht war hier noch nicht
Ihr
treuer August.

Meine Frau sucht Fr. v. Treskow auf, ich gehe mit Zelter – zu Staatsrath *Langermann* (freundl: empfangen) zu Grafen *Brühl* (sie zu Hause) – vorläufig den schönsten Theil der

4 Der Pariser Platz mit Blick nach den Linden
Aquarell von Friedrich August Calau, um 1820

Stadt zu sehen. Imposanter Anblick der Gegend wo das Opernhaus, Bibliothek, AcademieGebäude, Zeughaus Chatol: Kirche, das Schloß pp steht, schöner Abend, buntes Gewühl unter den Linden. Die Höfe des Schlosses und Zeughauses flüchtig durchGangen, manches lehreiche *über Schlüter von Zelter*; letzterer verschafft mir ein Billet ins Theater, wo Donna Diana gegeben wird. *Wolf* spielte den Don Cäsar sehr gut, Mad. *Stich* gab die Donna Diana. Das Stück wurde gut und munter gegeben, Costüms u. Decorationen waren vortreffl: besond. der Springbrunnen. Im Theater von Zelter den Mendelsons präsentirt, nach dem Theater bey Zelter gegessen, Staatsrath Langermann aß mit, heitere Gespräche bis 11 Uhr dann zu Bett. – Ottilie hate Treskows nicht getroffen da sie in Potsdamm waren, wohin sie auch heute Hagens begleitet hatten, wir hatten si[e] also verfehlt. –

Sonntag d. 9. May 19. Früh 8 Uhr kommt Nicolov. der Sohn. Erfreuliches Wiedersehen. Um 10 Uhr mit demselb. u. Ottilie ausgegangen. Nach den Linden, Opernhaus, Schloß und bis an die lange Brüke, wo die Eherne Statüe des großen Churfürsten zu Pferd u. Collossal von   gearbeitet steht, ein vortreffl: in allen seinen Theilen ausgeführtes Werk. Von hier zu Nicolovius, Bekanntschaft des Vaters, der ältesten Tochter, herzlicher Empfang. Verabredungen wegen der Sehenswürdigkeiten Berlins. Um ¾ 1 nach Haus zurük ¼ 2 angekommen.

Mittag unter uns, Nachmittag Hr. von Brederlow, Vetter meiner Frau. – Nach Treskows allein gegangen, niemand getroffen u. Karten abgegeben um ½ 6 zurük. – Um 6 Uhr ins Theater, die *Vestalin*. Hr. Baader von Braunschw. den Licinius gut. Mad. Milder die OberVestalin, herrliche Stimme. Costüms, Decorationen – Aufgehende Sonne – u. Züge vortreffl: Ballet angenehm, Delle Vestris u. Rönisch sehr gut Dem. Lemiere ist zu bequem um zu tanzen.

Raabe kommt in die Loge erfreuliches Wiedersehen, abgeschmakter Pole mit seinen lauten Beyfallsbezeugungen.

5 Opernhaus, Opernplatz und Kirche S. Hedwig
Aquarell von Friedrich August Calau, um 1820

Nach Hause begleitet von Raabe u. v. Brederlow. Abend unter uns.

Montag. 10. May 19. Früh ½ 9 Besuch von dem StaatsRath Nicolov. um 9 Uhr Nicol. der Sohn, u. Rabe, um 10 Uhr Wolfs besucht, nicht zu Hause getroffen, Julchen u. Mariane waren da. Von da zu Frau von Treskow, deren Bekanntschaft gemacht, freundl: theilnehmender Empfang. Dann zu Brühls um Visite zu machen, nicht getroffen, so auch Mettings in der letzten Straße vergebens gesucht, hierauf zu Fuchs, wo wir uns restaurirten u. Chocolade tranken. Sehr schönes Local, der Laden alles mit Spiegeln und Mahagoni, so auch die ganze Deko. noch ein Zimmer ganz von Spiegeln mit künstl: Weinlaub. Sodann zu Staatsrath Schulz. Er war nicht zu Haus. Bekanntschaft der Staatsräthin gemacht. Um ½ 1 Uhr zu Tisch nach Haus, Staatsrath Langermann aß mit. Vergnügter Mittag.

August von Goethe an Goethe

Berlin den 10. May 19.

Gleich nach meiner Ankunft besuchte ich mit Zelter seinen Nachbar Staatsrath Langermann welcher uns freundl: emfing nach diesen gingen wir noch ein wenig die Stadt zu besehen näml. das Schloß, Zeughaus neue Hauptwache pp. um ¾ Sechs brachte mich Zelter ins Theater grade neben die königl: Loge es wurde Donna Diana nach Calderon gegeben Wolf spielte den Don Cäsar. Troz dem großen Opernhause verstand man alles vortreffl: und es machte mir viel Vergnügen ihn wieder zu sehen. Die Costüms u. Decorationen waren vortreffl: und überhaupt konnte man mit der Aufführung sehr zufrieden seyn. Abend nach dem Theater aß Langermann mit uns und wir waren sehr vergnügt zusammen.

Sonntag den 9. May besuchte uns früh Nicolovius der Sohn und wir gingen alle drey ein wenig die Stadt zu besehen Ottilie freut sich wie Sie sich leicht denken können un-

endl: wir besuchten Nicoloviussens wo wir vom alten sehr
herzl: u. freundl: empfangen wurden den Mittag aßen wir
bey Zelter allein und Abend gingen wir ins Theater wo die
Vestalin gegeben wurde. Hr: Bader vom Braunschweiger
Theater gab den Licinius recht gut und sehr erfreulich war
es Mad. Milder als Obervestalin zu hören.

Die Decorationen und Anzügen, die Züge Tänze u. s. w.
waren gut arangirt und reich, so wie SonnenAufgang Mondschein u. s. w nicht feh[l]ten.

Es kommt einen wunderlich vor sich auf einmal in einer
fremden Welt versetzt zu sehn und doch muß ich gestehen
daß es mir weniger fremd vorkommt als ich dachte.

Heute Montag d. 10. May haben Ottilie und ich einige Visiten, bey Fr. von Treskow, einer Tante, Brühls, welche nicht
zu Hause waren, und Schulz wo nur die Frau zu Hause war,
gemacht und sie sehen daß wir schon früh anfangen das
Nothwendige abzuthun. Capellmeist. Weber trafen wir unter den Linden er grüßt schönstens.

Wolfs trafen wir leider nicht zu Hause sie waren in der
Probe von Iphigenie welche uns heute zu Ehren gegeben
wird. Nach dem Theater gehe ich mit Zelter in den sogenannten Montags Club.

Im Theater gestern traf ich unsern alten Freund Rabe
welcher bald über Weimar nach Italien zu gehen gedenkt, er
ist sehr viel im Hause von Gneisenau.

So viel für heute
Tausend Grüße an alle Freunde
Ihr treuer Sohn
JAW Goethe.

Nach Tisch ging meine Frau mit Hrn. v. Brederlow zu Fr. von
Treskow, ich blieb zu Haus bis 5 Uhr wo ich mit Hrn: von
Brederlow die Thierarzneyschule zu besehen ging, da aber die
Zeit zu kurz war und ich meine Frau noch bey Fr. v. Treskow

zum Theater abholen mußte, so besahen wir blos das Locale. ½ 6 holte ich meine Frau ab, unterwegs Staatsrath Schulz begegnet, welcher auch versprach ins Theater zu kommen; um 6 mit Ottilie ins Theater wo, aus Attention für uns, *Iffigenie* vom Vater aufgeführt wurde. Wolfs spielten Iphigenie u. Orest ganz vortreffl: auch die übrigen spielten sehr gut und das ganze machte mir einen sehr rührenden Eindruk.

Nach dem Theater allein mit Zelter in den MontagsClub, wo eine Gesellschaft von circa 16 Personen bey einem frugalen Abendessen sehr vergnügt waren, besond. lustig war Geh. Rath *Rudolphi* der Anatom, ich saß bey Prof. *Wilken*. Um 10 nach Hause; meine Frau war mit Brederlow u. Staatsrath Schulz zu Fuchs gegangen, ich fand sie aber wieder zu Haus. Bis 11 Uhr freundl: Unterhaltung in der Zelter. Familie.

Dienstag d. 11. May.

August von Goethe an Goethe

Berlin den 11. May 19. früh 8 Uhr
Da heute doch die Post erst abgeht so schreibe noch eigens vom Gestrigen Tage.

Mittag aß Langermann mit uns und Nach Tisch ging meine Frau zu ihrer Tante; ich blieb bis gegen 5 zu Hause wo ich meine Frau ins Theater abholen ging. Staatsrath Schulz begegnete mir unterwegs begleitete mich bis an die Linden und versprach auch ins Theater zu kommen.

Graf Brühl hat uns freye Plät[z]e in einer Loge des ersten Rangs neben der Königligen Loge [*ge*]geben wo man gut hört u. sieht. Der Anblik von Wolfs war mir in der Iphigenie sehr rührend, und überhaupt wurde das Stük, recht gut gegeben, es war zwar nicht sehr voll aber es herrschte eine unendl: Aufmerksamkeit, der Kronprinz war auch daselbst.

Nach dem Theater ging ich mit Zelter in den Montagsklubb, wo ohngefähr 16 Menschen versammelt ware[n], lauter bejahrte Männer z. B. Geh. Rath Rudolphi der Anatom, Geh. Rath Schulze, Professor Wilkens u. s. w. wo man bei einem einfachen Abendessen recht vergnügt war. Es ist dieß der älteste in Berlin bestehende Club und ist von Lessing gestiftet.

Nächstens gehe ich mit dem alten Nicolovius auch zu den Gesetzlosen.

Wolfs sprach ich nach dem Theater einen Augenblick in der Garderobe und wir hatten große Freude des Wiedersehens.

Ottilie war indessen mit Staatsrath Schulz und Hrn. von Brederloh (einem Vetter) zu den berühmten Conditor Fuchs gegangen und als wir um 10 Uhr nach Hause kamen blieb Zelter u. seine Tochter noch – 11 Uhr bey uns.

Heute holt mich Raabe u. 10 Uhr ab um zu Schadow zu gehen, um 11 Uhr gehen wir auf die Justinianische Gallerie. Sie sehen aus diesen daß wir unsere Zeit möglichst gut anzuwenden suchen.

Man ist hier von allen Seiten ausnehmend gütig u. zuvorkommend gegen uns, und man muß sich ordentlich in Acht nehmen daß man niemand wehthut; denn jeder will einem etwas Angenehmes erzeigen. Heute Abend tritt Deny in der beschämten Eifersucht als Hr. von Werthen einer sehr untergeordneten Rolle auf, den Leporello konnte er wegen Krankheit der Dell Schmalz noch nicht spielen.

Morgen wird die Jungfrau gegeben – da wird man die Augen aufsperren und die Ohren spitzen, die Stich spielt sie ich bin sehr neugierig die Stich in dieser Rolle zu sehen. Mein heutiger Tag ist noch folgendermaßen eingetheilt, Mittag bei Staatsrath Schulz, Gegen Abend mit Zelter in die Singacademie, den Abend Liedertafel.

Ottilie wird wohl ein wenig später ins Theater gehen da die Academie um 7 aus wird. Dieß wäre was zu melden, habe morgen die Fortsetzung.

Leben Sie recht wohl und denken
Sie zuweilen Ihrer
Sie treu liebenden
Kinder

Die Mutter bitte schönstens zu grüßen. Ottilie kann vor lauter Visiten welche angenommen seyn wollen wahrscheinlich heute nicht schreiben

JAW von Goethe.

Tagebuch
11. Mai Früh Besuch von Staatsrath Langermann, und Nicolov. d. ä.; um 10 Uhr mit Raabe zu *Schadow* das. sein Attelier gesehen. Blüchers Statüe: den Kopf ganz fertig, das übrige, schon zusammengesetzt, wurde bearbeitet, der Säbel besonders schön ausgeführt. Noch manche andere Arbeiten in Marmor besehen, so wie die Seitentafeln zu Blüchers Monument. Schadow führte uns in seinen Haus herum, wo recht artige Bilder von seinem Sohn (jetzt in Rom) befindl: waren, Curzifix von Elfenbein pp. Bekanntschaft der Frau. Sodann ging ich mit Raabe um uns zu restauriren zu Luther u. Wegner einem Weinhaus wo wir frühstükten, erneute Bekanntschaft von Rebenstein, Capellmeister Weber, Devrient zum ersten mal gesehen u. kennen gelernt. Bis ½ 1 Uhr daselbst, mit Raabe auf den Bauplatz des neuen Theaters. Bekanntschaft des Ob.B.R. Schinkel erneuert, mit demselben den Bau dieses ungeheueren Gebäudes durchgangen, *aller Sandstein welcher gebraucht wird kommt von Pirna*: und bis 2 Uhr zugebracht. Dann zu StR. Schulz zu Mittag; es war noch sein Schwager nebst Frau das. u. wir hatten einen sehr angenehmen Mittag. Nach Tisch aus den Festgedichten des Vaters vorgelesen. Um 5 fuhr Ottilie mit Schulzens in den Thiergarten, ich ging in die Zelt. Singacademie. *Nees von Esenbeck* das. gesprochen u. *Gern* kennen gelernt; es war ein herlicher Genuß, besonders der Psalm com[p.] von *Fasch*. Um 7 noch ins Theater, die *besch. Eifersucht*. Deny den Hrn. von Werthen. Das ganze ging mittelmäßig und wurde besonders undeutl. gesprochen. Sodann ein Ballet, *die Winterbelustigungen* merkwürdig die Decoration der Winterlandschaft, das Schlittschuhfahren und die *Drysinen* besond. die wo eine *Dame* mit

darauf saß. Nach dem Theater mit Zelter in die Liedertafel. Große Gesellschaft circa 70 Personen. Bey Tisch wurde viel gesungen, u. es war ein himlischer Genuß dieser Abend. Kennen gelernt StR. Körner, Wollanke, Rungenhagen, Lauska, Eunike pp Minister von *Altenstein* war auch da. *Memorab*. Flemmings Becher. Zelter schenkte mir sein Liederbuch. Um 1 Uhr kamen wir nachhause. Ottilie schon zu Bett, hustete noch stark, *ein reichhaltig verlebter Tag.*

Mittwoch den 12. May Geschenk von schönen Blumen an meine Frau von StaatsR. *Langermann*. Um 10 kam St.R. *Nicolov*. u. Sohn d. ä. Wir gingen in die Porzellain Fabrik. Das. Bekanntsch. mit St.R. *Rosenstiel Director derselben*, das Service welches der König dem Herzog von *Wellington* zum Geschenk machen wird gesehn. Ein außerordentliches ja fast unglaubliches Werk. Der mitlere Aufsatz besteht aus einer von Chrüsopras ähnl. Porzellain gemachten Obelisken, wovor alle Orden u. Titel des Herzogs stehen, auf dem Fußgestell die Figuren der Fluß götter von den Ströhmen an welchen er besond. gewirkt, die Terrinen sind mit den Hauptschlachten geziert, so wie die Dessertteller mit den Städten und Gegenden die durch sein Leben berühmt u. wo er von seiner ersten Jugend gewirkt (Eaton College). Die großen Schüsseln u. übrigen Teller haben sein Wappen, das Ganze erregt die größte Bewunderung.

Hierauf zu den Bildhauern Rauch u. Tiek das Attel. besehen, die Großen kollosalen Statüen – von *Scharnhorst* u. *Bülow* – welche Rauch in Italien bis auf die Ausführung ausgearbeitet hate waren angekommen u. wurden ausgepackt. Besond. schöne Büste des Königs in Marmor, sehr schönes Postament dazu, zwei sehr schöne Büsten der Prinzes *Charlotte* jetzt Großfürstin v. R. Büste Hardenbergs. Blüchers Modell zur Statüe nach Breßlau welche 12 Fußhoch werden soll. Das Model zu einen Greif aufs neue Schauspielhaus in Collosal. Größe, desgl. das Model des Apoll zu eben diesem Zweck. Von da mit Rauch, Tiek, Nicol. d. V. u. Ottilie nach *Mon Bijou* gefahren die Gypsabgüsse besehen, *memorab.*

1) *Minerva* von Veletri ganz
2) *der Silen.*
3) der Pferdekopf von Athen,
4) der Ilissus,
5) der Theseus,
6.) ein besond schöner Torso,
7.) Zwey kollossal Füße einer Juno.
8.) Die Phygalischen Abgüsse.
9.) Korinthisch Capitäl von dem Pantheon in Rom, mehrer Basreliefs pp
10.) Die von Humboldtschen antiken Marmore,
11.) eine Gallerie auserlesener Abgüsse antiker Büsten.

Von hier zu St.R. Nicol. zum Mittagessen. Daselbst Savignis, Rauch, Tiek, Schinkel, Schulz, Zelter.

Sehr angenehmer Mittag, viele Geschichten von der sel. Großmutter wurden erzählt, merkwürdiger Brief meines Großvater [*an*] den Secret Schönborn in Algir.

Um ½ 6 mit Ottilie ins Theater. *Die Jungfrau. memorab.* Decor. von Rheims in der Ferne. Der Dom, der Zug, *das Gefängniß* u. die letzte freye *Decoration.* Sehr gewählte u. schöne Costüms, angenehme Aufführung. Meine Fr. geht im letzten Act fort. Müffling in unserer Loge. Nach dem Theater Nicol. d. ä. bey uns Zelter nicht zu Haus.

OTTILIE VON GOETHE, TAGEBUCHFRAGMENTE
[BERLIN, NACH DEM 12. MAI 1819]

Sonnabend den 8. angekommen um 3 Uhr Nachmittag die Bekanntschaft von Zelters Tochter gemacht, der später nach Hause kam: August und Zelter gingen zu Staats Rath Langermann dann ins Theater wo Donna Diana gegeben wurde, ich ganz allein zu Tante Treskow wo ich erfuhr, sie der Onkel und Tante und Onkel Hagen wären nach Potsdam denselben Morgen zurückgegangen und mit Mademoisell Zel-

6 Getreue Nachbildung des Domes zu Rheims
in dem Trauerspiel »Die Jungfrau von Orleans«,
Königliche Schauspiele, 18. Januar 1818
Auqatintaradierung von Friedrich Jügel
nach dem Originalentwurf von Friedrich Schinkel

ter musicirt. Staatsrath Langermann kam herüber und bewillkommte mich. Andern Morgen öffnete Mademoisell Zelter die Thür mit den Worten: Wen bring ich ihnen da, und Nikolovius trat ins Zimmer. Mit ihm gingen wir zu seiner Familie und ich sah den Staats-Rath, Cornelia, Alfred und Florchen. Der Staatsrath begleitete uns zurück. Nachmittag kam Goswin blieb bis zum Theater wo er uns hinführte. – Heinrich Nicolovius kam um sich vorzustellen. – August ging nacher zu Tante Treskow es hieße sie sei da aber ausgegangen. Im Theater saßen wir zwei Logen von der Königlichen. Prinz von Heßen erkannte mich und es wurde sich von fern begrüßt; auch Graf Schliefen sah ich von weiten und Major Natzmer. Graf Brühl steckte seinen Kopf in die Nebenloge, sagte etwas seiner Frau, und wir wurden sehr beguckt. Die Vestalin ward recht gut gegeben, Herr Bader hat in der Stimme viel Aehnlichkeit mit Moltke. Die Milder sang die Oberpriesterin – Julie und   sehr mittelmäßig –. Die Loge that sich auf und Rabe aus Breslau trat herein. Er brachte von dort Grüße. Im Herausgehen kam Graf Brühl uns zu begrüßen. Goswin und Rabe begleiteten uns nach Hause.

10. Morgen halb 9 Uhr kam Staatsrath Nikolovius. Um 9 unser Nikolovius, dann Rabe, und Staatsrath Langermann. Wir gingen zu Wolffs – Nikolovius begleitete uns – fanden sie nicht zu Hause. Dann zu Tante Treskow die wir endlich fanden. Ferner zu Geh. Brühl wo wir nicht angenommen wurden, suchten überall vergebens Mettinghs, auf den Weg zum Staatsrath Schulz, machten wir Halt bei Fuchs um Chokolade zu trinken. Lernten die Staatsräthin Schulz kennen. Nach Tisch zur Tante Treskow, Goswin begleitete uns bis hin, mit ihr zu Herrn Erich. Dann holte mich August bei ihr zum Theater ab, wo aus Aufmerksamkeit für uns Iphigenie gegeben wurde. Unten traf ich auf Schulz. Er, Goswin und Rabe waren mit uns in der Loge; wir waren dicht neben der königl. Graf Brühl hatten uns diese während unsrem Aufenthalt hier angeboten. Prinz von Heßen gesprochen.

Nach dem Theater mit Goswin zu Fuchs gegangen. Staatsr. Schulz begleitete uns.

11. Staatsrath Langermann kam, wie ich noch schlief, dann Nikolovius der den Morgen bei mir blieb, mich dann zu Schulz führte. Dort war Herr und Frau von Röthel. Den Nachmittag nach den Thiergarten und Bellevue gefahren. Dort Leutnant   wiedergesehen. Abends kam Goswin, Nikolovius Mademoisell   später Langermann.

12. Staatsrath Nikolovius holte uns mit Franz ab in die Porzelanfabrik wo Goswin hinkam. Wagner war da und ich machte die Bekanntschaft von Rosenstiel. Wellingtons Service, ein Tisch für die Großfürstin Alexandra und 4 Schüsseln. Von da ins Lagerhaus zu Rauch. Die Bekanntschaft von Rauch gemacht, Tieck wiedergesehen. Von seinen Arbeiten – Rauchs Arbeiten – Büsten des Königs, der Prinzeß Charlotte. Skizze zu der Blücherschen Statue für Breslau bestimmt, Staatskanzler Hardenberg, Scharnhorst, der Greif bestimmt für das neue Theater. Goswin war dort. Von da in Begleitung von Tieck und Rauch nach Mon bijou, Pallas von Velletri der betende Knabe antike Basreliefs. Mittags bei Nikolovius mit Savygnis, die Tochter zum erstenmal gesehen, Rauch, Tieck, Zelter, Schinkel, Mademoisell Marquart kennen gelernt. Staatsrath Schulz. Nach dem Theater gegangen, wo die Jungfrau von Orlean gegeben wurde. Dort die Bekanntschaft von Frau von Clausewitz gemacht. General Müffling wiedergesehen. Rabe begleitete uns nach Haus.

CHRISTOPH LUDWIG FRIEDRICH SCHULTZ
AN OTTILIE VON GOETHE
[BERLIN, NACH DEM 12. MAI 1819]

ich konnte gestern den Augenblick nicht finden, um Ihnen, gnädige Frau, die HerzensAngelegenheit zu eröffnen, die ich nun schriftlich anbringen muß.

Seit Jahren hatte ich mir vorgesetzt, wenn mir wieder ein Töchterlein gebohren würde, ihn, zum Andenken an eine Epoche schöner innerer Entwicklungen, den Namen Ottilie beyzulegen, und seitdem Ihr theurer Herr Vater mir Seine Gegenneigung geschenkt, beschloß ich, Ihn in solchem Falle um die Annahme einer Pathenstelle zu bitten, damit das Kind mit Seinem Segen die Weihe dieses Namens empfinge. Nun muß es sich wunderbar treffen, daß, indem ich gerade jetzt vorhabe, mein jüngstes Töchterchen taufen zu lassen, Sie Verehrteste, Ottilie selbst, in unsern Kreis treten; kann ich nun anders, als mich nach dem innigsten Wunsche meiner Frau an Sie wenden? um Sie zu bitten, die Ihren Herrn Vater zugedachte Pathenstelle, sey es im Sinne, sey es Ihr Namen, persönlich zu erbeten, und Selbst zu genehmigen, daß das Kind Ihren uns so lieben Namen erhalte. Ihre gütige Zusage wird uns sehr glücklich machen. Die Taufe ist auf Mittwoch, den 19., um 11 Uhr angesetzt, und da Ihr lieber Mann, wie wir herzlich bitten, es uns nicht wird versagen wollen, dabey zu seyn, geht ihre Einladung zugleich dahin, daß Sie uns erlauben, Sie, nach vollbrachtem Geschäft, in Gesellschaft einiger Freunde zum Mittagessen nach Charlottenburg zu fahren und dort mit Ihnen einen angenehmen Abend im Königl. Garten zu erleben.

ich eile mit dieser Bitte, weil Ihre Zeit schon im Voraus sehr besetzt seyn wird. Nun wollten wir aber so gern, daß Sie und Ihr lieber Mann den nächsten Sonntag (den 16.) Abends bey uns seyn könnten, wo wir vorhaben, eine kleine musikalische Gesellschaft einzuladen. Wenn nur nicht die Oper oder ein höheres Engagement Sie uns für diesen Abend raubt; geben Sie auch auf diese Bitte gütigen Bescheid.

So jeden Fall erinnere ich an Ihr freundschaftliches Vorsprechen, uns ohne Einladung jeden Mittag oder Abend, den Sie nicht besser zubringen können, zu schenken.

Verehrungsvoll verehrend
Schultz

Noch habe ich zu bemerken, daß es Sitte meines Hauses ist, den Namen des zu taufenden Kindes nicht eher als durch den Mund des Geistlichen bekannt werden zu lassen. Bewahren Sie also, ich bitte inständigst, das Geheimniß des Namens.

Donnerstag. den 13. May – Ihr schlaft daß die Murmelthiere wahre Lausejungen gegen euch sind. – Früh 9 Uhr *Nicolov:* d. S. Dann später *Raabe* welcher uns abholt um zu *Schadow* ins *Schloß* zu gehen, gefrühstükt, *Zelter* geht mit.

Unter den Linden Dir. *Schadow* getroffen; im Schloß zuerst die Bildergallerie besehen in welcher sehr schöne Gemälde befindl: besond. von Rubens, auch aus der Altdeutschen u. nid.länd. Schule, von Van Deyk u. s. w. waren schöne Sachen da. – *memorab.* die Hölle von Pregel *Leda* Bild der Duchess. de *Mazarin.* schöne Famil. Gemälde. – Unter andern befand sich auch die antike Bronze der Statü auf dem Schloß von welcher der Abguß auf unserer Treppe steht. Auch befanden sich noch mehrere Antiken daselbst – *Egypt. Statü schwarz Marmor* – theils gut theils schlecht. Wir besahen sodann die Zimmer welche der letzt verstorbene König bewohnt hatte. In sehr vielen schöne Gemälde aus allen Schulen, im Audienz Saal besonders Große silberne Gefäße auf den CredenzTisch; wir verweilten daselbst bis gegen $\frac{1}{2}$ 2 Uhr. Sodann meine Frau zu Fr. v. Treskow geführt, wo sie zu Mittag aß. Ich fuhr in einer Troschke nach Haus, wo St.R. Langermann u. Nicolovius d. S. mit aßen. – Nach Tisch mit Zelter u. Langermann nach den Wallfisch gegangen, welcher von Hamburg gekommen war, um auf der Veterinär Schule zerlegt zu werden, er ist 36 Fuß lang, und war noch auf dem Schiff, sodann wieder nach Hause. – Um Sechs Uhr mit meiner Frau ins Th[e]ater es wurde *Rosette* eine Oper gegeben, ein sehr langweiliges und verwirrtes Stük; am hübschesten war das letzte *Tablaux* wel-

ches den Landmann in allen seinen Beschäftigungen dar-
stellte und zuweilen sich bewegte u. am Schluß wieder still
stand.

Nach dem Theater nach Haus Ottiliens Seitenschmerz
stärker. Mit Zelters allein gegessen. Wir blieben bis 11 zusammen und waren noch recht vergnügt.

Freytag den 14. May. 19. Früh acht Uhr *Nicolov*. d. S. u.
Brederlow – ersterer meldet daß sein Vater zu Bett liegen
müsse und daher aus dem heutigen The nichts werden
könne. – Mit letzteren die Veterinär Schule in unserer Nähe
besehen, der Wallfisch war auch schon dort angekommen.

Das Local ist sehr angenehm indem das ganze ein sehr
schöner Garten ist (sonst der Gräfl. Brühl.) das Anatom.
Theater und Lesesaal nebst dem Cabinet befinden sich mitten im Garten, am Eingang wohnt der Professor – – – und
noch einige andere Lehrer so wie die Officianten. Obgl. alle
Gelegenheit um diese Anstalt emporzubringen vorhanden
ist, so schien sie doch sehr im Verfall; bey dem Cabinet war
seit langen Jahren nichts nach geschafft u. die alten Präparate sehr schlecht.

Der ausgestellte Schimmel von Friedr: dem Gr. steht auch
daselbst. Bloß in der Schmiede herrschte einiges Leben u.
Thätigkeit.

Da nun das Große Maneuver, welches schon gestern
außerhalb der Stadt begonnen hatte, sich in die Stadt ziehen
sollte, so daß näml: ein Theil der Truppen Berlin einnehmen
sollte und dieß besonders unter den Linden vor sich gehen
sollte, so ging ich nach einem kleinen Frühstük bey *L. u. W.*
mit Hrn. *Devrient* nach *Jagor* wo abermals mit Austern gefrühstükt wurde. Hier kam das Ganze vorbey es wurde
stark mit Kanonen u. kl. Gewehrfeuer geschossen, so daß
sogar im königl. Pallais die Fenster sprangen.

Um halb 1 Uhr war alles vorbey. Ich fuhr mit *Devrient*
nach dem Thiergarten spazieren, bis 2 Uhr, wo ich nach
Haus kam. Das. erwarteten mich die Gebr.   welche
Scenen aus meines Vaters Leben herausgeben wollen die

Schiyer dazu gesehen, Unterredung wegen einiger diese Angelegenheit betreffenden Gegenstände.

Um 3 Uhr mit *Ottil.* zu *Zelter* zu *Brühls*, zum Diner. Es waren das. noch, General von Helbig u. Frau. Raabe Prof. Marheinike; angenehmer Mittag um 6 Uhr nachhaus, sodann holte uns Vetter *Brederlow* zu Pogwischens ab, welche ganz enorm weit in der *Stallschreibergasse* wohnten, das. The getrunken u. zu Abend gegessen, Kapit. *Pfefferkorn* lustige Person.

Um 11 Uhr von da nachhause gefahren unterwegs sehr gelacht; Zelter war noch wach, wir gingen aber gleich zu Bett. *Sonnabend d. 15. May.*

AUGUST VON GOETHE AN GOETHE
BERLIN, 15. BIS 18. MAI 1819 (Anfang)

Berlin den 15. May 19.
Damit Sie bester Vater doch auch einmal wieder etwas von mir hören so will ich fortfahren Ihnen kürzlich unseren Lebenslauf zu melden.

Dienstag den 11. May ging ich in Begleitung von unserem Raabe zu Schadow wo ich denn den Blücher so weit gediehen fand daß der Kopf und das Schwerdt ganz fertig waren so wie auch die Seiten Wände zu dem Piedestal der übrige Körper war schon zusammen gesetzt und wurde eben bearbeitet. Schadow empfing mich sehr freundl: und erbot sich mir Gelegenheit zu verschaffen die Bildergallerie u. das Schloß zu besehen. Wir sahen auch bei ihm mehrere Bilder meistens von seinem Sohn in Italien.

Hierauf gingen wir nachdem ein gehöriges Frühstück in einer sehr amönen Kneipe eingenommen worden auf den Bauplatz des neuen Theaters, wo uns Herr Ob. Baurath Schinkel herumführte, es wird ein ungeheueres Gebäude welches ich Ihnen näher beschreiben werde wenn ich erst

Grund- und Aufriß gesehen habe welches mir Ob.B.R. Schinkel auch schon versprochen hat. Das mir fast unglaubliche dabey ist daß aller dazu gehörige Sandstein von Pirna bey Dresden geholt werden muß!!! Den Mittag aßen wir bei St.R. Schulz wo wir sehr vergnügt waren u. nach Tisch Ihre Festgedichte lasen die eben angekommen waren.

Meine Frau fuhr mit Schulzens in den Thiergarten, ich aber ging in Zelters Singacademie wo ich einen großen Genuß hatte, um 7 ging ich noch ins Theater wo Deny in einem kleinen Stük, Die beschämte Eifersucht, nicht ohne Beifall spielte. Ein darauffolgendes Ballet wovon ich den ersten Act sah war höchstkomisch besonders lächerlich waren viele Dreysinen welche vorkamen und welche sehr gut gefahren wurden besonders war eine auf welcher sogar eine Dame mit aufsaß merkwürdig. Nach dem Theater gingen Zelter u. ich noch zur Liedertafel wo wir einen sehr genuß reichen Abend zubrachten, ich lernte das. St.R. Körner, Justizrath Wollanke (Componist) Rungenhagen (Componist) Lauska (Componist) u. mehrere andere Männer kennen. Minister von Altenstein war auch da; es dauerte bis nach 12 Uhr u. um eins waren wir zu Haus.

Mittwoch den 12. May heute früh gingen wir in Begleitung des St.R. Nicolovius in die Porzellainfabrik wo wir das Glük hatten das Service zu sehen welches der König dem Herzog von Wellington schenken wird. Dieß ist ein ungeheueres Unternehmen und wenn man die Ausführung sieht fast unglaubl: der Director Staatsrath Rosenstiel welcher mit ihnen in Straßburg studirt hat empfiehlt sich Ihnen bestens.

Von hier fuhren wir in Rauchs u. Tiecks Atellier wo wir manches schöne sahen, als 1) eine sehr schöne vollendete Büste des Königs in Marmor von Rauch, ein äußerst geschmakvolles Postament dazu, 2) zwey Büsten der jetzigen Großfürstin Alexandrine, 3.) die bis zur feinern Ausarbeitung fertigen von Rauch in Italien angefangenen circa 9 Fußhohen Statüen von Scharnhorst u. Bülow in Marmor, man konnte sie nur nicht recht sehen da sie noch halb in den Kisten steken. Ueberhaupt scheint mir Rauch ein sehr talentvoller Mann mit einem angenehmen äußeren, u. vieler Bescheidenheit. Auch sahen wir dort das Modell zu dem Blücher für Breslau welcher 12 Fuß hoch werden soll, so wie die Modelle der Greifen u. des Apollo welche aufs neue Theater kommen sollen.

Von hier fuhren wir mit Nicolov: Rauch u. Tieck nach Monbijou wo die Antiken Abgüsse aufgestellt sind. Die ganze Statü der Minerva Veletri war eine erfreuliche Bekanntschaft und es machte mich sehr glücklich einen Begriff von so etwas herrlichen zu bekommen, der Silen mit dem Kinde war vortreffl: der Atheniensische Pferdekopf den sie auch erwarten ist auch hier und es ist freilich ein großer Unterschied zwischen ihm u. dem Venetianischen welcher daneben steht, so setzten mich auch die Abgüsse des bekannte[n] Theseus u. mir noch nicht bekannten Ilyssus in Erstaunen jedoch war ich durch Ihre Zeichnungen schon befreundet u. vorbereitet.

Die Abgüsse der Phygalischen Marmore haben mich ebenfalls sehr erfreut, besonders als mir gleich die Gruppe welche Ihnen die Seidler kopirt in die Augen fiel. Leider hat man nur zu wenig Zeit um alles reif aus zu genießen, und da es bey Kunstgenüssen nicht wie beym Essen ist wo man aufhören soll wenn es einem am besten schmekt so wären Repetitionen von diesen Beschauungen wünschenswerth.

Den Mittag brachten wir bey Nicoloviussens zu wo wir in heiterer Gesellschaft von Savignis, Schulz, Zelter, Rauch, Tiek, Raabe, sehr vergnügt waren.

Der Abend wurde dem Theater geweiht wo die Jungfrau gegeben wurde, in Hinsicht des Sprechens nicht in unserer Art, was die Decorationen Costüms u. den Zug betraf, so war es wirkl: zum Erstaunen.

Da ich blos eine kurze Darstellung unserer Lebensweise geben will so spaare mir die Details mündl. auf.

Donnerstag d. 13. May 1819. Früh nachdem wir etwas lange geschlafen und Zelter hierüber die Bemerkung gemacht hatte »*daß die Murmelthiere wahre Lausejungen gegen uns wären*« gingen wir um 11 Uhr mit Schadow, Raabe u. Zelter das Schloß zu besehen. Hier ist ebenfalls eine sehr schöne Sammlung von Öhlgemälden und ich merke immer an mir daß ich von den Bildhauerwerken besser urtheilen und mich mehr hinein finden kann als in die Gemälde.

Auch wird man ganz verwirrt wenn man aus Sälen in Säle aus Zimmern in Zimmer geführt wird wo alles dicht voll hängt und man doch blos daran hin schwirren kann.

Was mir hier sehr auffiel war die original Bronze der kleinen Statü welche auf unseren Treppen Eingang mit emporgehobenen Händen steht.

Die Zimmer sind noch wie sie vom vorigen König eingerichtet worden, und haben gar keine Neuerungen statt gefunden.

Den Mittag aß meine Frau bei ihrer Tante ich zuhause wo Langermann u. unser Nicolovius mit aßen.

Eine große Merkwürdigkeit war angekommen, näml. ein toder Wallfisch welcher in Hamburg für die Vetrinärschule angekauft worden wär um daselbst zerlegt zu werden er ist 36 Fuß lang und noch gut erhalten nur richt alles um ihn her nach Trahn. St.R. Langermann Zelter u. ich gingen ihn auf dem Schiff zu besehen wo er noch lag, es war ein inposanter Anblick, und ist wohl in der Welt das erste mal daß dieses Thier frisch so weit ins feste Land kommt. Da die Thierarzneyschule wo er jetzt im Garten zerlegt wird ganz nahe bey uns ist, so besuche ich ihn manchmal.

Der Abend verging im Schauspiel wo eine Oper Rosette welche an sich gar keinen Werth hat mittelmäßig gegeben.

Nach dem Theater brachten wir den Abend bei Zelter zu.

Freitag den 14. May Früh ging ich mit Hrn: von Brederlow die VeterinärAnstalt genauer zu durchgehen, es führte un[s] der Doctor Lorenzen herum u. war sehr gefällig dabey. Das Local ist sehr angenehm indem das Ganze ein sehr schöner Garten ist (sonst der Gräfl. Brühlische) das Anatomische Theater u. Lehrsaal ist eine Rotonde und sehr schön eingerichtet. Die Zimmer wo die Präparate u. s. w. aufgestellt sind haben ebenfalls eine sehr angenehme Lage. Am Eingang wohnt der Professor   noch einige Lehrer, sind die Apotheke, Ställe u. Schmieden.

Obgleich alle Gelegenheit da ist aus dieser Anstalt etwas Großes zu machen so schien sie doch aus bösen Willen zu verfallen, bey dem PräparatenCabinetten war nichts nachgeschafft worden u. die a[l]ten Präparate waren unscheinbar und wenig belehrend, mann will aber jetzt wie ich höre die ganze Anstalt reformiren. Der ausgestopfte Schimel Fridrich des Großen ist auch da.

Ein Großes militairisches Maneuvre welches schon gestern angefangen hatte zog sich heute bis in die Stadt wo sowohl mit Kanonen als auch mit kleinem Gewehr stark gefeuert wurde so daß sogar im königl: Schloß die Fenster gesprungen sind.

Devrient habe ich auch kennen gelernt, es ist ein wunderlicher Mensch der aber fast nicht nüchtern wird.

Den Mittag waren wir bei Brühls wo noch General Helwig u. Frau, Zelter Raabe und Professor Marheinike.

Den Abend brachten wir bey Verwandten meiner Frau zu.

Früh Besuch von St.R. *Nicolovius*, dann der *Sohn*. Hofrath *Hufland* kommt Ottilien zu besuchen u. verbietet das Ausgehen für diesen Tag, einiges verschrieben. Dann kommt St.R. *Langermann, Wolf* u. *Brederlow*; um 12 Uhr zu Fr. von *Treskow* gegangen, um Ottilien zu entschuldigen das. – 1 Uhr, dann *Wolfs* besucht *er* war nicht zuhause. Erinnerung alter Zeiten Mad. Milder besucht Wolfs, etwas steiffe Erscheinung.

Von da zu St.R. *Nicolovius*, mit demselben in den Thiergarten, wo wir in der *Gesetzlosen Gesellschaft* zu Mittag aßen, von Bekannten waren da: St.R. *Schulz, Savigni, Rauch, Tiek, Nees von Esenbek, Raabe.* Kennen gelernt: *Buttmann*, –

Vorsteher dieser Gesellschaft ein sehr lustiger genialer Mann neben welchem ich saß, – *Gh.R. Heim.*

Es dauerte bis 3/4 6 dann ging ich mit St.R. *Nicolovius* weg u. ders. begleitete mich bis ans Theater, es wurde *Don Juan* gegeben, *Deny* mißfiel als *Leporello* und obgleich die übrigen Schauspieler sehr beklatscht wurden, so kann ich sagen daß die Aufführung durchaus sehr mittelmäßig war, und in manchen Scenen sehr gemein gespielt wurde. Nach dem ersten Act heraus und nachhause gegangen. Ottilie lag auf dem Cannapee bei ihr waren St.R. *Nicolov. unser Nicolov.* dessen jüngerer Bruder *Ferdinand* u. *Florchen* St.R. *Schulz* u. Dr. *Zelter*. Sie gingen aber gleich fort, wir blieben noch alle drey zusammen – 10, Ottilie las mir einen Brief von der *Mutter* vor.

Sonntag den 16. May 19. – Um ½ 7 aufgest. das Tagebuch geschrieben, u. den Brief an Vater fortgesetzt. –

AUGUST VON GOETHE AN GOETHE
BERLIN, 15. BIS 18. MAI 1819 (1. Fortsetzung)

Sonnabend den 15. May war ich mit Nicolovius dem Vater zum Mittagessen im Thiergarten in der sogenannten Gesetzlosen Gesellschaft deren Vorsteher Buttmann ist welchen ich auch kennen lernte, auch dem alten Geh. Rath Heim den Artz wurde ich vorgestellt es waren mit den Gästen etwa 40 Personen. Es dauerte bis 3/4 6 Uhr wo ich dann ins Theater ging Don Juan wurde gegeben, unser Deny hat nicht besonders als Leporello gefallen, und ich muß gestehen daß wir den Don Juan in Weimar um einige Hundert Procent besser gaben. Nach dem Theater war ich zu Fr. von Helwig gebeten aber ich war von des Tages Drang und Bewegung so *caput* daß ich mich durch Raabe entschuldigen ließ.

Ottilie ist noch leidend und darf auf Huflands Anrathen
noch nicht ausgehen; Nicolov. d. S. kommt u. wir gehen um
11 Uhr die Große Parade zu sehen, vom Brandenburger
Thor bis in den Lustgarten waren die Truppen, näml. die
Garnison von Potsdam u. Berlin als

1.) *Rg. Garde du Corps*
2) *Garde Husare*
3) *Garde Uhlane*
4) *Garde Dragoner*
5) *Gard reit Artil:*
6) 1. Gard. Reg. zu Fuß
7) 2. Gard. Reg. zu Fuß
8) Reg. Kaiser Alexand.
9.) Reg. Kais. Franz
10.) Garde Jäger Batallion.
11) Garde Schützen ——
12.) Garde Artil. zu Fuß.
– 13) Garde Landwehr Batall. –

Der König, nebst zahlreichen Gefolge von Prinzen Gene-
rälen pp ritt an den Fronten der verschiedenen Regimenter
vorüber und ließ sie dann in der Nähe des Opernhauses an
sich vorbey defiliren.

Das ganze gewährte einen sehr schönen Anblick und die
Menge der Zuschauer machte neben den ger[e]gelten Uni-
formen einen angenehmen Contrast. Diese Parade war eine
Folge des großen Manövers und kommt höchstens alle 8–10
Wochen vor.

Nach diesem gingen wir zu *Jagor* wo wir 11er Nuits u. Ca-
viar frühstükten; von hier nach den Thiergarten spazirt, wo
wir bis zu den sogenannten Zelten gingen, es war ein angenehmer Morgen, das Grün der Bäume war durch den Regen
belebt und frisch und die Luft war sehr mild.

Nach 2 Uhr kam ich zurück und fand Meine *Frau* u. *Zelter*
schon am Tisch. Nach Tisch ein wenig geruht, gegen 4 Uhr
kamen *Brederlow* u. *Nicolovius* d. ä. welche bei *Ottilie* blieben, welche noch nicht ausgehen durfte.

Zelter u. *ich* gingen um 4 Uhr nach den *Thiergarten* wo wir unter den *Zelten* Bier tranken und das Gewoge der Menschen ansahen welches einen sehr bunten Anblick gewährt. Wir gingen auch noch bis *Bellevüe* – einem Lustschloß des Prinzen August – wo ich mit der Famil: des Prof. Wolf welcher im Schloß wohnt Bekanntschaft machte. Prof. *Wolf* führte uns im Garten herum und um 8 Uhr gingen wir, mit der nach Hause ströhmenden Menge, durch den Thiergarten zurük, zu *Savignis* wo wir zum The waren, von Bekannten waren da: *Zelter Seebeck*, Nicolov: d. V. *Helwigs, Schulzens*, kennen gelernt, *Prof. Gneisenau*, General *Grollmann* Major *Lützow*. – Von Kozebus Todtenfeyer in Königsberg erzählt. Der Prolog fängt an »*Kotzebue fiel*« Eine Stimme aus dem Parterre »*Bravo*« wird beklatscht! »*Melpomene weint*« dieselbe Stimme »*Das braucht sie nicht*« abermals geklatscht. – Keine besonders merkw. Unterhaltung. Schöne Handzeichnungen verschiedener alter Meister an den Wänden; nach dem Thee wurde suppirt an kleinen Tischen, ich saß zwischen *Zelter* u *Savigni*, es dauerte bis nach 11 Uhr und um 12 waren wir zu Hause. Ottilie schlief schon, und ich ging auch gleich zu Bett.

Montag den 17. May 19. Schöner Tag. Etwas lange bis ½ 8 geschlafen, dann das Tagebuch geschrieben und den Brief an Vater fortgesetzt.

AUGUST VON GOETHE AN GOETHE
BERLIN, 15. BIS 18. MAI 1819 (2. Fortsetzung)

Sonntag den 16. May war hier als Gefolg des Großen Maneuvers eine ungeheure Parade der hiesigen u. Potzdamer Garnisonen, Infantri, Cavallerie u. Artillerie waren aufgestellt und dieses alles vom Brandenburger Thor durch die Linden bis an den Lustgarten u. das königl. Schloß. Der König ritt mit seinem Gefolg an allen Regimentern vorüber u.

das ganze machte wegen der sehr schönen Truppen einen herrlichen Eindruck.

Nach Beendigung dieser Parade ging ich noch mit unserm Nicolovius in den Thiergarten spazieren bis 2 Uhr, aß dann bey Zelter mit welchem ich abermals um 4 Uhr in den Thiergarten ging wo wir bis 8 Uhr herum dämmerten berl: Weißbier tranken und um 8 Uhr gingen wir zum The zu Savignis wo eine zieml. große Gesellschaft war ich lernte hier auch General Geneisenau kennen, er hat ein angenehmes Äußere und spricht sehr freundl: u. theilnehmend. Es wurde auch Suppirt u. ich kam um 12 Uhr erst nach Hause.

Bis jetzt haben wir bis auf wenige Tage immer schönes Wetter gehabt welches denn freylich sehr angenehm ist.

Alle Menschen sind hier so freundl: und zuvorkommend daß einem der Aufenthalt recht angenehm wird.

OTTILIE UND AUGUST VON GOETHE
AN HENRIETTE VON POGWISCH
BERLIN, 17. UND 18. MAI 1819 (Anfang)

Berlin den 17. May
1819

Dein lieber Brief ist in meiner Hand, und wäre ich nicht in Berlin wo ich jeden Augenblick benutzen möchte, alles zu besehen und in mich aufzunehmen, und wo von 9 Uhr an ich keine Minute mehr allein bin, so würde ich recht beschämt sein, das den Deinigen nicht schon wieder einer von mir begegnete. Ich will Dir zu Liebe mit meiner Gesundheit beginnen, obgleich tausend andre Dinge sich mir weit mehr zum erzählen aufdrängen. Mein Husten dauerte hier noch immer fort, so daß ich von Hofrath Hufland mir einen Brustthee verschreiben ließ; – er gab sich ziemlich, doch gesellte sich ein heftiger Schmerz beim Husten in der Seite dazu, und gestern und vorgestern wurde mir Stubenarrest auferlegt, den aber Hufland für heute insofern aufhob das ich zu einer Brigade-Aufstellung und zur Herzogin von Cumberland fahren darf. Dieß ist die lautre Wahrheit, dies glaube liebe Mutter, aber auch nichts mehr. – Obgleich ich mit der fröhlichen Hoffnung hieherkam daß mir hier recht wohl sein würde, und wir uns eine freundliche Aufnahme versprachen, so übersteigt diese Herzlichkeit, diese Liebe die man uns bewiesen doch jede Erwartung, und ich werde immer sehr bewegt daran zurückdenken müßen, mein Herz klammert sich hier mit tausend Banden an, und ich bin mir keinen Augenblick hier fremd gewesen. Eben so sehr wundert mich, das die Kleinstädterei nicht tiefer in mich eingedrungen, und die große Stadt, das gewaltige Treiben und Wogen mir nicht wenigstens in der ersten Zeit, ein reges Staunen, und dadurch eine Art von Aengstlichkeit aufgezwungen. Doch ist dies gar nicht der Fall, und selbst die Entfernungen erscheinen mir nicht so bedeutend.

Tagebuch 17. Mai

Nicolov. d. ä. kommt gegen 10 Uhr sodann seine Schwestern *Cornelia* u. *Florchen*. Um $\frac{1}{2}$ 12 mit *Nicolovius* zum Wallfisch in die Thier Arzneyschule, wo derselbe schon beinahe ganz zerlegt war. Der greuliche Gestank aber ließ es nicht zu lange zu verweilen. Wir gingen sodann etwas unter die Linden spazieren, hierauf das Skelett des Wallfisches – 64 Fuß lang – gesehen, welcher an der Schwed. Küste gestrandet u. vom Könige für das Museum gekauft u. jetzt zum Besten des Friedrich-Stiftes gezeigt wird.

Hier verließ mich Nicolovius und ich wollte noch eine Visite bey Mettings machen, sie waren aber nicht hier sondern in Charlottenburg, wo sie einen Sommeraufenthalt machen.

Ottilie war zur Herzogin von Cumberland gegangen und kam erst nach 2 Uhr zu Zelters an Tisch. Nach Tisch zu Hause mit Ottilie allein bis $\frac{1}{2}$ 6, wo wir nach dem Conditor Teigmann – unter den Linden – gingen, Vetter Brederlow

7 Ottilie von Goethe
Bleistiftzeichnung von Julie von Egloffstein, 1817

ging auch mit, besonders künstl: – *der renomirende Offi-cier* – Bouket von Zukerblumen.

Um 6 ins Theater, wo die gefährl. Nachbarschaft gegeben wurde; *Devrient* spielte den *Fips* außerordentl: und machte aus dieser Rolle ein dramatisches Kunstwerk.

Hierauf wurde die Gouvernante gegeben, worin von der Mad. Reichenberg die Gouvn. ganz vortreffl: gegeben wurde.

Das dritte Stük warteten wir nicht ab sondern gingen, in Begleitung des Dr. Zelter u. Hrn: Raabe, zu Schadows zum The u. Abend essen. Von Bekannten waren da: Rauch, Tiek, Seebeck, Schulzen, Nicolov. d. V. – St.R. Rosenstiel. Zelter u. Tochter – pp. Es wurde gesungen und die Stimmen waren recht gut. Beim AbendEssen saß ich neben Seebeck. Ange-nehmer Abend, um 12 Uhr kamen wir nachhause.

Dienstag den 18. May Sehr schöner Morgen, aber erst ½ 8 aufgestanden, am Tagebuch geschrieben u. den Brief an den Vater vollendet. – *Bis hierher den Brief an den Vater, abgesen-det evd. Ab. 7 Uhr. –*

AUGUST VON GOETHE AN GOETHE
BERLIN, 15. BIS 18. MAI 1819 (Schluß)

Montag den 17. May 19. Heute blieb ich etwas lange zuhause um mein Tagebuch recht in Ordnung zu bringen und diesen Brief zu schließen, jedoch ging ich noch um 12 aus um ein großes 64 Fuß langes WallfischSkelett zu sehen welches der König angekauft hat u. welches jetzt zum Besten des Fried-richsstifts für Geld gezeigt wird, es ist ziemlich gut erhal-ten und um so interessanter da ich hier auch den natürl: Wallfisch gesehen habe.

Meine Frau war heute Früh bey der Herzogin von Cum-berland und kam erst spät zu Tisch. Den Abend waren wir im Theater Devrient spielte den Schneider Fips ganz un-vergl: Nach dem Theater waren wir bey Schadows zum The

u. Abendessen wo manche Bekannte, als Seebeck, Rauch Tik, Nicolovius Zelter u. s. w. waren es wurden auch mehrstimmige Sachen recht gut vorgetragen um 12 Uhr kamen wir wieder nachhause.

Dienstag, den 18. May. Da heute früh mein Brief auf die Post muß so sage ich nur einen guten Morgen nebst vielen Grüßen an die Mutter Großmutter, Ulrikchen und sonstige Bekannte und Freunde besonders Hofrath Meyer.

Tausend Lebewohl,

Ihr treuer Sohn JAWGoethe.

Ottilie etwas besser, *Hofrath Hufland*, dann *Franz Nicolov.* später von *Brederlow*, zuletzt *Seebek*. Um 10 Uhr zu Geh. Rath *Nagler* um dessen Kunstschätze zu besehen. Man findet daselbst von allen was man nur von Kunstsachen nennen mag, dh

Tagebuch 18. Mai

1.) *Oehlgemälde*, besonders *Altdeutsche* und ältere *Niederländer* pp:

2) *Gouache Gemälde*, von ihren ersten – *besond. aus Missalien geschnittene* – Anfang bis auf die neusten Zeiten.

3) Iluminirte Holzschnitte u. Kupferstiche ebenfalls von den ersten bis zu den letzten Zeiten

4.) *Indische Gemälde* und eine in China verfertigte mit chinesischen Text versehene Passion.

5.) Eine große Menge Alter Missalien, mit den herlich. Mahlereyen,

6.) eine große Menge von Handzeichnungen aller Schulen u. Meister, was ich sah vortreffl:

7.) Holzschnitte u. Kupferstiche in die Tausende, die ältesten Gedichte als Feuertank (mit Pergament) pp:

8.) Ganze Schränke mit Schnitzwerken aller Zeiten und Völker von Holz, Elfenbein, Bernstein, – *rothen Corallen* – Speckstein, noch mehr derselben an den Wänden unter Rahm und Glaß.

9.) Emalliirte Bilder aller Zeiten, so lange diese Kunst existirt

10.) Mosaiken, von den ältesten bis zu den neusten, von den größten bis zu den allerkleinsten zu hunderten

11.) Bunte Glasscheiben in Rahmen an den Fenstern aufgehängt, so wie alle Arten der Glaßmahlerey in Unzahl.

12.) Majolikas meistens sehr schöne Exemplare.

13.) Mineralien, Seite geschliff. Chrysoprase, dergl. von Granaten u. s. w.

14.) Sammlung neuerer Cameen u geschn. Steine, jedoch nichts gerade erfreuliches.

15.) Alte Waffen, Indianische Geräthschaften und Putzwerke von Federn. – Venetianische Gläser, Eine Bronzene Antike Victorie wie unsere Metall. kl. Basreliefs u. reiche Medaillen. – Kurz von allem noch was man nur fragen mogte war da; wir brachten von 10–2 Uhr daselbst zu. Geh. Rath Nagler war sehr freundl: und zeigte uns was nur in der Kürze der Zeit mögl. war.

OTTILIE UND AUGUST VON GOETHE
AN HENRIETTE VON POGWISCH
BERLIN, 17. UND 18. MAI 1819 (Schluß)

18.

Eben kommen wir vom Geheimerath Nagler zurück, wo uns Goswin eingeführt, und der mir viele Grüße für Dich aufgetragen. Gewiß ist es das kein Privatmann wohl eine Kunstsammlung hat die mit dieser sich vergleichen kann, es gibt nichts Zweites, und wenn der Vater nicht gleich nach unserer Rückkehr einen Reiseplan für Berlin entwirft, so müßen wir es sehr schlecht versehen durch Worte wiederzugeben was wir gesehen. Wieder muß ich absetzen. Goswin kommt mich zur Singakademie abzuholen, lebewohl beste Mutter! Gott wie traurig ist es Dich noch leidend zu wißen. Gar zu gerne schrieb ich Dir von unserem Aufenthalt hier, aber den gan-

zen Tag bin ich nicht allein, und muß doch tüchtig ausschlafen um alle Strapazen ertragen zu können. Was seh' ich nicht alles, wen lernte ich nicht alles kennen, ich nenne Dir noch Nikolovius seine Familie, ihn liebe ich mehr als je. Morgen stehe ich Gevatter bei Schulz; o die glükliche, glükliche Zeit wer sie festhalten könnte. Wir bleiben 8 Tage länger. Findet sich kein anderer Moment zum schreiben, so bleibe ich einmal eine Stunde länger auf, um Euch allen zu schreiben die ich jetzt nur herzlich grüße. Sage Linen wie sehr ihr Brief mich gefreut, der Großmama schicke ich mit nächster Post die Seide. Küße die Ulle, und Nunne; Clementinens Worte haben mir sehr wohl gethan. Adele ist wohl wieder zurük und soll schreiben. Denke oft daran wie sehr Dich liebt
Deine Ottilie

Ich habe heute beste Mutter auch einen langen Brief von unserem Treiben an den Vater geschrieben welcher Ihnen denselben mittheilen wird, daraus werden Sie sehen daß es uns gut geht und daß wir keine Zeit versäumen »*Mit Nutzen zu reisen*« wie sich Ottilie immer ausdrückt. Mein Tagebuch führe ich ordentlich und hoffe bey unsrer Rükkehr in vertraul: Abendstunden manchen guten Spaß mitzutheilen.

Jetzt empfehle ich mich Ihrer gewohnten Liebe Ihr ergebener Sohn JAWGoethe.

Mittag aßen wir zu Hause mit Zelters, um 5 Uhr gingen wir in die Singacademie. Großes *Credo* von *Cherubini* Dr. Försters Bekanntschaft erneuert; um 7 Uhr ging ich ins Theater – meine Frau zu Nicoloviussens. – Letzter Act vom Dopelpapa gesehen Devrient sehr gut. Dann Kinder Ballet, recht gut gegeben, besonders der *Zweytanz* mit Arrangement der Guitarre von Seiten der mit tanzenden Herren.

Nach dem Theater nach Hause, StR. Langermann zum

Abendessen, bis ½ 12 zu sammen. Ottilie kommt erst um 12 zu Haus, ich lag schon zu Bett.

Mittwoch den 19. May Schönes Wetter. Den Morgen zu Hause zugebracht; um 11 Uhr zu *Schulzens* wo meine Frau Gevatter stand, die Pathe bekam den Nahmen *Sophie Ottilie*, von Bekannten waren da: *Seebek, Langermann,* Schinkels, Röttels, Raabe, Lieut.   pp. vorgestellt Hrn. *Schleiermacher* welcher taufte. Nach der Taufe gefrühstükt, dann mit *Schulz, Raabe, Langermann* u. Seebek in die *Sollische* GemäldeSammlung. – Solly hat circa 100.000 rth. jährl. Vermögen, braucht 10000 für seinen Haushalt, verwendet 50000 rth. auf Bilder u. behält also 40000 rth. übrig. – Vor der Hand nur cursorisch durchsehen. Erstaunen über die ungeheure Anhäufung von 8–9 Tausend Bilder wovon höchstens 400 aufgestellt waren. – *Memorab.* Verkauf von 600 a rth. *900* nach London, vom Rahmen abgenommene u übereinander geschichtete. In Wagen Remisen aufbewahrt. –

Um ½ 4 Uhr mit der Gesellschaft nach Charlottenburg gefahren, das. zu Mittag gegessen. Nach Tisch um ¾ 7 Uhr mit Ottilie zu Mettings, freundl. empfangen ¼ Stunde geblieben, dann in den Schloßgarten zur Gesellschaft. Sehr schöner Garten. Ausgezeichnet schöner Flieder. Alle Anlagen Geschmackvoll, größte Reinlichkeit und schöne Vegetation. Bis ¾ 9 daselbst geblieben, angenehme Rükfahrt durch den Thiergarten, mit Schulzens. Um 10 Uhr zuhause angelangt und da alles zu Bett war, so machten wir es auch so.

Donnerstag den 20. May. Sehr schönes Wetter. Ottilie geht um 9 aus, ich bleibe zuhause; aufgeräumt, *Nicolov.* kommt, aber gleich wieder fort, dann *Brederlow* später kommt *Zelter* herüber – mit Schadows Bruder. – Besuch von *Nees von Esenbeck,* welcher morgen nach Bonn über Weimar abgeht, demselb. Brief mitgegeben. Sodann das Tagebuch geschrieben, und Brief an Vater.

AUGUST VON GOETHE AN GOETHE
[BERLIN, 20.] UND 21. MAI 1819 (Anfang)

Dienstag den 18. May. 1819
Heute früh 10 Uhr fand eine Beschauung von Kunstschät-
zen des Geh. Rath Nagler statt, dieser Mann hat seit ohngefähr 6–7 Jahren in allen Fächern der Kunst und Curiositäten
gesammelt nachdem er aus den activen GeschäftsLeben getreten man findet dort wie folgt !!!!. – :
  1) Öhlgemälde, besond. altdeutsche u. Niederländer sowohl historische als Landschaften, 2) Gouachen von ihren
ersten Anfang bis zu den neusten Zeiten 3) Illuminirte
Holzschnitte u. Kupferstiche pp 4) Indische Gemälde,
5) eine große Menge alter Missalien. 6) Handzeichnungen
aller Schulen u. Meister 7) desgl. Holzschnitte u. Kupferstiche zu tausenden, 8) Ganze Schränke von Schnitzwerken
aller Zeiten und Völker aus Holz, Elfenbein, Bernstein,
Speckstein, desgl. viel in Rahmen an den Wänden, 9.) email-
lirte Bilder aller Zeiten seit dauer dieser Kunst, desgl. 10 Mosaiken von den ältesten bis auf die jetzigen Zeiten zu hunderten, bunte Glaßscheiben in schwarze Rahmen gefaßt
und an den Fenstern aufgehängt in Ueberfluß 11) recht
schöne Majolikas, 12) Venetianische Gläßer, 13) Mineralien,
14) Cameen, 15 alte 16 Waffen und noch vieles andere mehr
wie oft ich sie zu uns gewünscht habe können sie kaum
glauben, denn ich muß gestehen daß es allein wegen dieser
Sammlung werth ist nach Berlin zu reisen, wir blieben bis
2 Uhr und sahen so viel in der Kürze der Zeit möglich war,
aber ich bin überzeugt daß man ein halbes Jahr zubringen
kann und man hat noch nicht alles gesehen.
  Den Mittag aßen wir zuhause und um 5 Uhr gingen wir in
Zelters Sing Academie wo ein Credo von Cherubini aufgeführt wurde welches sehr schwer war aber vortreffl: gesungen
wurde. Um 7 Uhr ging ich noch ins Theater (Ottilie zu Nicoloviussens) im Theater sah ich den letzten Act vom Doppelpapa u. ein Kinderballet welches beides recht artig war.

Nach dem Theater ging ich nachhause wo Langermann mit zu Abend aß wir blieben unter heiteren Gesprächen zusammen bis nach 11 Uhr, Ottilie kam aber erst um 12 nach Hause.

Mittwoch den 19. May. Der heutige Tag begann mit einer heiligen Handlung, Ottilie stand nämlich um 11 Uhr bey Schulzens Gevatter und das Kindchen empfing den Nahmen *Sophie Ottilie*, Schleiermacher welcher taufte hielt eine recht gute Rede.

Nach der Taufe fuhren wir nach Charlottenburg wo wir mit der ganzen Taufgesellschaft zu Mittag aßen. Ottilie und ich besuchten Mettings welche das. wohnten besahen dann den Garten und fuhren den Abend um 9 Uhr bey herrlichen Wetter wieder nach Hause.

Zwischen der Zeit ehe wir nach Charlottenburg fuhren besahen wir die Sollische Sammlung vor der Hand nur auf wenig Zeit und ich muß gestehen daß ich jetzt noch nichts darüber zu sagen vermag.

Denken sie sich eine Zusammenhäufung von circa *8–9 Tausend* Bildern wovon höchstens *400* sage Vierhundert aufgestellt sind die übrigen theil mit theils ohne Rahmen an und über einander gehäuft in 30–40 Zimmern in Küchen, Remisen und so weiter aufgehäuft sind daß die Decken brechen möchten, und Sie werden dann gestehen daß mann ganz verwirrt werden kann.

Das Aufgestellte hat Schulz nach den Schulen geordnet und es sind ganz vorzügliche Sachen da wovon ich Sonntag wo ich wieder hingehen werde mehr melden will.

Donnerstag den 20. May 1819. Den heutigen Morgen wende ich in Ottiliens Abwesenheit (Sie macht Visiten) dazu an um ein wenig Ordnung zumachen, mein Tagebuch zu schreiben und diese Zeilen aufzusetzen.

Ottilie kommt etwas erschöpft nach Hause. Mittag bey Zelters Capellmeister   aus Studgard, aß mit. Nach Tisch
etwas geruht, um 4 Uhr Hr. von Kleist um 5 zu Stegmanns
– *Charlott. Str. No. 68.* – Das. mit Brederlow Visite – ½ 7.
Dann zu Fr. von Helbig – Lindenstraße No. – zum The. Das.
waren General Gneisenau und Famil. Savignis, Brühls, G. Rä-
thin Nagler nebst Schwester, Fr. v. Bardeleben u. Brederlow.
Die Copien versch. Meister, welche Fr. von Helwig gemacht
sehr bewundert, im Garten wurde The getrunken, später im
Zimmer die Oriental: Gemälde besehen. Wir blieben das. –
10 Uhr u. fuhren dann nach Hause. Meine Frau Briefe von
Ulrike, Adele u. Carol. Harstall. Unangenehme Nachricht
wegen der 20 rth. welche Ulriken gestohlen worden.

ADELE SCHOPENHAUER AN OTTILIE VON GOETHE

                                        Weimar den 7. Mai.
Lebewohl Ottilie! Hat Dir theures Herz dies arme Wort ge-
fehlt so nimm es jetzt, denn aber laß mich glauben: daß es
innerlich von Dir gehört wurde als ichs nur innerlich zu sagen vermochte. Deine Mutter hat mir Vorwürfe gemacht,
daß ich so von Dir ging, auch Line; ich will Dir also sagen
warum ich mußte. Mir lag eine Welt von Schmerz auf der
Seele, mir war schrecklich bange um Dich, ich dachte an so
vieles was zwischen dieser Trennung und dem wieder bei-
sammenleben liegt, an Arthur; an Crusius – an 1000 Dinge.
Da ueberwältigten mich die eigenen Gedanken und schran-
kenlos, regelloß trieb es und wogte es in mir und *leiden-
schaftlich wollte* ich nicht scheiden, gingst Du doch nach
Berlin. In diesem Gedanken lag so viel Glück, und doch ist's
schrecklich, daß wir nie *zugleich* dort sein sollen, es komt
mir ordentlich ironisch vom Zufall vor, daß er mich darin
allein nie begünstigt. Ich fühlte mein Unrecht daß ich dem
Augenblick nicht die helle Seite abzugewinnen vermochte,

aber es ging nicht – Da kommen einige Worte Deiner Mutter dazu die mich vollends störten und nun blieb mir nichts uebrig als stille zu gehen, wenn ich nicht Dich unnöthig fast sündlich in mein Gefühl hereinreißen wollte. Es that *mir* weh, aber Du wurdest doch geschont, weintest nicht, kamst nicht in Bewegung die Dich kränker hätte machen können, und so that ich was ich den Augenblick für recht hielt. Abends trieb uns G noch in den Park, da sah ich lange noch nach Deinen Fenstern, es kam mir wohl Lust an, nochmahls hinnauf zu laufen, doch zwang ich mich daselbst zur Vernunft.

Groß Neuhausen d. 12.

Wills Gott erhalte ich Heute Nachricht von Dir theures Herz! meine Sehnsucht trieb mich hierher, denn es ward am Ende unleidlich in W! Dennoch bin ich bei Ullen, beim Naserle in Deiner Stube gewesen, obschon mir dort ganz weh wurde. Seit vorigen Sonnabend bin ich hier, folglich habe ich noch immer nicht erfahren ob Du erst Heute in B. eintriffst oder ob Ihr nur durch Deßau durchgiengt. Mein hiesiger Auffenthalt, war ein bunter Kranz von allerlei Ergötzlichkeiten; wir haben beinah eine Art *Reise* gemacht: sind Sontag zu Werthers (in Beichlingen) gefahren – dort geblieben, nach Sachsenburg gefahren den nächsten Tag zum Hans in Wiehe und von da in corpore nach Memleben gezogen – Endlich jedoch, Gestern, Hier wieder in diese schöne friedliche Einsamkeit gelangt. Diese Art Landleben, weißt Du, war von je mein Ideal, so ist mir hier sehr wohl, und mit Hülfe einiger *Träume* statte ich mich mit vielen Heitern Stunden aus. Fr. v. W. ist sehr angenehm, geistreich, unterrichtet läßt vieleicht zu viel Gefühl mit in die Conversation hineinspielen, dafür nemlich: daß wir die Richtungen dieses Gefühls in der Vergangenheit *zu suchen wißen* – was mitunter etwas wunderlich ausfällt. Sie schwärmt zuweilen von meiner freundlichen Lu, ueber deren Wesen mir manche Lichtchen aufgehen – wir sprechen uns einmal darüber. Gegen mich sind alle W. unendlich gut, ich werde verzogen auf alle weise und Du weißt ich bin gern das Schooskind. Das Schimpfen auf Preußen kränkt mich zuweilen sehr, sie unterläßt es auf meine Bitten – Du triffst mir dann plötzlich im Rahmen von Berlin, Preußen und mancher Erinnerung entgegen und mir thut das Herz weh und weher. Suma: das Leben lehrt mich in allen seinen Formen einsehen daß wir fast allein mit einander unsre wunderlichen Wege gehen, und einander wohl Alles in Allem bleiben, wenn uns auch zuweilen jemand ein Stück wegs weiter bringt. Meine Gesundheit ist leidlich, und alles Hell um Kopf und Herz, mögte es Dir eben so gehen, mögten die Nachrichten die ich Heute erwarte nur keinen schwarzen Flor über die freundlichen Tage ziehen – und alle Sorgen die mit ihren langen Schatten mich Hier stets Geistern verfolgen, fliehen! Gott mit Dir!

ADELE SCHOPENHAUER AN OTTILIE VON GOETHE
GROSS NEUHAUSEN [MAI 1819]

Groß Neuhausen d.
Beste Ottilie ich habe Deinen Brief an die Mutter! Alles wie ichs gehofft und gedacht! Ulle meint es sei ein toller Brief, ich finde Dich ungemein *vernünftig*, gelingt Dir doch woran die Andern scheitern, Du siehst das *nahe* Glück noch eben so schön und reizend wie das *ferne*! Apropos, war ein Stück Herz nicht genug für gewißen *Eduard*? Mußte das kleine Briefchen sogar nöthig mit hin. Ich freue mich daß Ihr nicht lange in D. bliebt, der Eindruck mußte schmerzlicher werden, von Stunde zu Stunde. Und obendrein sind wir nun vieleicht zusammen auf Deiner grünen Kindheits Insel was mich sehr glücklich machen könte! –

In Potsdam ist Dir ja eine große Entdeckung gelungen meine Tilen, eine *Himmlische Gegend*! Hast Du *gefunden*. Sieh ich habe gelacht, wie ein glückliches Kind, Du weißt die freuen sich nur lachend. Ich sehe den armen müden August von Deinem Treiben und Jubeln umher getrieben ich fahre mit durchs Brandenburger Thor – alle Deine Thorheiten ergötzen mich ohne daß ich bei Dir bin, als wenn ich sie sähe. Hoffentlich heilt Dein Herz von der jammervollen Liebe zu Nikolovius, denn nun kennen die Leute schon Dein Malheur. Ich weiß nur nicht recht wie's ander wird wenn ich wieder Deine *Tanten*noth bedenke wenn der Liebling etwa an einen steifen Peter erinnert beim ersten Wiedersehen! Erzähle mir ja alles, wie Du Deine alten Siege alle erneuerst, und wie die HerzensProvinzen die Du theils *Dein* nennst theils als Statthalter *Linens* verwaltest, wie alle sich unterwerfen. Ein gütiges Schicksal segne Dich mit vielen Windbeuteln, Leutenants, und wie sich die Vetter weiter etwa noch rangieren laßen, auf jedem Wege klappre ein bekanter Säbel entgegen. Nach vollendeter Anrufung zum Himmel – laß mich auf meine Wenigkeit zurück kommen. Erstlich bleibe ich noch bis Sontag Hier, kan also nicht berichten wie in Weimar die Welt lebt. Meine Nachrichten von dort Kotzebues kurzem Auffenthalt, Peuzers schlechte Oper und der Hoheit Reise betreffend, rauben mir die Andern. Verweile als Freundin auf meinem Jammer Line und Julie gehen zur Motter, und ich bleibe auf der wüsten Insel mit Armens der in Lust und Wonne schwimmt! Mitunter spielen mir dann manche Nachrichten schlechte Streiche, und mein Herz kan nur selten mit der Vernunft zusammengehen. Darum habe mich vor Augen, in der Hand den Gänsekiel, und schreibe mir Trost und Heiterkeit ins Herz.

Morgen kommen Könneritz und Spiegel auf ein Paar Tage hierher und nach Beichlingen. Ich freue mich sehr auf beide. Diese Post hat, wie Ihr, nichts accesbares bei sich, aber ich amüsiere mich noch als herrlicher virtuor dieser edlen Kunst, und wenn gleich mein Himmel nicht voll Flügel Hörner und Geigen hängt, so klippert und pfeift es doch manchmal ganz artig in der blauen Luft.

Ich gebe Augusten beide Hände in große Zärtlichkeit, er

denke meiner und bist Du faul so – mögen ihn die Liebes-
götter an den Schreibtisch ziehn! Adio Traute.

Tausend Grüße an meine *Wolffs* vergiß nichts, denke wie
ich sie liebe der Tante küße ich die Hand, dem Onkel rufe
ich den Nahmen Taleken [?] zu. Lebewohl zu tausendmal.

Deine Adele

CAROLINE VON HARSTALL AN OTTILIE VON GOETHE

Mihla d. 11. Mai 1819
Gerne hätte ich Dir, meine geliebte Ottilie vergangenen Posttag geschrieben, um Dich mit meinem Brief in Berlin willkommen zu heißen; allein ich hatte so mancherlei Abhaltung,
daß es mir unmöglich war; – Meine Gedanken begleiten Dich
von einer Post-Station zur andern, und könnte meine unbe-
holfene Feder jenen folgen, Du würdest einen ganz eigenen
Reiseplan (wobei ich freilich meine Person nicht vergessen
würde) von mir aus Mihla erhalten. Nun wirst Du freilich
schon in Berlin dem ersehnten sein, wenn Du diese Zeilen er-
hältst, und sie kommen leider zum Empfang zu spät! – – –

Schon sind es heute 14 Tage daß ich hier bin und noch kann
ich mich nicht recht an den Gedanken gewöhnen, entfernt
von Weimar und von allem was mir theuer ist zu sein; der
Aufenthalt dort gehört und wird immer zu dem liebsten,
theuersten Erinnerungen meines Lebens gehören! Ich schied
von Euch mit einer Wehmuth einem Schmerz die mir bis in
das Innerste der Seele drangen, und jetzt kann mein bewegtes
Gemüth noch keine helle Zukunft fassen; – allein, und auf
mich selbst beschränkt, bin ich hier, kein theilnehmendes Wesen steht mir zur Seite, da wird mir das Leben von dem trüben Nachhall jener hellen Tage, die mir sonst hier werden,
recht schwer; doch es wird, muß anders werden wenn auch
der Mensch nicht vergessen lernt, so lernt er doch Ruhe dem
Schicksal abgewinnen! – – Gebe uns der Himmel daß der

künftige Begleiter meines Lebens mein wahrer, mein teurer Freund wird, dann will ich heiter der Zukunft entgegen blicken, nach allem was ich jetzt von ihm gehört muß er sehr gut und brav sein! – Gesehen haben wir uns noch nicht, diesen Monat bekommt wegen dem Exerciren kein Offizier Urlaub, also ist das Wiedersehen im Juni bestimmt; – daß ich diesen Zeitpunct nicht ohne Bangigkeit herannahen sehe, glaubst Du mir, beste Ottilie wohl ohne Versichrung! – – –

Aber nun ein Wörtchen von Dir, mit welchem glücklichen Herzen magst Du wohl dem lang ersehnten Berlin zueilen, und welchen Eindruck mögen seine Mauern auf Dich gehabt haben. Euer Aufenthalt muß daselbst sehr angenehm sein, denn in welch vorzügliche Gesellschaften werdet Ihr nicht eingeführt werden, und welch ausgezeichnete Männer wirst Du da kennen lernen, und ein Persönchen wie meine Ottilie wird manches einwenden, doch bei allen Genüßen, so wohl für Geist als Herz, vergiß nur meine Gaze nicht, roth und weiß gestickt von jeden 2 Ellen auf 5 jenachdem es Dir beliebt! – –

Daß ich Nachricht von Dir wünsche, ist mir wohl nicht zu verargen, da ich aber mich immer zu bescheiden weiß, so will ich mich gern damit bis auf Deine Rückkunft verweisen, und will mich begnügen mit dem Gedanken, daß Du meiner auch im Vaterlande freundlich gedenkst! –

Deinen lieben Mann grüße schönstens von mir! – –

Möchte doch Deine Gesundheit jetzt so sein daß alles was Dir Freude macht, Du in vollem Maaße genießen könntest, dieß ist der innigste Wunsch Deine

Line v. H.

Zelter u. s. Tochter kommen noch ein wenig zu uns u. bleiben bis 12. Uhr, dann gleich zu Bette.

Freytag den 21. May 19. Sehr schönes Wetter aber sehr warm. Früh 9 Uhr holte uns St.R. Nicolovius mit dem Wagen ab, wir fuhren zuerst nach der Eisengießerey vor dem

Oranienburger Thor. Zuerst gingen wir in das kleinere Warenlager Ottilie kaufte einiges, sodann in das größere Magazin das. gesehen, viele Büsten in natürl: Größe, von Blücher, Kais. Alexander, dem König von Preußen, der Königin, gegossene Cruzifixe, Altarleuchter, Versuch zu eisernem Pflaster. Heckselmaschinen, und noch viele andere recht gut gearbeitete Sachen; auf dem Hofe befanden sich die zu dem Monument für   gehörigen Theile, wovon besonders vier Löwen sehr gut gearbeitet waren, auch der Anfang zu einem Monument in gothischen Styl, nach Schinkels Zeichnung, welches zu Ehren der Kriege in den Jahren 13, 14 u 15, vor dem Hallschen Thore errichtet werden soll. In den Gebäuden ist meistens alles von Eisen, sogar Treppen, die Bögen worauf die Gewölbe, gewölbt sind die Träger, pp FensterRahmen u. sogar bey einem neuangelegten Gebäude das Dach.

Von hier fuhren wir nach dem Zeu[g]hause, besahen erst das Innere des Hofs, besond. die von Schlüter an[g]efertigten Köpfe sterbender Krieger, sodann gingen wir in die erste Etage wo, in einem ungeheueren Raume unzählige Gewehre wohlgeordnet aufgestellt waren. An den Wänden umher waren Trophäen von erbeuteten französischen Waffen u. Fahnen errichtet welches sich recht schön ausnahm.

In einem besondern Verschlag befanden sich die von Paris mitgebrachten lebensgroßen Bilder von Napoleon u. Kaiserin Josephine, im Krönungs Ornat in sehr schönen gold. Rahmen, sodann noch das Modell der von Napol. projectirten Säule aus lauter erobertem Geschütz u. endl: die Schlüssel der eroberten Städte. Ottilie war ganz entzükt und gerieth besonders in Freude als man uns sagte daß die Zahl der eroberten Fahnen gegen 700 betrage. In den unteren Räumen waren Kanonen aufgestellt.

Hierauf fuhren wir zu Nicoloviussens, wo wir ein wenig frühstükten, um uns auf eine sehr weite Tour nach dem Schlesischen Thor, wo die – eroberten – Modelle der Franz. Festungen aufgestellt sind. Der Weg dahin war obgl: wir fuhren sehr lang und dauerte gegen eine Stunde.

Die Modelle sind sehr schön gearbeitet und man sieht darauf nicht allein jedes Haus und sonstige Befestigung, sondern auch die ganze Umgebung mit jeden Baum u. Strauch, es sind 19 an der Zahl und besonders ist Straßburg sehr schön gemacht und erweckte in mir angenehme Erinnerungen meiner dortigen Anwesenheit. Dieses Modell war allein 32 Fuß lang.

Nachdem wir zurükgefahren beschloß Ottilie bey Nicoloviussens zu Mittag zu essen, ich aber eilte in einer Troschke nach Hause wo ich mit Zelter aß. – *Bis hierher hat der Vater Nachricht –*

AUGUST VON GOETHE AN GOETHE,
[BERLIN, 20.] UND 21. MAI 1819 (Schluß)

Ottilie kam gegen 2 Uhr von manchen Visiten etwas erschöpft nach und wir aßen Mittag bey Zelters. Den Abend brachten wir von ½ 7 Uhr bei Helwigs zu wo eine Thegesellschaft war, es waren da General Gneisenau nebst Famil., Savignis, Brühls Seebeck pp. Besonders Interessant waren die ma[n]cherley Copien welche Fr. von Helwig nach den besten Meistern theils in Gouache theils in Oehl gemalt in ihren Zimmern hängen hate, auch eine Anzahl indischer Gemälde war bemerkenswerth. Es dauerte bis gegen 10 Uhr wo wir nachhause fuhren da die Entfernung über ¾ Stunden zu gehen ist. Zelter war noch nicht zu Hause doch wie er kam so waren wir noch ein Stündchen zusammen.

Freytag den 21. May. Heute holte uns der Staatsrath Nicolovius im Wagen ab und wir fuhren zuerst in die Eisengießerey wo wir dieses interessante Unternehmen so wie die Vorräthe in Augenschein nehmen, es werden jetzt sogar Glocken von Eisen gegossen, welche gegen die Metallernen sehr wohl feil sind, aber freylich auch darnach klingen.

Von hier fuhren wir nach dem Zeughaus wo wir alles zu

sehen bekamen besond. interessant waren gegen 700 Stück erobberte franz: Fahnen und die großen Bilder von Napoleon u. Josephine im Krönungs-Ornat welche aus Paris als Trophäen mitgebracht waren, auch die Schlüsseln mancher eroberten Stadt sind dort befindl:

Nachdem dieß gethan fuhren wir noch nach dem Schlesischen Thor wo die 19 aus Paris mitgebrachten Modelle von französischen Festungen befindl: besonders Interessant war mir Straßburg da ich es kannte, die übrigen sind auch sehr schön Straßburg allein ist über 30 Fuß lang und sie können daher auf den Raum schließen welchen diese Festungen in zwey Etagen erfordern. Ottilie ißt heute Mittag bey Nicoloviussens ich bey Zelters. So viel für heute. Nächstens die Fortsetzung.

Nur noch etwas zur Nachricht Ulrike hat uns benachrichtigt, daß ihr ein Unfall begegnet, es sind ihr näml. aus dem Pulte meiner Frau 20 rth. von dem ihr zurückgelassenen Wirthschafts Gelde entwendet worden und sie hat uns um VerhaltungsMaßregeln gebeten.

Es läßt sich freylich hierüber nichts sagen als daß es ein sehr unangenehmer Fall ist indem es das erstemal ist daß in unserem Hause etwas wegkommt.

Sollte daher das Geld nicht reichen so bitte von den Hundert Thalern zur Wirthschaft successiv auszuzahlen.

Mein Aufenthalt verlängert sich hier um etwas, man ist einmal hier der weite Weg ist gemacht und ich komme wohl so bald nicht wieder her jedoch gedenke ich um Johanistag wieder bey Ihnen zu seyn.

Viele Grüße von Zelter u. seiner Tochter so wie von Schulz Langermann und allen anderen Freunden u. Bekannten.

Alle Weimar-Freunde bitte zu grüßen
Ottilie empfiehlt sich bestens u. ist ganz glükl.
     Ihre
          treuen Kinder
         August u. Ottilie.

Nach Tisch zog ich mich gleich an, um um 6 Uhr zu Fürst
Radziwil zu gehen.

Ottilie kam ¾ 5 Uhr, zog sich auch an u. wir fuhren mit
Zelters um 6 Uhr zu Radziwils; sehr freundl. Aufnahme,
Präsentation an die Fürstin, Prinzeß Willhelm redet mich
auch an, so wie Prinz Willhelm – u. Herzog von Cumberland. –

Es war Probe von denjenigen Scenen aus Faust welche
Fürst Radziwil componirt hat, als:

1.) das Soldatenchor, 2. Duett zwischen Faust u. Gretchen
im Garten mit dem Blumenspiel, *Eunicke* Faust Dell. *Eunicke*
Gretchen.

3) Gretchens Gebet, *Mad. Milder* das Gretchen.

4) Fausts großer Monolog *Wolf Faust* ergreifender Chor:
Christ ist erstanden.

5) Scene mit dem Pudel pp.

Es dauerte – 10 dann Suppe – ½ 12. – Neben Savigni gesessen der Fürst hatte sich auch mit dem Gr. Brühl an unsern Tisch gesetzt u. trank Vaters Gesundheit. – Um 12 waren wir wieder zu Hause.

Sonnabend d. 22. May 19 Früh holte mich Brederlow ab,
wir gingen zu erst nach der *Bahnfabrik* von *Schumann*, wo
eine *Dampfmaschine*, von 6 Pferden Kraft, u. eine Gaß-
beleuchtung ist, besonders schön gearbeitete Dampfmaschiene (von *Freund* einem Zögling der Copenhagner
Gewerkschule – 22. Jahr alt –). Sehr zwekmäßige Maschine
zum Knüppeln der Fangschnüre, breite Bärtchen u. s. w.
Nach dem dieß besehen frühstükten wir im Deutschen
Hause bis 11 Uhr u. gingen dann die *Pochhammerische* Badeanstalt zu besehen. Sie war sehr zweckmäßig eingerichtet
u. die Badezimmer sehr elegant, die Wannen von Fajance
der Fußboden mit Teppichen belegt, die Stühle u. Cannape
von sehr schönen woll. Zeuge, großer Spiegel von der Deke
bis zum Boden, überhaupt alle Bequemlichkeiten, besonders zwekmäßige Einrichtung mit der Klingel, vor jedem
Badezim. näml. ist an einem eisernen Kästchen in Form

einer Lira in welches der Klingeldrath des Bades get die Nummer des Bades angeschrieben, sobald der Badende Schellt so springt von dem Kästchen eine Klappe auf und der Badeknecht weiß sogleich in welchem Bade geschellt worden.

Es sind 2 Classen Bäder, 1. zu 1 rth. 2. zu 12 Gr. Die Schwefelbäder sind apart und eben so wie die vorigen. Auch sah ich hier zwey Badestühle – mit ihrem ganzen Apparat – für Kranke welche innere Bäder nehmen müssen, sie sind in Wien erfunden und zuerst von Pochhammer nach Berlin gebracht.

Auch ist ein russisches Dampf u. Schwitzbad da, welches ich auch besah.

Es ist auch ein angenehmes Gärtchen dabey in welchen sogar 2 Nachtigallen unter den Gesträuchen in Bäumen verborgen waren, welche immer schlugen.

Wir wollten noch die durch eine Dampfmaschine in Bewegung gesetzte Spinnerey – des Hrn. Kokerill – besehen, welches jedoch nicht anging weil es Mittag war und die Maschiene stand.

Dann ging ich mit Brederlow – zu Josti, Eis gegessen und von da mit zu ihm – wo ich mich ein wenig ausruhte und um 2 mit demselb. zu Nicoloviussens zum Mittagessen ging, es war außer der Familie und uns noch Rauch u. Hoffmann der Schriftsteller da. Aengstlichkeit Ottiliens wegen dieser Bekanntschaft, sie wurde jedoch bey Tisch sehr vertraut mit Hoffmann. Es kamen besonders spaßige Geschichten von Werner aufs Tapet, welchen sowohl Rauch als Hoffmann sehr gut kannten.

Um ½ 6 fuhr ich allein nach Hause, meine Frau kam etwas später mit *Nicolovius, Cornelie,* und *Florchen* nach. Es war The bey *Zelter* und waren da: *Mendelsons* mit 2 Kindern, *Hassens, Langermann Brederlow, Hegels,* Mad. *Wolf, Raabe,* die Mendelsohnschen Kinder, – Schüler von Zelter – ein Mäd. von 13 u. ein Knabe von 9 Jahren spielten vierhändige Sachen ganz vortreffl: auf dem Flügel. Es wurde auch suppirt u. dauerte bis nach 11 Uhr. Wir gingen dann gleich zu Bette denn wir waren sehr müde geworden.

Sonntag d. 23. May. 19. Sehr schöner Tag aber wieder sehr heiß. Um 9 Uhr gingen wir mit Director Schadow das Königl. *Palais* zu besehen. Wir wurden herum geführt und bekamen alles zu sehen, sehr angenehmes Wohnzimmer des Königs schöne Schränke, Karten von Preuß. Oestr. u. Rußland auf welchen zu sehen wo alle Truppen standen.

Schlafzimmer des Königs, sehr einfach eingerichtet, Schlafzimmer der Königin an welchen nichts verändert. Übrige Zimmer sehr geschmackvoll eingerichtet, schöne Copien Italiänischer Meisterbilder.

Um 11 Uhr waren wir fertig. Meine Frau ging zu Hause mit Nicolov. d. ä. ich kneipte ein wenig – ½ 12 und ging dan in die Sollysche – Gemälde – Sammlung, wo eine große Gesellschaft war, besonders die Altdeutschen Sachen beschaut, so wie die Niederländer die schönen Eiks welche Solly in Achen für 25000 rth. gekauft.

Nach 1 Uhr mit Schulz zum Minister *von Altenstein* sehr freundl: Empfang, Gespräch über versch. Kunstgegenstände, u. den Vater. Nach einer halben Stunde gingen wir wieder weg. Ich nahm am Brandenb. Thor eine Troschke und fuhr nach Hause, Mittag mit Zelters allein. Abend, 6 Uhr ging ich ins Theater *Figaro* Mad. *Milder* die *Susanne*. Ich blieb aber nur bis 7 Uhr das Ganze war mittelmäßig, und die Milder wegen ihrer kolossalen Gestalt gar keine Susanne.

Um 7 Uhr zu St.R. *Schulzens* zum The es war eine große Gesellschaft daselbst, wovon ich jedoch viele nicht kannte und nur Hrn. von LaRoche kennen lernte.

Es war auch *Soupper* ich saß bey Nicolov. d. ä. u. Seebek. Meiner Frauen Fuß wurde schlimm und wir mußten nach aufgehobenen Abend essen zu Hause fahren. Um ½ 12 Uhr kamen wir nach Hause u. gingen gleich zu Bette.

Montag den 24. May. Früh erhielten wir zwey Einladungskarten von den Prinzen zu dem Fest – Abend 6 Uhr – in

8 Palais des Königs zu Berlin Stadtschloß
Aquarell von Friedrich August Calau, um 1820

Monbijou welches zum Geburtstage der Fürstin *Radciwill* gegeben wurde und wo einige Scenen aus dem *Faust* gegeben werden sollten.

KARL GRAF VON BRÜHL AN AUGUST VON GOETHE
[BERLIN, 24. MAI 1819]

Ew Hochwohlgebohren
soll ich noch im Nahmen der Prinzen welche am heutigen Abend das Fest in Monbyou geben, benachrichtigen, daß obgleich Ew Hochwohlgebohren Sr Majestät dem Könige nicht vorgestellt sind, Sie dennoch dem Schauspiele ja *beywohnen möchten.* – Wenn es die Gelegenheit nur einigermaßen herbeyführt, und Ew Hochwohlgebohren es wünschen, so wird der Fürst Radziwill Gelegenheit nehmen Sie dem Könige dort vorzustellen.

Mit aufrichtigster Hochachtung unterzeichnet sich

Grf Brühl

präs. d. 24. May

Tagebuch 24. Mai

Um ½ 9 Uhr ging ich mit Brederlow zu *Kokerill* wo wir abermals unverrichteter Sache abzogen dann in die Werkstadt des Mechanicus *Freund* in der *Krautstraße* wo jedoch außer einer angefangenen Dampfmaschiene, Blechschneide Maschiene u. einer neuen Art Spritze nichts zu sehen war.

Von hier gingen wir zusammen bis unter die Linden von wo an Brederlow meine Frau besuchen ging.

Ich hatte von der weiten Tour einigen Hunger bekommen u. kneipte ein wenig unter den Linden bey *Salataroni* der Kapellmeister Rocher aus Studgard kam auch hin u. wir sprachen zusammen manches über das Berliner u. Weimar. Theater.

Um 1 Uhr wollte ich Hrn. von Cruikschank besuchen traf aber das rechte Haus nicht indem ich statt in No. 4 der kl. Wallstraße zu gehen in No. 14 gerathen war.

Den Mittag aßen wir zuhause u. um 6 Uhr den Abend fuhr Zelter Ottilie u. ich nach *Monbijou*.

Es war hier der ganze Hof versammelt und nachdem The begann das Schauspiel.

Herzog Karl von Meklenburg hielt einen sehr gut auf diese Gelegenheit selbst verfaßten Prolog, und es wurden sodan folgende 2 Scenen aus dem Faust mit der Composition des Fürsten Radziwil gegeben

1) Großer Monolog des Faust bis dahin wo Wagner ihn stört, Scene mit Wagner, als Erdgeist erschien das Brustbild des Vaters

2) Scen mit dem Pudel Verwandl: desselben in den fahrenden Scholasten Faust schläft ein, die Ratte kommt, Schluß.

Der Herzog Karl spielte den Mephistopheles ganz vortreffl. u. Wolf den Faust einzig, das ganze kleine Theater war sehr gut decorirt und das Zimmer Fausts wirklich ganz im Character der Dichtung.

Nach dem Theater war Soupper Irgang im Garten bis wir an unsere Plätze kamen, schöne Ilumination, wir saßen in der großen Gallerie wo die Büsten stehen, ich saß zwischen der Wolf u. Ottilien, in unserer Nachbarschaft war noch Wolf, Herzog Karl u. Zelter, – gesungen Heil dir im Siegerkranz Musikalisches Hoch. –

Als die Tafel bald ge[e]ndigt war gingen sämtl. Prinzen u. Prinzessinnen um unsere Tafel sprachen freundl: mit jedem, ich wurde dem Kronprinzen vorgestellt.

Der König kam auch und schien sehr zufrieden mit dem Fest, der Fürst Radziwil stellte mich dem Könige vor, welcher sehr gnädig war, auch sprachen Ihro Majestät mit Ottilien welche darüber ganz außer sich vor Freude war. Um $^1/_2$ 12 fuhren wir nachhause. Ottilie war sehr gerührt von diesem Feste u. freute sich sehr, daß sie troz ihrem schlimmen Fuß hingegangen war.

Dienstag den 25. May. Früh 10 Uhr holte mich Staatsrath Nicolovius ab, wir gingen zuerst in das Taubstummen Institut wo schon mehrere Fremde versammelt waren, wir sahen u. verfolgten die Unterrichtsmethode vom Anfang bis zur letzten Stufe und höchst merkwürdig ist es daß Kinder welche ganz ohne Begriffe von etwas hineinkommen zuletzt nicht nur lesen u. schreiben können, sondern sogar wieder sprechen lernen, welches freylich mit großer Anstrengung geschieht. Sie verstehen auch was der Lehrer sagt und antworten darauf. Der Director Hr. *Graßhoff* ist ein vortreffl. Mann und wird von seinen Zöglingen unendl. geliebt.

Von hier gingen wir noch auf die Kunstkammer wo uns Hr. St.R. *Uhden* erwartete unter dessen Anleitung wir

1.) Die Geschnittenen Steine incl. der *Stossischen* Sammlung sahen

2) einiges von Münzen betrachteten

3) Die Antiken Bronzen Vasen, und einige Egyptische Mumien beaugenscheinigeten

4) Die übrigen Schätze der Kunstkammer betrachteten. Merkwürdig:

1) Ein in einen Eichen Klotz eingewachsener Hirschkopf mit Geweih.

2) Napoleons Hut, Degen und sämtl: Orden

3) Ordenskleidung des Königs von Preußen, von heiligen Geist, u. Hosenband Orden, Doctorornat von Edinburg.

3) Der Kunstschrank welcher einen Herzog von Pommern gehört u. Alles enthält was man nur zum Leben braucht, er ist in Augsburg 1620 gemacht.

4) Figuren des Großen Churfürsten und ersten Königs in ihrer Tracht.

5) viele Chinesische Sachen desgl:

6) von Bernstein u. Elfenbein.

Leider hatten wir zu wenig Zeit u. konnten alles nur oberflächlich sehen.

Um 2 Uhr ging ich zum Mittagessen zu Treskows wo ich b[*is*] 5 blieb.

9 Decoration zu der Schluss-Scene
der Oper »Die Zauberflöte«
von Wolfgang Amadeus Mozart.
Königliche Schauspiele – Opernhaus, 18. Januar 1816
Auqatintaradierung von Wilhelm Thiele
nach dem Originalentwurf von Friedrich Schinkel

Dann besuchte ich Ottilien zu Hause welche diesen Tag nicht ausging sondern sich ausruhen wollte; um 6 ins Theater die *Zauberflöte*. Hr. Bader als Tamino sehr brav, das übrige mittelmäßig. Die Decorationen waren sehr schön und nach Egyptischen Vorbildern von Schinkel gezeichnet.

Nach dem Theater nach Hause, Ottilie war in der Kühlung mit Brederlow u. Nicolov d. ä. spazieren gegangen und kam erst um 10 Uhr nach Hause, ich unterhielt mich mit Zelter bis dahin. Um ½ 12 zu Bett.

Mittwoch den 26. May Früh 10 Uhr holte ich Brederlow ab wir gingen nach dem *Blinden Institut* unter der Leitung des Director Zeune – Siehe gedr. Beschreibung. – Auch hier wurde viel geleistet, besonders in Geographie u. KopfRechnen. – Memorab. PolizeiCommissär *Unfug*. – Unter den Linden ein wenig gekneipt dann nach Hause mich angezogen und um ¼ 3 Uhr mit Zelter zu Gneisenau zum Mittagessen, – *bey Cumberland abgesagt* – Ottilie hatte sich bei Nicoloviussens angezogen wo ich sie zum Diner abholte. Bey Gneisenau waren *Savignis, Rauch, die Gebr. Tiek, L. v. Schütz, Zelter, Helwigs, Raabe, Gen. Clausewitzen, Prof. Solger, Brederlow, St.R. Nicolovius.* pp. circa 26 Personen.

– *Einladung von Minister von Altenstein zu Sonnab. d. 29. May Mittag. Zuges.* – Es dauerte bis nach 6 Uhr. Ottilie ging zu Nicoloviussens und ich holte Zelter in der Singacademie ab, wo wir dann in den Thiergarten gingen, Unter den Zelten trafen wir die Famil.   mit welcher wir den Abend unter den Zelten bis 9 Uhr blieben. Dann mit Zelter nach Hause wo ich noch mit demselben bis 11 Uhr zusammenblieb wo Ottilie nach Hause kam. – *Schlafparthie auf dem Kanape.* –

Donnerstag den 27. May. Früh an Goswin geschrieben daß ich nicht mit zur Tafelloge gehen könne da ich vom Kronprinzen zu Mittag eingeladen war, sodann am Tagebuch geschrieben um 10. Besuch von Langermann; Ottilie steht erst ¼ 11 Uhr auf. *Franz Nicolov*: kommt u. *Brederlow* wir blieben den Morgen zusammen, General Lestok besucht uns, gegen

Mittag Legations-Rath *Palmer* aus Gotha; um 2 Uhr zum Kronprinzen zum Diner. Von Bekannten das. getroffen, Gen. *Gneisenau*, Gen. *Lestok*, *Mayor Teck*, dem Geh. Rath *Ancillion* vorgestellt u. neben demselben gesessen, der Kronprinz war sehr gnädig. Es dauerte bis ¾ 4 Uhr ich machte dann eine Visite bey Frl. von *Ludwiger* Hofdame bey der Herzogin von *Cumberland*, u. bey dem Adjudanten des Herzogs Hrn: von *Pothen* um mich zu entschuldigen daß wir gestern nicht zum Diner gekommen. Dann zu *Cruikschank* welchen ich auch zuhause traf, gleichgültiges Gespräch.

Von da nach Hause auf der Weidendammbrüke Nicolov. u. meiner Frau begegnet welche ausgehen wollte, ich zog mich um u. ging gegen 7 Uhr ins Theater wo die Dorfsängerinnen gegeben wurden aber nichts besondres.

Nach dem Theater unter den Linden promenirt Mad. Wolf getroffen dieselbe nachhause geführt, freundl. Gespräch. Bey Treskows angefragt ob Ottilie noch da sey welches aber nicht der Fall war; sodann nach Hause wo ich Ottilie hungernd auf dem Kanapee traf. Zelter kam nicht zu Tisch u. wir aßen mit der Tochter allein, waren aber sehr vergnügt und gingen halb 11 Uhr zu Bett.

Freytag den 28. May. Fortwährend schönes Wetter. Um ½ 7 Uhr aufgestanden, meine Ausgaben durchgerechnet u. bilanzirt, sodann das Tageb. von Gestern geschrieben. Gegen 10 Uhr kam St.R. *Nicolovius* und holte mich ab, wir gingen zuerst in das *Universitätsgebäude* – von Friedr: dem Gr. für seinen Bruder Heinrich erbaut – und fingen mit Beschauung des Anatomischen Kabinets an wo uns Hr. Professor   sehr freundl: herumführte. Das Local ist sehr schön und besteht aus sehr großen Zimmern und Sälen, besonders merkwürdig ist die Walterische Anatom: Sammlung welche der König ao 1805 für 30000 erkauft und welche sehr schöne Präparate enthält, besond. merkw. die vielen Mißgeburten von Kindern, und andere gräuliche Gegenstände, bey welchen ich mich aber aus alter Abneigung nicht lange verweilte. – Zwey besond. große MenschenSclette. –

Die Osteologisch zoologische Sammlung ist ziemlich bedeutend jedoch nicht so groß als ich glaubte.

Von hier gingen wir in das in eben diesem Gebäude befindl: Zoologische Museum welches erst seit dem Jahre 11 angefangen ist. Die ausgestopften Vögel stehen nicht in einzelnen Kästen sondern in Glaßschränken wodurch sie weniger Raum einnehmen, besonders schön sind die Amerikanischen wie überhaupt die ausländischen welches alles sehr schöne neue Exemplare sind. Der Aufseher Hr: scheint die äußerste Aufmerksamkeit darauf zu verwenden. Auch die ausgestopften 4 füß. Thiere sind sehr gut erhalten. Das nähere sagt die gedruckte Beschreibung mit ihrem Plan. Das Mineralogische Museum welches unter Hrn. Professor Weiß steht konnte ich nur flüchtig sehen und wurden mir nur die Prachtstüke welche in 2–3 Zimmern in Glaßschränken aufgestellt waren gezeigt: bes. merkw. Großer gedieg. Goldklumpen aus Peru dergl. Silber.

Der übrige Theil des Kabinets war in Schränken wie unsere mit Schubläden aufgestellt und schien sehr bedeutend. Leider wird man beim bloßen cursorischen Besehen von den führenden immer von einem Gegenstand zum anderen gerissen. Bey den Versteinerungen waren einige Löwenköpfe aus der Geulenreuter Höle merkwürdig. – In Nürnberg soll noch einer bey Frau steken. – Das hierher geschenkte Conchilien Cabinet des Hrn. von ist ebenfals sehr schätzenswerth besonders die Seite der Corallenbildungen. Fische und Amphybien werden auch gesammelt doch ist dieser Zweig immer noch im Entstehen.

Da sich die Justinianische Gallerie in eben diesem Gebäude befand so wurde auch diese besehen. Es sind schöne Sachen daselbst, *siehe die gedr. Beschreibung.*

Ottilie war auch dahin gekommen und wir besahen dann noch das Auditorium Maximum.

Ich ging dann mit Seebeck in eine Restauration wo wir 1 Flasche Burgunder tranken und uns freundl: unterhielten.

Um 2 Uhr waren wir zu Schadows eingeladen wo wir auch Hrn. von Metting trafen. Zelters waren auch da.

– *Bis hierher hat der Vater Nachricht. abgesendet Sonn-* abend d. 29. Ab. 6 Uhr. –

AUGUST VON GOETHE AN GOETHE
BERLIN, 28. MAI 1819

Freytag den 21. May 19. Nachmittag: Gegen ½ 7 Uhr Abends gingen Ottilie Zelter u. seine Tochter zu Radziwils wohin wir zu einer Probe der Faustischen Scenen eingeladen worden waren. Der Fürst präsentirte *uns* beide seiner Gemahlin u. Familien und andern Standespersonen, der Prinz Willhelm und die Prinzeß waren ebenfalls sehr freundl: und erkundigten sich besonders viel nach Ihnen.

Es war eine sehr zahlreiche Gesellschaft sowohl von Zuhörern als Theilnehmenden, da ein ganzes Orchester und ein Theil der Singacademie theil nahm. Folgende Scenen wurden aufgeführt.

1).Das Soldatenchor mit der Composition von Radziwil sehr schön ausgeführt

2) Der Monolog vom Faust, Erscheinung des Erdgeistes, Gespräch mit Wagner. Gesprochen von Wolf

3) Monolog vom Faust wo er den Gift nehmen will, gespr. von Wolf alles mit Musikbegleitung. Besonders schöner Effect des Chors »*Christ ist erstanden*«

4) Die Scene von Faust und Gretchen wie sie die Blume zupft, als Duett behandelt, gesungen von Eunicke und seiner Tocheter

5) Scene wo Faust den Pudel mitbringt und so lange beschwört bis der Mephistopheles erscheint, welchen letzten der Herzog Karl von Mecklenburg ganz vortreffl: sprach

6) Gretchen wie sie singt »*O neige du Schmerzensreiche*« vortreffl: vorgetragen von Madame *Milder*

Der Fürst ist ganz leben dabey und man sieht daß er nichts andres treibt und thut als sich den Faust ganz zu eigen zu machen.

Diese Probe dauerte bis 10 Uhr und wurde sodann noch Suppirt um 12 Uhr waren wir wieder zuhause.

Sonnabend den 22. May 19. Diesen Morgen habe ich eine hiesige Bahnfabrik besehen wo das mehreste durch eine Dampfmaschiene in Bewegung gesetzt wird, auch ist hier in dieser Fabrique die Gasbeleuchtung mit großem Vortheil eingeführt.

Von hier ging ich in die Pochhamerische Badeanstalt in Eleganz und Zweckmäßigkeit wirklich einzig, ja man mögte sagen Orientalisch.

Nach so manchen Herumwandeln denn dieses war von 9–1 Uhr bekam man einigen Apetit u. ich ging zu den berühmtesten Conditor Josti wo einiges Eis u. Kuchen verzehrt wurde.

Den Mittag waren wir bey Nicoloviussens mit Rauch u. den Schriftsteller Hoffmann zusammen u. es kamen besonders drollige Geschichten von *Werner* welchen beide gut kannten zum Vorschein, wovon mündl: mehr.

Den Abend hatte Zelter einige Freunde zum The und Abendessen geladen als: *Hegels*, *Hassens* sonst in Jena, *Wolfs*, *Langermann*, *Raabe*, u. s. w. Auch die Familie *Mendelsohn* war da und ergötzten uns die Kinder derselben ein Mädchen von 13 u. ein Knabe von 10 Jahren Zelters Schüler besonders mit vierhändigen Musikstüken auf dem Flügel welche dieselben mit unglaublicher Fertigkeit, Präcision und KunstGewißheit ausführten, es war ein angenehmer Abend, und durch die Anwesenden voll angenehmer Erinnerungen.

Sonntag den 23. May 19. Heute früh besahen wir unter Leitung und durch die Güte des Herrn Director Schadow das Königl: Palais, also die eigentliche Wohnung des Königs wo er seit Kronprinz gewohnt und nicht wieder herausgegangen ist. Das Ganze ist im neusten Geschmack eingerichtet und alles sehr zweckmäßig arangirt, die Liberalität geht hier so weit daß man uns sogar in das eigentliche Wohn- Ankleide- und Schlafzimmer führte mein Tagebuch enthält alle Details also hier nur die Grundzüge meiner Wanderungen.

Da mir StaatsRath Schulz heute wieder erlaubt hatte die Sollische Sammlung zu besehen, so stürzte ich mich abermals in dieses Gemälde Chaos wo denn freylich wie meine früheren Meldungen sagen ein Leben, und nicht eine Stunde zur Erkenntniß gehört. Da noch einige Zeit bis zum Mittagsessen übrig so führte mich Schulz zu dem Minister von Altenstein, welcher mich sehr freundl: empfing, besonders viel von Ihnen sprach und auch wie *alle* immer den Wunsch äußerte daß »Sie doch einmal hierher kommen mögten.«

Den Mittag brachten wir bey Zelters zu; den Abend 6 ins Theater wo Figaro gegeben wurde, doch konnte ich nur eine halbe Stunde bleiben da ich den Abend schon wieder zu einem musikalischen The u. Soupper bey Schulzens eingeladen war, wo denn gar viele Menschen waren, erfreulich ist es mir aber immer daß sich meine Bekannten immer wieder in den Kreise wo ich eingeführt bin zusammenfinden. Um 12 Uhr kamen wir erst wieder nachhause, und so geht es denn fort, wenigstens verlernt man das Dämmern und wenn ich mich nicht manchmal allein eine Stunde in ein Kneipchen flüchtete so könnte ich es nicht aushalten.

Montag den 24. May 19. Heute früh besuchte ich einige hiesige Fabriken unter andern die Werkstatt eines jungen Mannes Nahmens *Freund* welcher jetzt hier die Dampfmaschienen u. Gaßbeleuchtungen einrichtet und viel Talent zu haben scheint.

Den Mittag waren wir zu Hause. Am Abend wurde von den *Prinzen* in *Monbijou* der Geburtstag der Fürstin Radziwil gefeyert und zu diesem Zwek 2 Scenen aus dem Faust auf einem sehr hübsch eingerichteten Theaterchen gegeben.

Es war die Scene wo der Faust den großen Monolog hält, der Erdgeist erscheint und endl: Wagner stört und mit dem Chor Christ ist erstanden schließt, die Decoration von

Fausts Zimmer war sehr gut gemalt, die Erscheinung des Erdgeistes wozu man *Ihr* Bild bester Vater durchs Fenster collossal erscheinen lies machte einen großen Eindruck überhaupt spielte Wolf den Faust herrlich.

Die zweite Scene war die wo Faust den Pudel mitbringt welcher sich endl: in den Mephistopheles verwandelt, der Herzog Carl von Meklenburg spielte ihn ganz unübertreffl:.

Die Compositionen von Radciwil waren sehr gelungen und machten einen angenehmen Eindruck. Mündl: mehr davon.

Nach dem Schauspiel war großes Soupper wozu wir auch eingeladen waren, vor Beendigung desselben ging der König, Kronprinz so wie die übrigen Prinzen u. Prinzessinnen um die Tafel und waren sehr freundl: Fürst Radciwil stellte mich dem König vor, so wie auch Ottilien, desgl. dem Kronprinzen welche beide sehr freundl: waren. Dieß war eine große Auszeichnung, so wie die ganze Einladung der Prinzen zu diesem Feste, da wir uns nirgends hatten präsentiren lassen um 12 Uhr waren wir wieder zu Hause. Der ganze Garten von Monbijou war sehr schön illuminirt und alles machte einen herrlichen Eindruck.

Dienstag den 25sten May Den heutigen Morgen besuchte ich in Gesellschaft des Staatsrath Nicolovius das Taubstummeninstitut welches eine sehr merkwürdige Anstalt ist der Director *Graßhoff* ein sehr gebildeter Mann giebt sich unendl: mühe mit disen Geschöpfen und bringt sie von der Thierheit wirkl: wieder zu ganz ordentl: Menschen. Sie sprechen so gar und verstehen durch die Augen was ein Lehrer sagt; in Geschichte, Naturgeschichte, Zeichnen u. s. w. sind sie gut unterrichtet und wissen mehr wie mancher hörende Schüler unserer Gymnasien.

Da noch Zeit übrig war besuchten wir noch die Kunstkammer im Schloß wo auch die Stossische Gemmen Sammlung ist. Hier sahen wir auch sehr große Chamäen besonders einen mit zwey Köpfen einem mänl: u. weibl: wie der aus der Wiener Sammlung welcher mir immer so gefällt, nur war dieser kleiner, leider ist die Zeit zu kurz und man wird nur durchgejagt, Staatsrath Uhden war auch da und führte uns eigentl: herum.

Ueberdieß besahen wir noch so weit die Zeit reichte die übrigen Gegenstände der Kunstkammer an Bronzen, Vasen, Bernsteinsachen, Elfenbeinschnizereien und anderen *Curiosen* wovon mein Tagebuch näheres melden wird.

Den Abend wurde die Zauberflöte gegeben wo besonders schöne Decorationen waren welche Schinkel angegeben hatte. Den Abend nach dem Theater zu Hause zugebracht.

Mittwoch den 26. May Der heutige Morgen war dazu bestimmt das Blindeninstitut zu besehen welches in seiner Art ebenso merkwürdig als das Taubstummeninstitut ist und von dem würdigen Director Zeune sehr zwekmäßig geleitet wird, eine nähere Beschreibung bringe ich gedruckt mit.

Den Mittag waren wir bei dem Gouverneur von Berlin General Grafen Gneisenau welcher sehr freundlich gegen uns ist, zum Diner geladen wo eine kleine aber auserlesene Gesellschaft von meistens Bekannten war.

Den Abend ging ich mit Zelter noch in den Thiergarten wo wir bis nach 9 Uhr blieben und sodann nach Hause gingen.

Donnerstag den 27. May Den Morgen blieb ich zuhause da eine Visite die andere drängte worunter auch der Legationsrath Palmer war; um 2 Uhr ging ich zum *Kronprinzen* welcher mich zum Diner eingeladen hatte es war eine kleine Gesellschaft von der ich nur den General Gneisenau kannte, an der Tafel saß ich neben dem Geheimerath Ancillion.

Hierauf machte ich Visite bey dem Herzog von Cumberland konnte aber nicht vorkommen da derselbe die Niederkunft der Herzogin jeden Augenblick erwartete, wirkl: erfolgete sie auch denselben Abend mit einem gesunden Prinzen.

Nachdem ich mich zuhause umgezogen u. ein wenig ausgeruht hatte ging ich noch ins Theater wo die Dorfsängerinnen gegeben wurden von denen ich aber nichts erfreuliches zu sagen wüßte.

Freytag den 28. May Heute früh besah ich in Gesellschaft des Staatsrath Nicolovius u. Seebeck, 1) das Anatomische

Museum, 2) das Zoologische Cabinet, die Conchilien Sammlung u. die Mineralien.

Es sind in allen Facheren sehr schöne Sachen da und besonders sorgfältig geordnet und zwekmäßig aufgestellt. Das Local ist schön und sehr geräumig und da diese Anstalten erst seit kurzen ihren Anfang genommen, so läßt sich bei den großen Mitteln viel für die Zukunft erwarten.

Da die Justinianische Gallerie auch in diesem Locale vor der Hand aufgestellt ist so wurde sie auch noch besichtigt und bewundert.

Dieß ist der vorletzte Brief den Sie von mir aus Berlin bekommen da ich Dienstag den 1. Juny von hier nach Dessau abgehen werde.

Troz aller Anst[ren]gungen war es nicht möglich eher los zu kommen wenn man nicht Dinge u. Menschen ungesehen lassen wollte welches einem doch gereut hätte da man die Aussicht hat so bald nicht wieder hierher zu kommen.

Ich hoffe daß alles wohl ist und bitte nur um einige Zeilen Nachricht auf meine voluminösen Schreiben. Ottilie ist wieder recht munter und erfreut sich ihres Daseyns recht auch ist sie überall belieb[t] und sogar geliebt.

Zelters grüßen schönstens

Ihr treuer Sohn

den 28. May 19   JAWGoethe.

Tagebuch Wir aßen im Gartenhause und es war ein vergnügter Mittag;
28. Mai   gegen 6 Uhr ging ich mit Delle Zelter nach Hause. Ottilie wollte noch mit Nicolov. d. ä. einige Gänge thun; es war mir nicht wohl. Ottilie kam u. ½ 8 nach Hause u. wir tranken bey Zelter bis 11 Uhr The, welcher mir gut bekam, und worauf ich die Nacht sehr gut schlief.

Sonnabend d. 29. May. Den Morgen besuchten uns der Dichter Tieck mit seiner Tochter, St.R. Langermann etc. von Bardeleben u. Brederlow. – Ottilie und ich gingen gegen

11 Uhr mit Brederlow in die Sägespähnfabrik, wo wir manches hübsche sahen welches aus dieser Masse gefertigt wird, besonders, Kronleuchter, Vasen, kleine Löwen pp. Dieß wird dann nach Verlangen u. Geschmack vergoldet, versilbert oder broncirt. Diese Fabrik hat vielen Absatzt und der Unternehmer Hr. Menke beschäftigt lauter Invaliden dadurch. Hierauf allein – mit letzteren auf die Biebliothek wo wir durch Prof. *Spiker* sehr freundl: herumgeführt wurden. Besond. schöne Missalien mit elfenbeinernen Schnitzwerken auf dem Decke des Einbandes, Cranachs Stammbuch (Siehe die Copie) das Große Werk über Egypten Brandenb. Turnirbuch. Das Local ist sehr weitläufig aber der Raum nicht gut benutzt, da weit mehr Bücher stehen könnten als jetzt placirt sind.

Hierauf unter den Linden kleines Frühstük – 2 Uhr dann nach Hause mich umgezogen und zu dem Geh. StaatsMinister von *Altenstein* zum Diner um 3 Uhr gegangen. Von Bekannten waren da: Rauch, Tiek, Sebeck, Zelter. Geh.R. Wolf, Nicolovius, Reg.Dir. Gabel aus Erfurth, Raabe pp: ich saß neben der Schwester des Minister und man war sehr gnädig gegen mich. Es dauerte bis gegen 6 Uhr wo ich mit Zelter nach Hause ging – *Brief vom Vater d. d. 26. May. Ottilie von der Mutter Brief.* –

GOETHE AN AUGUST VON GOETHE
WEIMAR, 26. MAI 1819

Deine Schreiben, mein lieber Sohn, bis zum 18. May. sind glücklich angekommen, haben uns und den allernächsten viele Freude gemacht, daher es denn wohl billig scheinen möchte auch etwas von hier vernehmen zu laßen. Zuförderst also befinden wir uns beide wohl; Kräuter ist, nach dem Hauskreuz mit seinem Kinde, selbst sehr krank geworden und hilft sich nothdürftig wieder auf, indeßen gehen meine Arbeiten ununterbrochen fort.

Ein Englischer Maler Herr Dawe ist angekommen hat mein Portrait gemacht und daran, mit Unterbrechung, vier Wochen gearbeitet, dadurch ist ein neuer Onkel in die Familie gekommen; aber wie Ulrike versichert der leidlichste von allen. Dawe hat unsere Erbgroßherzogin sehr glücklich gemalt.

Ferner hat mein alter Freund Cogswell, ein freyer Nord-Amerikaner, mich auf der Durchreise besucht, schöne Bücher und Aufsätze mitgebracht, auch viel Erfreuliches von dort her erzählt.

Den Engländer und Nord-Amerikaner triffst Du vielleicht in Dresden; sieh Dich nach beiden um und sey ihnen freundlich; da ihr denn auch dem Onkel die gehörige Ehrerbietung erweisen könnt.

Unser Großherzog ist nach den Niederlanden, die Frau Erbgroßherzogin nach Ems, ihr Gemal nach Dresden, geht aber zurück und nach Pyrmont; die Prinzessinnen sind in Jena, wo ich den Garten sehr glücklich verändert gefunden.

Schon zweymal hab ich eine eigene Expedition in das liebe verworrene Städtchen gemacht; Freytag Abend hin und Sonntag früh zurück. Unter den gegenwartigen Umständen muß man immer drüben als Gast erscheinen und, über ein Kleines, ehe die Menschen ihre Unarten herauskehren, wieder verschwunden seyn. Sonntags waren hier die Freunde jederzeit zu Tische, zuletzt Rehbein und Braut in forma.

Der Divan schreitet nur zu langsam vor; sonst steht hier und in Jena in Ober-Aufsichts-Geschäften alles gut und vortrefflich. Das Blumenstück von Segers ist wohlbehalten angekommen, im Ganzen vortrefflich, obleich hie und da restaurirt.

Du siehst daß wir durch innere Thätigkeit uns gegen eure Genüße in der Königsstadt im Gleichgewicht zu erhalten suchen, dabey haben wir nebenher uns einige Späße ausgedacht, welche, obgleich offenbar, jedoch Euch ein Geheimniß bleiben müßen.

10 Johann Wolfgang Goethe
Ölgemälde von George Dawe, 1819

Nun braucht's weiter keiner Versicherung daß wir an dem Glück Eures Berliner Aufenthalts den aufrichtigsten Antheil nehmen wobey es mich höchlich freut daß Du Dich in Kunst und Wißenschaft so vorbereitet findest um wohl, wie billig ist, zu erstaunen, aber doch nicht zu erschrecken. Ich hoffe sehr auf das einzelne, mündliche; am meisten aber daß in Deiner Weimarschen Dämmerschaft es Dir künftig nicht an lebhaften und schönen Traumbildern fehlen wird.

Zeltern grüße zum allerschönsten und dank ihm auch in meinem Namen für freundliche Aufnahme und treuliche Bewirthung. Zuerst weiß ich nichts zu erwiedern als daß ich ihm eine schwer geladene Bombe ins Haus werfe und wünsche daß sie die Wirkung einer Leuchtkugel thun möge.

Es bleibt mir nun weiter nichts übrig als Ottilien zu grüßen, zu allem was Euch wiederfährt Glück zu wünschen, zu versichern daß der Kleine täglich hübscher und artiger wird, Ulrike sich munter befindet und an mancher Spatzierfahrt Theil nimmt; womit ich Euch denn allen guten Geistern empfolen haben will, sämmtliche Freunde zu grüßen und für die gute Aufnahme auch in meinen Namen zu danken bitte.

treulich

Goethe.

Weimar
d. 26. Mai
1819.

HENRIETTE VON POGWISCH AN OTTILIE VON GOETHE

Weimar d 26. May 19

Leider ist es eine sehr alte Wahrheit die keiner neuen Bestätigung bedarf meine liebe Ottilie, daß die besten u klügsten Menschen in manchen Dingen nicht gut u etwas verwirrt sind u bey Dir ist dieser Punkt Deine Gesundheit, mithin würde jedes Wort was ich darüber sagen könnte zu denen vielen verlornen gehören die ich darüber gesagt ich kann daher nichts dabey thun als was ich immer thue – schweigen u mich grämen. Wenn Du glaubst ich wäre durch die Erlaubniß des Ausgehens zur Parade u. s. w. beruhigt so irrst Du, es beweißt mir weiter nichts als das Staatsrath Hufeland wie alle Aerzte einer jungen Frau nichts abschlagen können, u sie lieber ins Verderben laufen lassen als ein unfreundliches Gesicht sehen! –––

Ausser Deiner Gesundheit scheint Dir es sehr wohl zu gehn u ich freue mich dessen herzlich denn all diese Dinge kommen so angenehm niemals wieder weil nur Dein Alter den Dingen den magischen des Lebens verleiht – bleib ja nicht die Stunde länger auf um uns ausführlich zu schreiben, ich will um diesen Preis lieber Verzicht darauf leisten, was Du oder August wohl hättest können hinzufügen ist ob ihr von Berlin nach dem Monde oder nach Dresden zuerst geht – ich bitte Goswin mir dies wissen zu lassen, sage ihm dabey daß es Dinge gäbe die man nie vergäße u so würde ich nie seine Aufmerksamkeit vergessen mir Deine Ankunft gemeldet zu haben. Es scheint der Vater hat viel bey Dir zu besorgen – vermuthlich kommt er auch bald nach Weimar – habt ihr Euch die Scene bey Ulrikens Taufe erinnert, wo er so gut für Dich gesorgt? – Walther ist wohl, mir scheint aber nicht so artig als bey Deiner Anwesenheit, sitzen nemlich will er gar nicht mehr. – Man sagt der Rath gienge nicht nach Carlsbad aus seinem eignen Munde habe ich wenigstens gehört daß er sagte er wisse es noch nicht gewiß. Er geht jetzt gewöhnlich Donnerstag oder Freitag nach Jena u komt Sonntag zu Mittag wieder. Vorigen Sonntag hat er Rehbein mit seiner Braut zu Tische gehabt, Rehbein hat nemlich Zulage bekommen u eine Versicherung von 200 Rth Witwenpension für seine Frau mithin ist das Resultat die Verlobung gewesen. – Dabey fällt mir ein Dir zu erzählen daß Mandelsloh sehr mit dem Courmachen vorrückt – jedermann glaubt er habe ernstliche Absichten auf Clementinen u ich habe geglaubt es sey schon richtig, sie hat mir aber heut früh gesagt »nein noch ist nicht davon die Rede[«]. Ich bitte

Dich dies *noch* ja zu bemerken damit Du hübsch vorsichtig bist – denn gewiß ist wohl daß sie dies fodern erwartet u wünscht. Man sagt sie *verehrte* ihn sehr, das ist gewiß ein sehr schönes Gefühl u wenn mir der Himmel dies Gefühl für einen Mann gegeben ich würde ihn loben u preisen, doch ist leider in der Ehe nicht alles ätherisch u bey aller Verehrung u Beachtung die ich für Mandelsloh haben könnte begreife ich dennoch nicht wie ich ihm einen herzlich-aetherischen u einen menschlich unaetherischen Kuß geben könnte – ich weiß wohl daß die Neigung diese Windungen [?] hat aber ich dächte ich hätte Clementinen mit größerer Neigung gesehn – doch es mag auch wohl so gut seyn ich vermag nicht über diese Punkte zu urtheilen. Ulrike grüßt freundlich – der junge Helldorf ist heute nach Dresden gegangen kommt aber in 14 Tagen wieder weil er in des Vaters Abwesenheit die Aufsicht über Schwerstedt führen soll – meines Bedünkens ist seine Neigung für Ulrike sehr kalt aber ich müßte mich sehr irren wenn die ihrige nicht sehr stark wäre ob und nur in der Einbildung oder würklich im Herzen weis ich nicht, sie ist aber sehr befangen sobald er in ihrer Nähe u das thut mir recht leid. Ich sage nichts ernsthaftes darüber denn dazu würde es helfen, es ängstigt mich aber ich kann es nicht läugnen da mir ist als sey sie stiller. Leider geht die Capellmeisterin schon den 14. Juny fort u die arme Ulle weis nun wieder nicht bey wem Stunde nehmen – Wir haben 2 hübsche Landparthien eine nach Tiefurth u eine gestern Abend nach Belvedere gemacht wo wir erst um 12 ½ nach Hause gekommen, Spiegel, Schoppenh: Canzler Egloff: Könneritz. Von der gestrigen ließe sich manches sagen aber bey Lichte betrachtet ist doch der Grund nicht erfreulich. Könn. hat sich gewaltig mit Julie negligirt Linen die ihn im Grunde sehr gern hat es sich aber zu sagen schämt u was soll es alles – Spieg: behauptet die Oberkammer u mancher Kayser dächten es könne wirklich zur Mariage kommen u ich glaube nach der Oberkammer betragen zu urtheilen er hat Recht. Spiegel hat mir heut Mittag gesagt er sey wie jemand der von der höchsten Höhe heruntergestürzt u es noch gar nicht für glaublich hielte daß dem so sey aber nie würde er sich verleiten laßen einzugestehn daß er jetzt anders sehe – dies sehr unter uns denn Du begreifst daß ihm dies nur heute in einem unbewachten Augenblick entfahren, weil auch wirklich die Art mit Könn: zu seyn etwas sehr stark ist – leider hat Spiegel auch gemerkt wo Line auf den Punkt der Schuh drükt u das thut mir leid! – Wir werden uns vermuthlich um ein paar Tage verfehlen gute Ottilie denn meine Fürstin will nun erst den 18. oder 20. nach Wilhelmsthal gehn, sie behauptet die Gesellschaft würde sich dort sehr langweilen u ich behaupte sie fürchtet sich, mit uns zu langweilen. Grosmama ist seit beynahe 8 Tage fort jezt wird ihr also die Seide nicht viel helfen, bringe nur ja die Wolle für Gesine Fritsch mit. – Heute morgen kommt Lotte Egloffstein mit ihrer Fürstin hier durch um nach Carlsbad zu gehen. – Der Tag der Egloffst: Abreise ist noch nicht bestimmt wird aber wohl Anfangs künftiger Woche seyn. Du wirst Weimar ganz leer finden u ich wünsche Dir daß Du den Geschmack der Gräfin Edling hast die es anno 07 nur hier so hübsch fand, weil es so leer war. Minchen Hufelands Hochzeit ist erst im August – alles hübsch Methodice das hätte ich doch in Deutschland abgewartet. Ach ach – nimm nicht übel das paßt just eben nicht für Dich aber nie das fühle ich immer mehr wie je werde ich mich über diese Familie innerlich beruhigen. – Hast Du denn Hoffmann nicht gesehn – es scheint nicht sonst hättest du wohl ein Wort darüber gesagt. – Fritz Stein klagt daß er euch nicht finden kann da er euch in alle große Wirthshäuser gesucht. – Adele ist wohl, war aber gestern stiller als sie wohl sonst ist – ob es auch zu den Könneritzannalen gehörte laß ich dahin gestellt seyn, so viel ist aber gewiß daß ihm die Damen alle sehr die Cour machen u ich denn doch hievon keinen Begriff habe selbst wenn er Adonis u Apollo in einer Person wäre. [*unlesbarer Name*] ist bey uns u kutschirt Frau von [*unlesbarer Name*] vor wir nach – curios ist das doch ein bischen. Bringe neue Lieder mit u Erzählungen vor allen Dingen aber Dich selbst mit Liebe für uns. – Grüße meinen Schwiegersohn. Neues haben wir nicht u daß ich dich liebe ist – das alte Lied was immer wieder von vorne anfängt – Schone ja nicht Deine Gesundheit hörst du.

Deine treue Mutter.

Tagebuch
29. Mai wir uns umzogen und sodann um 7 zu *Wolfs* gingen, Ottil. hatte Mittag bey Treskows gegessen und war schon bey Wolfs als wir kamen. Wir waren sehr heiter tranken erst The und suppirten dann bis nach 11 Uhr. Es kamen viele alte Späße aufs Tapet worüber wir viel lachten; um 12 Uhr kamen wir müde zu Hause an.

Sonntag den 30. May – 1. Pfingsttag – Früh 9 Uhr geht Ottilie mit Franz Nicolovius in die Kirche ich blieb zuhause und schrieb am Tagebuch und setzte den Brief an den Vater fort.

AUGUST VON GOETHE AN GOETHE
[BERLIN/DESSAU, 30.] MAI UND 6. JUNI 1819
(Anfang)

Freytag den 28. Mittag bis hierher geht mein letzter Brief. Heute Mittag aßen wir freundschaftl: bey Schadows, Zelter und Tochter waren gebeten so wie Herr von Mettingh, es war ein angenehmer Mittag und es wurde besonders Ihrer viel gedacht.

Den Abend brachte ich zu Hause zu da es mir nicht ganz wohl war welches theils von dem ewigen Treiben nicht anders kommen kann, theils von einem sehr schnellen Temperaturwechsel hervorgebracht wurde, jedoch halfen mir einige Tassen Thee mit Rum die Nacht zu einer Transpiration und *heute Sonnabend den 29. May* steht es schon wieder ganz gut; es wurde daher auch gleich früh wieder zu Beschauung einiger noch nicht gesehenen Dinge geschritten. Zuerst gingen wir in die Sägespähnfabrik wo wie sie wissen allerley recht hübsche Sachen gemacht werden, da ich mir aber fest vorgenommen habe nichts zu kaufen so geth alles an mir vorüber.

Hierauf habe ich noch die Bibliothek besucht und mir die Einrichtung und sonstigen Merkwürdigkeiten zeigen lassen wovon mündl. mehr.

Den Mittag war ich allein beym Minister von Altenstein zum Diner welcher alle meine hiesigen Bekannten u. Freunde gebeten hatte wodurch ein sehr angenehmer Mittag entstand.

Den Abend brachten wir von 8–12 Uhr bei Wolfs zu wo manche alte Späße aufs Tapet kamen und viel gelacht wurde, wir waren ganz allein mit Zelter da. Nur ist der Weg von Wolfs ¾ Stunden von uns wir kamen daher sehr ermüdet nachhause, schliefen aber desto besser und wachten erst

Sonntag den 30. May am ersten Pfingsttage um 9 Uhr auf. Ottilie ist mit unserem Nicolovius in die Kirche um Schleiermacher zu hören ich sitze zuhause, schreibe am Tagebuch u. diesem Briefe, ordne auch schon manches zum Einpacken u. s. w.

Tagebuch 30. Mai

Um ½ 12 kam Carl Egloffstein ich freute mich sehr ihn wieder zu sehen, wir erinnerten uns alter Zeiten. Er blieb bis ½ 1 Uhr wo ich zu Nicoloviussens ging. Den Mittag mit Ottilie das. aß. Brederlow war auch da.

Nach Tisch fuhr Ottilie mit Nicoloviussens nach Charlottenburg ich ging noch die Linden einigemal auf und ab und um 6 Uhr ins Theater wo Ferdinand Cortez – Musik von Spontini, – gegeben wurde. Die Decorationen waren herrlich die Costüms sehr treu und das ganze so natürl. daß es einem denselben Eindruck machte als wie man als Kind die Endekung von Amerika gelesen. Durch Humboldts Nachrichten war alles sehr natürl u. schön. Das Auffliegen der Flotte machte einen recht artigen Eindruk. Die Tänze wurden sehr schön gegeben und besonders tanzte Delle Lemiere herrlich auch die Vestris, Rönisch u. Habermaß tanzten sehr gut. Das Stük und die Musik sind aber nicht zu loben und wird dasselbe nur durch die Pracht und Schönheit der Aufführung gehoben.

Zu Anfang des zweiten Acts kam Ottilie und blieb bis zu Ende. Nach dem Theater gingen wir nach Hause wo wir mit Langermann u. Brederlow und Zelter noch bis 11 Uhr zusammen blieben.

Montag den 31. May. Früh 7 Uhr aufgestanden dann am Tagebuch geschrieben bis ½ 10 Uhr. – *Franz, Goswin* – Nach 10 Uhr mit Ottilie Abschieds-Besuche gemacht.

1. Bey Schadows wo blos der Hr. Director zu Hause war.

2.) Bey Savignis wo blos Fr. v. Savigni zu Hause war das. Fr. von Ompteda Fr. des Hanöv. Ges. getroffen, Grüße an den Vater aufgetragen.

3) Allein zu Minist. von Altenstein nicht zu Hause.

4.) Dann zu Schulzen mit Ottilie schwerer Abschied.

5.) Dann zu Gräfin Neel nicht zu Hause

6.) zu Frl. von Ludwiger.

7 Unter den Linden trafen wir Franz u. gingen zu Fuchs wo wir eine halbstunde blieben und Chocolade tranken

8.) Dann letzte Visite bey Brühls nicht zu Hause.

Den Mittag aßen wir zu Hause Zelter war nicht wohl u. lag zu Bett.

Nachmittag mit Ottilie zu Treskows blos die Tante getroffen, dann zu Nicoloviussens ganze Famil: gefunden beim The, Ottilie sehr bewegt, ich ließ sie mit Franz in einer Troschke nach Hause fahren und ging noch zum letzten mal ins Theater wo Don Carlos gegeben wurde, Mattausch den Philipp gut nur zu undeutl: Rebenstein Carlos, Wolf Posa, Mad. Stich Evoli, Mad. Schrök die Königin. Besond. schöne

Decoration des Zimmers der Evoli so wie der Garten von
Aranjuez nach der Natur. Ich blieb nur bis zum dritten Act
u. ging dann nach Hause wo mehrere Personen Ottilie besuchten als Langermann, Rauch, St.R. Nicolovius pp. Den
Aben[d] aß Langermann mit, gegen 11 Uhr schlafen.

    Dienstag den 1. Juny 19. Früh fing ich an zu packen, Otti-
lie ging mit Franz aus u. kam um 12 Uhr wieder. Es kamen
noch um uns zu besuchen, Raabe welcher Ottiliens Profil
zeichnete, Gen. Gneisenau, Dr. Seebeck. St.R. Nicolovius u.
Heinrich u. Ferdin.

JOHANN GOTTFRIED LANGERMANN
AN AUGUST VON GOETHE
BERLIN, 1. JUNI 1819

Die beyden anl. Blätter enthalten einige Notizen über Casp.
Fridr. Wolf aus der Erinnerung unsres würdigen alten Mursinna, dessen Handschrift im 2. Blatte zugleich ein Beytrag
zu den Autographis seyn wird. Unser Zelter – auch ein rares
Berliner Früchtchen – sollte beydes an unsren Hochverehr-
ten in Weimar senden. Jetzt erkenne ichs dankbar, daß Sie
die Güte haben wollen, es zu überbringen. Sagen Sie Ihrem
Herrn Vater dabey auch ein Wörtchen von der großen lie-
bevollen Verehrung, die ich für ihn im Herzen trage – und
von dem Danke dafür, daß er uns vergönnt hat, wenigstens
seinen geliebten Kindern zu sagen, wie theuer es uns ist, bis
uns vergönnt seyn wird, es ihm selbst zu beweisen. Beym
Herannahen der Stunde die uns trennen soll halte ich fest
an der Hoffnung, daß wir uns bald wiedersehen werden.
Hochachtungsvoll
Berlin, den 1. Juni 1819

Ihr Langermann

Mursinna.

Der Vater des Caspar Wolfs war Schneidermeister in Berlin, doch so wohlhabend, daß Er seinem Sohne der von Jugend an viele Talente geäußert hatte – eine gelehrte Erziehung geben konnte. Unbekannt ist mir auf welcher Schule oder Gymnasium Er gewesen ist.

Seine Privatvorlesungen in Berlin hat Er 5 Jahr, von 1763 bis 68 gehalten. In diesem oder doch im folgenden Jahr ist Er nach Petersburg befördert worden. Da ich damals von Berlin abwesend war, weiß ich ~~mit~~ dies nicht gewis. anatomische noch physicalische Experimente hat Er in Berlin nicht gemacht, theils weil Er ~~theils~~ zu unvermögend war, ein schickliches Local ~~zu schaffen~~ und noch weniger die Instrumente anzuschaffen.

Außer seinen Vorlesungen beschäftigte Er sich mit der Naturkunde und vorzüglich mit Beobachtungen über die Erzeugung der Thiere; darin Er unermüdet war und zu diesen Beobachtungen viel Zeit und Kosten verwendete. Z. B. Er hatte stets viele Hühner vorräthig, die ihre gelegten Eyer ausbrüten mußten, und oeffnete solche fast alle viertel Stunde um durch Microskope die Erzeugung und Bildung von Embrionen zu erforschen und dies auf die Erzeugung der Thiere überhaupt anzuwenden.

Berlin d. 3. Maerz 19
Mursinna

Tagebuch
1. Juni

Es wurde einem ganz wirblich zumuthe. Zelter noch immer nicht wohl. Den Mittag aß Franz mit. Als wir kaum aufgestanden waren kamen schon die Postpferde, schnell aufgepackt. Beym Abschied waren: Zelter, Nicoloviussens,

Aug. Treskow. Ottilie war sehr bewegt u. wir fuhren punct 4 Uhr *aus Berlin.*

Der Weg bis Potsdamm verging zieml: still jeder dachte an die kurze vergangenen Freuden und stellte seine Betrachtungen an. In Zelendorf zerbr. Chaise des Prof. Mekel aus Halle mit dem wir dann den Weg bis Dessau machten. Um 7 Uhr kamen wir nach *Potsdam* wo wir im *Hotel de Prusse* leidl: logirten, ungemütl: Franzosen den die Zimmer nicht recht sind und welche viel spectakeln um 9 ½ Uhr schlafen.

Mittwoch den 2. Juny 19. Früh ½ 6 aufgestanden das Nöthige gepackt und ½ 7 Uhr aus Potsdamm abgefahren ½ 9 in Beliz Prof. *Mecklel* getroffen gute Beförderung. Um 11 Uhr kamen wir nach *Treuenbrizen* wo wir ¾ Stunden auf Pferde warten mußten. Um 2 Uhr kamen wir nach *Grobstedt* wo es uns nicht besser ging. Es war gerade die Ordinare Post angekommen u. deshalb Aufenthalt, gegen 3 Uhr abgefahren höchst sandi[g]e Station – Coswig unterwegs gewechselt. Um ½ 7 kamen wir nach Coswig und fuhren um ¼ 8 das. ab. Schöner Aben[d] Sonnenuntergang bey Wörrlitz es wird dunkel u. wir kamen erst um ½ 10 Uhr in Dessau an. Freundl: Empfang bey Onkel u. Tante Hagen, sehr heiterer Abend um ½ 11 zu Bett herrlich geschlafen.

Donnerstag d. 3. Juny 19. Früh bis ½ 8 geschlafen dann angezogen und ausgepackt bis nach 10 Uhr. Um ½ 12 mit dem Onkel in den Lustgarten spaziren u. den Marstall abgefahren, sehr heiß.

Mittag mit Onkel u. Tante um 6 The im Garten am Haus getrunken, 2 Frl. v. Jambeau waren da. Um ½ 8 auf den Wall spaziren. Der Onkel blieb zu Hause, sehr angenehmer Spaziergang bey herrlichen Wetter in der schönen Dessauer Gegend. Um 9 Uhr kamen wir zurük die beiden Frl. blieben zum Abendessen u. um 11 Uhr gingen wir zur Ruhe.

Freytag den 4. Juny 19. Abermals bis gegen 8 Uhr geschlafen dann angezogen Ottilie stand auch auf, sodann Kaffe beym Onkel im Garten getrunken bis gegen 10 dann das Tagebuch nachgeholt. – *Visitenkarten herumgeschikt.* –

Gegen 11 Uhr mit Ottilien und Tante Visiten gemacht. Zuerst zu Fr. Oberjägermeisterin von *Harling*, Hr. von Harling ein Mann von einigen 60 Jahren erinnerte sich noch mit Freuden an manche in Weimar u. Dessau mit dem Vater u. Großherzog verlebten Stunden.

Von hier zu Graf Walldersees die Gräfin u. d. 3 Töchter waren zugegen der Graf aber lag an der Gicht schon seit 10 Wochen zu Bett.

Dann zu v. Knebels zugegen Fr. v. Knebel nebst 2 Töchter u. Frl. von Holleufer Braut des Camerherrn von Berenhorst. – Bey Knebels Verabredung heut um 4 Uhr nach den Silitzer Berg zu fahren. –

Um 1 Uhr gingen wir wieder nachhause aßen um 2 Uhr unter uns. Um 4 Uhr nachdem der Caffe getrunken fuhren wir, der Onkel, Tante, Ottilie u. ich nach dem Silizer Berg. Uns folgten Knebels u. Hr. von Berenhorst nebst Braut. Man hat hier eine angenehme Aussicht auf die Elbe auch ist ein artiges Gebäude daselbst ohngefähr wie das römische Haus im Park doch nur viel kleiner, wo einst der Herzog von Dessau an einer schweren Krankheit darnieder lag u. gesundete. Die Promenaden sind sehr gut erhalten u. besonders 2 Ungeheuere Eichen merkwürdig wovon die eine gleich von der Erde aus in 5 Große Stämme getheilt ist und die welche 12 Ellen im Umkreise hat ist noch sehr schön und hat fast noch alle ihre Aeste.

Wir tranken The das. und blieben bis 8 Uhr wo wir wieder nach Dessau zurükfuhren; unterwegs sehr vieles Wild gesehen welches sich auf den schönen Grün verlustigte.

Zu bedauern war es daß es seit beinahe 4 Wochen nicht geregnet hatte u. also die Wiesen nicht so schön waren wie sonst, auch hatten Raupen die herrlichen Eichen beinahe kahl gefressen.

Nach eingenommener Abendmahlzeit ging ich zu Bett. Ottilie blieb noch auf und kam erst nach 11 Uhr wo sie mich

SIELITZERBERG
am Ufer der Elbe.

11 Die Solitüde am Sieglitzer Berg bei Dessau
Aquatinta von Christian Haldenwang
und Heinrich Theodor Wehle, um 1800

aufwekte u. ich nicht recht vor der ungeheueren Hitze wieder einschlafen konnte.

Sonnabend den 5. Juny 19. Früh das Tagebuch ein wenig geordnet dann um ½ 8 ein Warmbad in der hiesigen Badeanstalt an der Mulde genommen um 9 nach Hause um ½ 12 ließ mich der Herzog zu sich bescheiden – Ottilie war zur Herzogin u. Fürstin von Rudolstadt beschieden – welcher mich sehr gnädig empfing und sich über ½ Stunde mit mir unterhielt.

Das Bad hatte mich sehr hungrig gemacht und ich spürte nachdem ich vom Schloß kam nach einer Restauration welche ich auch glüklich fand. Es war ein sehr gut eingerichteter Italienerladen und überhaupt ein lobenswerthes Kneipchen; ich aß das. etwas immarinirten Lachs u. trank 1 Nösel Würzburger den ersten so lange ich von Weimar weg bin.

Hierauf nachhause den Mittag unter uns. Abend 6 Uhr – mit Tante, Onkel u. Ottil. – zu Waldersees zum Thee wo auch der Graf wieder war auch der Hofmarschall Loen mit Gemahlin waren da, es kamen manche alte Geschichten des so[n]stigen Hoflebens von Weimar u. Dessau zur Sprache wobey der Unterschied zwischen sonst und jetzt nicht verkannt wurde. Es war auch ein ziemlich starkes Gewitter u. der erste Regen seit 4 Wochen.

Nach 9 Uhr nach Hause u. gl. nach dem Abendessen zu Bett. – *Bis hierher hat der Vater Nachricht.* –

Sonntag den 6. Juny 19. Früh den Brief an den Vater geendet u. abgeschikt.

AUGUST VON GOETHE AN GOETHE
[BERLIN/DESSAU, 30.] MAI UND 6. JUNI 1819 (Schluß)

Gegen Mittag besuchte mich mein Jugendfreund Carl von Egloffstein welcher hier Militair ist.

Den Mittag aßen wir bey Nicoloviussens und um ½ 5

fuhr Ottilie mit denselben nach Charlottenburg ich fuhr aber nicht mit weil ich den Ferdinand Cortez von Spontini gern sehen wollte welcher heute Abend gegeben wurde, das Sujet ist matt die Musik nicht besonders u. sehr verwirrt, die Decorationen Costüms und sonstige Aufführung ganz vortreffl: Das Auffliegen der Flotte macht sich sehr gut so wie alle andern Spectakeleien, auch fehlt es nicht an eingeflochtenen Tänzen worinn sich besonders Delle Lemiere sehr auszeichnete.

Den Abend nach dem Theater brachten wir zu Hause zu Langermann war da und wir blieben bis 11 Uhr zusammen.

Montag den 31. May 19. Der heutige Tag war zu Abschiedsbesuchen bestimmt welche Ottilie und ich sowohl des Morgens als des Nachmittags machten. Den Mittag waren wir zu Hause; Sie können sich leicht denken daß nach so viel erwiesener Theilnahme u. Freundschaft der Abschied nicht leicht wurde und besonders bey Ottilien Manche Trähne auspreßte. Unser ganzer Aufenthalt war seit unserer Ankunft von Seiten alter und neuer Freunde eine ununterbrochene Reihe von Aufmerksamkeiten und Wetteifer um den Aufenthalt in Berlin angenehm und unvergeßlich zu machen. Mündl: sage davon mehr jetzt zur Fortsetzung unseres Treibens.

Den Abend ging ich noch allein einige Acte ins Theater wo Don Carlos gegeben wurde, und ich kann nur wiederholen was ich schon oft gesagt habe, daß man oft über Decorationen u. Costüms das eigentl: geistige des Stüks zurücksetzt und dem Gefühl des Zuschauers entzieht, weil doch immer das Auge der Sinn ist welcher am schnellsten auffaßt und ununterbrochen beschäftigt ist und daher manchmal das Gehör ableitet.

Als ich aus dem Theater kam fand ich noch manche Freunde u. Bekannte welche auch von uns Abschied nehmen wollten und so wurde einem denn das Gefühl einer nahen Trennung recht vergegenwartigt, auch wollte dießmal der Schlaf sich nicht recht einfinden.

Dienstag den 1. Juny 19. Den Ganzen Morgen von früh 6 Uhr brachte ich mit Packen zu, wozu noch häufige Besuche traurig einwirkten, sogar kam Graf Gneisenau noch um uns ein Lebewohl zu sagen. Zelter war die letzten Tage durch eine Verkältung unwohl u. mußte das Bett hüten doch geht es heute besser.

Den Mittag waren wir allein und um 4 Uhr Nachmittag fuhren wir unter Segenswünschen vieler Freunde u. besonders der Nicoloviussischen Familie aus *Berlin*, der Weg zwischen da u. Potsdamm verging uns still schweigend indem jeder über das kurz und rasch Vergangene seine Betrachtungen in der Stille anstellte.

In Potsdamm kamen wir um 7 an und blieben die Nacht daselbst wo wir recht gut schliefen.

Mittwoch den 2. Juny 19. Früh 6 Uhr fuhren wir von Potsdamm ab und nun ging es ohne Unterlaß und Aufenthalt über *Beliz, Treuenbrizen Grobstedt, Coswig* über Wörlitz nach *Dessau* wo wir den Abend um ½ 10 Uhr ankamen freundl: empfangen wurden und nach einem guten Abendessen gleich zu Bett eilten. Auf dieser Tour ist uns nichts merkwürdiges begegnet, nur mußten wir diesmal, auf verschiedenen Stationen länger auf die Pferde warten als auf der Hinreise.

Donnerstag den 3. Juny. Der heutige Tag war ganz der Ruhe gewidmet, wir blieben auch den Ganzen Tag zu Hause und gingen nur den Abend ein wenig auf den Wall spazieren. Es that einem einmal recht wohl so auszuruhen denn seit 4 Wochen war nicht viel an Ruhe zu denken gewesen und das ewige Treiben, Sehen u. s. w. ermüdet doch am Ende sehr.

Freytag den 4. Juny. Den Morgen machten wir einige Visiten bey Gr. Waldersees Oberjägermeist: von Harling u. von Knebels überdieß schickte ich noch an mehrere Orte Charten. Den Mittag unter uns, den Nachmittag fuhren wir in Gesellschaft der von Knebelschen Familie u. des Hrn: Cammerherrn von Berenhorst u. seiner Braut Frl: von Holleufer nach dem Silitzer Berg welches eine angenehme Parthie ist.

Wir blieben daselbst bis um 8 Uhr Abends und fuhren dann in der Kühlung nach einem sehr heißen Tage, es war den Mittag 24 Grad Wärme im Schatten, nachhause wo wir den Abend abermals recht vergnügt zubrachten.

Sonntag den 5. Juny 19. Heute früh gegen 12 Uhr wurde ich zum Herzog beschieden, welcher mich sehr gnädig empfing und über eine halbe Stunde mit mir sprach wo ich denn manches von Berlin pp erzählen mußte.

Am Mittag aßen wir zuhause, den Abend aber waren wir zum Thee bey Walldersees wo es recht angenehm war, der Graf Walldersee der sich Ihnen bestens empfiehlt ist aber sehr krank er leidet sehr an der Gicht und war gestern zum ersten mal seit 10 Wochen außer Bett. Auch die Gräfin grüß[t] Sie schönstens und alle erinnern sich früherer schöner Zeiten Dessaus zu deren Erheiterung Sie bester Vater so viel bey getragen haben! Die jetzigen jungen Herrschaften leben sehr still und eingezogen und lassen sich oft in vielen Wochen weder vor einem Dessauer noch vor einem Fremden sehen.

Nachdem es nun seit 4 Wochen nicht geregnet hatte erquickte heute Aben[d] ein sanftes Gewitter mit etwas Regen alle Fluren und wir bestimmten daher den morgenden Tag zu einer Parthie nach Wörrlitz worauf ich mich recht freue.

Ottilie war heute auch zur Herzogin beschieden, so wie zur Fürstin von Rudolstadt welche jetzt auch hier ist und wurde von beiden sehr gnädig aufgenommen.

Mittwoch den 9. Juny gehe ich wieder von hier ab und nach Torgau wo ich bis Sonntag den 13. zu bleiben gedenke wo ich dann nach Dresden abgehen werde. Hoffentlich wird ja nichts darein kommen. Von Dresden erhalten Sie daher den ersten Brief wieder, da von Torgau die Posten sehr unordentlich gehen.

Hoffentlich hat es bey uns etwas mehr geregnet als hier sonst möchte der Garten traurig aussehen. Die schönen Wiesen hier sind alle verbrannt und die Aussicht auf eine

Heuerndte ganz verloren, die herrlichen Eichen haben sehr
vom Raupenfraß gelitten so daß die meisten ganz grau aussehen. Das Getreide schlägt sehr auf, da wegen der großen
Dürre eine gänzliche Mißerndte zu erwarten steht.

Auch hier wie in Berlin geht es uns sehr gut und man beeifert sich ebenfalls uns alles mögliche Liebe zu erzeigen.

Der Onkel u. Tante sind ein herrliches Ehepaar an dem
man sich ein Muster nehmen könnte da eine ewige Heiterkeit in allen Stücken sie umgiebt. Der Aufenthalt in Nienburg bey Hrn. von Hagen ist auch schon zur Sprache gekommen u. hat manchen Stoff zum lachen gegeben.

So geht es uns denn gut und glüklich möge es Ihnen und
allen den unsrigen eben so ergehen, und dennoch kann' ich
mich einer stillen Freude nicht erwehren, wenn ich denke
daß sich die Reise nun dem Ende Nähert.

Tausend Grüße der Nunne, Mutter u. Ullen.

Ihr treuer Sohn
JAWGoethe.

den 6. Juny 19.

Um 9 Uhr mit Onkel Tante u. Ottilie nach Wörrliz wo wir
gegen 11 Uhr ankamen. Zuerst ging die Tante, Ottilie und
ich nach dem *gothischen Haus* welches recht artig eingerichtet ist. Das. sind mehrere recht gute altdeutsche Bilder u.
schöne Glaßscheiben so wie alles recht gemüthlich u. wohn-
lich eingerichtet ist.

Von hier gings nach dem *Flora Tempel* u. botanischen
Garten sodann zur *Luisenklippe* u. Venustempel, bei der
Luisenkl. überrascht ein kleines Kabinet im Felsen angebracht. Zuletzt besahen wir das sogenannte Monument, und
gingen um 2 Uhr nach dem Gasthof zurük wo wir zu Mittag
aßen und uns der Onkel erwartete.

Nach Tisch fuhren wir auf der Gondel zuerst nach dem
Pantheon wo manche hübsche Antiken sind, besonders ge-

12 Der Stein im Wörlitzer Park
Bleistiftzeichnung von Johann Wolfgang Goethe, nach 1794

fiel mir ein bronzener *Stier* wie unser guter u. ein ebenfalls bronzener *Leopard* ohngefähr ½ Fuß lang.

Von hier fuhren wir nach dem Stein wo alles besehen wurde. Das Amphitheater ist recht artig das übrige mehrentheils Spielerey. Nun landeten wir an der Kirche welche sehr einfach im gothischen Stiel neu eingerichtet und einen recht guten Eindruck macht. Das Schnitzwerk ist brav gemacht.

Den The tranken wir vor dem Gasthause im Garten u. eilten dann fort da ein starkes Gewitter im Anzug war welches uns aber glücklicher weise nicht einholte sondern erst als wir – in Dessau – ausgestiegen waren mit voller Macht losbrach und bis 11 Uhr dauerte.

Nach dem Abendessen zu Bett, es war wieder gränzenlos heiß und man konnte gar nicht einschlafen.

Montag den 7. Juny 19. – Brief von der Mutter u. Adele an Ottilie erhalten Nachricht das Schopenhauers nach Danzig reisen – Graf Edling den Abschied genommen und Clementine Mandelsloh versprochen ist. –

ADELE SCHOPENHAUER AN OTTILIE VON GOETHE
WEIMAR, 1. JUNI 1819

Gestern erhielt ich Deinen Brief einzig liebe Ottilie – Heute verläßt Du Berlin! ach liebes Herz wie könte jetzt die Ueberzeugung daß Du im Vaterlande frohe glückliche Tage verlebst, den meinen wie ein Zauberwort die hellen Farben leihen, die ihnen fehlen! Dieser Brief wird Dir eher *weh* als wohl thun, manches Unangenehme darin kan ich Dir *gar nicht* ersparen. – Und weil ich jetzt Dir keine Freude geben kann, so gieb *Du mir die Beruhigung* daß Du was wir nicht ändern können still ertragen willst, wir sehen uns jetzt nicht wieder! *Michaeli hoffe ich wieder Hier zu sein*, aber unsre Wege führen uns nicht zueinander. In der Abschiedsstunde trat mir die Ahndung recht bang ans Herz, das mein Muth

der so oft Uebermuth war, vieleicht doch einmal nicht aus-
langen könte und sieh! jetzt ist mir der Gedanke Dich nicht
zu sehen, Dich hier nach all der Freude einsam in W. zu wissen fast peinlicher als noch manches sonst was mich drückt,
und ich muß nun von *Dir* hoffen daß Du verständiger küh-
ler, gelaßner bist als ich! Wir reisen nemlich nicht nach
Dresden, sondern ueber Leipzig, Berlin nach *Danzig!* Ich
schrieb Dir bereits 2 lange Briefe die ich zerriß, denn *Du
hast Kraft*, und wirst Ruhe finden, einzusehen daß zwar Gefahr aber *nicht* unvermeidliches Uebel uns droht! Das Ge-
wabe meines Schicksals liegt Dir offen, wie Gott es mir an-
deutete, kein Gedanke, kein Zufall blieb Dir verborgen, also
weißt Du in dem einen Wort Alles. Aber laß uns nun bewähren was wir oft aussprachen, faße Dich, nimm Dich mit
Gewalt zusammen, die Größe des Uebels liegt noch im Ne-
bel der künftigen Tage laß uns hoffen daß die Grenzen en-
ger sind als uns das Herz zuflüstern mögte. Wir werden
nicht getrennt, die Mutter hat den festen Vorsatz, den
Herbst wieder heim zu kehren, ich schwöre es Dir zu. Du
bist Augusten, Waltern, Dir Allen Freunden schuldig *zu leben*, und ein zu großes Traurigsein um mich kan Dich kränker machen, mir denn den letzten Trost nehmen. Denn ich
gestehe Dir mir blutet das Herz, ich gehe mit tiefem
Schmerz jetzt hier fort, gebe Dresden und meinen Bruder
auf lange lange auf, und sehe uns trübe verworrene undeut-
liche Lebensbilder vor mir. In Dir war stets mein Leben getheilt bist Du heiter, quälst Du nicht Deine Fantasie zu ver-
größern was an sich schon Unglücks genug ist so werde ich
mich bald finden lernen; ich werde selbst wenn unsre Verluste bedeutend werden sollten, alles viel gelaßener ertragen.
Die 1sten Tage vermochte ich nicht Dir zu schreiben, jetzt
weiß ich doch schon wieder manchen blauen Punkt am Ge-
witterhimmel ueber mir und mir ist mancher Hoffnung-
stern wieder hell worden. O gute Ottilie was vermag nicht
ein Zeitraum von 5 Tagen! Seit dieser Zeit weiß ich daß wir
reisen und daß M. Geschäfte uebel stehen, ich glaubte ich

würde mich nie an den Gedanken gewöhnen und jetzt besorge ich ruhig alles was zu unser Morgenden Abreise nothig. Aber Schreiben kann ich dennoch nicht, die Feder kann die unruhigen Gedanken nicht verfolgen, ich bin wie von Meereswogen hin und her geschaukelt. Laß Sie in Gottes nahmen denn mich treiben, wir kanten einmal einen Freund der zu tragen und zu dulden und dennoch ruhig zu lächeln vermogte, zwar hat er selten oder nie von seiner Kraft gesprochen – aber laß uns versuchen die kühnen Worte zu bewähren.

Meine Mutter ist wohl sie grüßt Dich herzlich. Niemand ahndet den Zweck unserer Reise ausser Deiner Mutter und Linen, beide wissen Alles, Ulle jedoch nicht.

Schreibe mir bald, laß mich hoffen daß Du recht ruhig sein willst, daß Du wenn Du nach W. zurückkomst und mich nicht findest, und Dir dann auch die Andern fehlen, daß Du dennoch versuchen willst Deinen Tagen eine hellere Seite abzugewinnen. Ein Blitzstrahl traf die böse Nachricht in unser ruhiges Glück – unerwartet kan die böse Zeit vorüberziehen. Schreibe mir gleich an Demois. Trosiner Danzig, oder an Gerstenbergk. Er bleibt hier wir reisen nur mit Maria. Gott sende Dir alle seine FriedensEngel daß sie Dein theueres Leben schätzen mögen; grüße Augusten er vergebe mir daß ich Dich betrübe. Wo ich sein mag, wie die Entfernung sich zwischen uns dehne und weite, mein Herz ist immer mit Dir, und alle meine Gedanken kehren sich Dir zu. Gott segne Dich. Ich schreibe recht recht bald. Deine Adele.

Weimar den 1. Juni.
19.

<table>
<tr><td>Tagebuch
7. Juni</td><td>Früh zuhause bis 12 Uhr wo Ottilie u. ich zur Herzogin Mutter beschieden waren. Die Fürstin von Rudolstadt Ihre Tochter war auch zugegen, wir wurden sehr gnädig empfangen u. blieben ungefähr ½ Stunde daselbst dann machte ich</td></tr>
</table>

noch eine Visite bey GeheimeRath *Rothe* und kam um 1 Uhr nach Hause.

Den Mittag unter uns. Nach Tisch Kaffe im Garten, um 6 mit Onkel, Tante u. Ottilie in den Georgen Garten gefahren wohin uns Knebels zum The eingeladen hatten.

Es war ein schöner Abend aber die Gesellschaft nicht zahlreich wir machten eine Promenade durch den Garten welcher sehr schön ist und wo manche schöne Parthien sind; nach Acht Uhr fuhren wir zurük aßen zusammen u. gingen gegen 11 Uhr schlafen.

Dienstag den 8. Juny. 19: Früh Angefangen zu packen bis gegen 11 Uhr dann mit Tante u. Ottilie zu Frl. Annette von Glaphey welche eine große Verehrerin des Vaters ist. Das. – 12 Uhr. Sodann nach Hause wo ich fortfuhr zu packen, Ottilie ging noch aus. Den Mittag unter uns bey Tante u. Onkel. Nach Tisch wieder gepackt bis gegen 7 Uhr. Ottilie u. die Tante waren zur Herzogin Mutter in den Georgen Garten gebeten u. der Onkel ausgegangen.

Um 7 mit dem Onkel Thee getrungen, nach 8 Uhr kam Ottilie u. Tante nach Hause und um 9 Uhr wurde zu Abend gegessen, wir waren traurig da es der letzte Abend war, um 11 zu Bette.

AUGUST VON GOETHE AN GOETHE
DESSAU, 8. JUNI 1819

Morgen gehe von hier nach Torgau ab wo ich bis zum 12. bleibe Hier folgen 2 Kisten wodurch ich mich erleichtert habe ich bitte sie uneröffnet in meine Stube zu stellen.

Von Dresden mehr.

Mit tausend Grüßen

Ihr

Treuer Sohn

JAWvon Goethe.

Dessau d. 8. Juny.

Mittwoch den 9. Juny 19. Früh 5 Uhr aufgestanden alles zur Abreise vorbereitet um ½ 7 kamen die Postpferde und um 7 Uhr fuhren nach einem bewegten Abschied aus *Dessau.*

Wir hatten bis Schmiedeberg eine 5 Meilen lange sehr sandige Station, verfehlten auch den Weg wodurch wir 1 Stun[de] umfuhren. Um 2 Uhr kamen wir nach Schmiedeberg auf die Station und fuhren ½ 3 Uhr nachdem wir ein wenig kalt gegessen nach Torgau weiter, um ½ 6 kamen wir nach einer schnellen Fahrt in *Torgau* an. Wir fuhren am Anker vor wo für uns durch den Hrn. Henckel ein Quartir bestellt war. Ottilie ging gl[e]ich zum Onkel ich packte ab zog mich um u. ging *halb sieben* auch nach.

Freundl: empfangen vom Onkel, die Fr. Henkel war – an den Folgen eines Seitenstechfiebers u. einer LungenEntzündung noch – krank kam aber einige Augenblike zum Vorschein durfte aber wenig sprechen.

Wir suppirten das. kalt und gingen um ½ 8 Uhr mit dem Onkel in die Komedie wo *Der Grade Weg der beste* u. *der Schiffskapitain, als Oper* gegeben wurden. – [*unlesbares Wort*]. – Das erste Stük wurde recht leidlich gegeben und im zweiten spielte die Demoiselle *Ambrosius* aus Weimar mit. Für eine kleine Truppe ging alles recht gut.

Um ½ 10 Uhr war das Theater aus und wir gingen gleich in unser Quartir wohin uns der Onkel begleitete. Ottilie war nicht ganz wohl u. mußte stark brechen, schlief aber die Nacht ganz gut.

Donnerstag den 10. Juny. Früh 8 Uhr aufgestanden und zuhause am Tagebuch geschrieben u. sonst manches geordnet; um 10 Uhr zum Onkel mit Ottilien, die Tante u. Minette noch krank, der Morgen verging ganz still der Onkel ging zur Parade, ich blieb u. beschäftigte mich in seiner Biebliothek, gegen 12 mit Ottilie u. der Tante Chokolade getrunken. Unterhaltung – gegen 2 von Berlin Paris u. s. w. Den Mittag aßen mehrere Militairs das. und es war angenehme Unterhaltung. Nach Tisch beim Onkel zugebracht bis gegen 5 dann mit demselben einen Spaziergang im Regen gemacht erstes aufs alte Schloß welches zu einer Caserne u. letzter VertheidigungsOrt von Torgau gemacht war u. eingerichtet wird, daselbst sehr schöne steinerne Frey-Wendeltreppe als Haupteingang des alten Schlosses dannach die große bedeckte Elbbrüke besehen. Gegen ½ 7 kamen wir durchnäßt nach Hause.

Den Abend zum The dieselben Militairs z. B. Major Ruschinsky, Lieut. Jordan pp auch der FestungsArz[t] Dr. Lehmann – Gruß v. denselben an Durand auszurichten, – mit welchen ich, da wir zu gleicher Zeit Studirt hatten viel von den jetztigen u. älteren Studentenzeiten sprach. So dann manche Unterhaltung mit Major Ruschinsky über den Zustand u. Stimmung des Preuß Militairs; zuletzt GesellschaftsSpiel. – NB. Für den Onkel zu besorgen Logenrede über Voigt, Schwesternlied von Molke. –

Um 11 Uhr Abschied genommen der Onkel begeleitete uns noch bis in den Gasthof, gleich zu Bett.

Freytag den 11. Juny. 19. – Früh 5 Uhr aufgestanden, alles zur Abreise bereitet um 6 Uhr kam Fr. v. Gerhard um noch einmal Abschied zu nehmen und *um 7 Uhr* fuhren wir aus *Torgau*, sehr langwirige Station im Sande bis Oschatz unterwegs in Thalen angehalten, um 1 Uhr kamen wir nach Oschatz von da mit 4 Pferden ab, da selbige den Postwagen von *Klappendorf* holen sollte, von Klappendorf aus eben die Anfahr[t] mit 4 Pferden nach Meißen doch immer nur 2 bezahlt. Um 5 Uhr kamen wir in *Meißen* an aßen daselbst bis ½ 6, bestiegen das. das Schloß, besahen den Dohm welcher sehr schön gebaut u. 800 Jahre alt ist – besond. schöne Begräbniß Capelle der Chatol: Churfürsten. – Der Hauptthurm ist im 16. Jahrhundert zerstört worden. Wir bestiegen noch den kleinen Thurm wo man eine schöne Aussicht hat in der Ferne Dresden liegen sieht, so wie die Berge der sächsischen Schweiz, desgl. schöne Aussicht auf die Meißner Elbbrüke und nach dem Buschbad.

Um ½ 7 von Meißen abgefahren – unterwegs schöne Erdbern gekauft welche Ottilie sehr gut schmekten, es war ein sehr schöner Abend hatte etwas geregnet wodurch der Staub gelöscht war welches das Fahren sehr angenehm machte, die Gegend selbst durch die Weinberge u. Lusthäuser, die Elbe mit ihren Kähnen und manches schöne Schloß – machten die Fahrt – sehr abwechselnd. Die einbrechende Nacht zerstörte die schönen Bilder und ehe wir es uns versahen rief uns am Thor – *zu Dresden*!!? – zum ersten mal die Stimme eines Zöllners zu »Haben Sie etwas Accisbares bey sich«? Auf mein Verneinen meinte er es wär wohl zu beschwerlich hier auszupacken! er wolle lieber *blombiren*! und morgen in den Gasthof kommen. »Wie es Ihnen Gefällig pp[«] meine Antwort; Er taumelte noch etwas am Wagen herum und schien ihm das Blombirn etwas zu beschwerlich, er meinte dann er wolle morgen so kommen u. zusehen.

Nun ging es über die Elbbrüke nach dem *Goldnen Engel* wo wir gastl: empfangen u. in ein artiges Zimmer geführt wurden. Nach dem Abgepackt war nahmen wir ein kleines Soupper ein u. gingen dann gleich schlafen.

Sonnabend den 12. Juny. Heute früh erst um 9 Uhr aufgestanden dann das Zimmer eingerichtet und manches geordnet, am Tagebuch geschrieben und den ganzen Morgen zu Hause geblieben u. *ein*mal sich selbst gehört u. ausgeruht.

Mittag 1 Uhr an der Gesammttafel gegessen wo ein besonders gesprächiger Nachbar – *der Sallatesser* – meiner Frau u. ein gegenüber sizender Engländer muntere Conversation deutsch u. Französisch machten, überhaupt wurde das. viel Französisch gesprochen wodurch ich einen besonders schweigsamen Mann spielte.

Den Nachmittag brachten wir von ½ 3 bis ½ 5 Uhr auf unserer Stube zu da es regnete, nur ich ging einen Augenblick nach der Post um zu fragen ob etwa Briefe an uns gekommen waren, es fanden sich keine. Unterwegs redete ich einen schlicht gekleideten alten Mann an um zu fragen wo die Post sey. Er ging selbst dahin u. begeleidete mich. Nach manchen hin u. herreden fand sich es das es der Bruder des verstorbenen Canzler von Koppenfels war. Er freute sich

13 Dresden vom rechten Elbufer unterhalb der Augustusbrücke
(Ausschnitt: Augustusbrücke, Brühlscher Garten
und Kuppel der Frauenkirche)
Ölgemälde von Canaletto, Kleinere Replik, zwischen 1751 und 1753

mich zu sehen u. trug mir viele Grüße an Hofrath Meyer auf, sodann verließ ich ihn auf der Straße.

Als ich nach dem Gasthofe zurük kam hate es aufgehört zu regnen u. Ottilie u. ich gingen ein wenig nach dem brühlischen Garten an der Elbe spaziren wo man eine herrliche Aussicht hatte welche nach der Brüke u. dem Gebürge geht, das Local wo die Doubletten Gallerie aufgestellt ist erinnert an SansSouci.

Die Große Treppe welche vom Platz der Kathol: Kirche nach dem Brühl. Garten führt ist sehr schön und giebt dem Platz ein majestätisches Ansehen.

Um ½ 6 Uhr gingen wir in die Ital. Oper wo *Johann von Paris* gegeben wurde.

– *Personen:*

Princess v. Nevara	Dem. Funk
Joh. v. Paris.	Hr. Cantu
Senescall	Hr. Sassaroli
Page	
Pietro Wirth	Hr. Benincasa
S[e]ine Tochter –	

Die Musik war von *Morlachi* u. recht italienisch, der Wirth wurde vortreffl. gegeben u. das Ganze ging gut. Besonders lobenswerth war daß man an keinem der Schauspieler etwas manirirtes bemerkte und es einen recht an eine Weimarische Vorstellung erinnerte. – Wir hatten einen sehr guten Platz im 1. LogenRang. –

Nach dem Theater noch über die Brüke nach den Linden dann zurük nach dem Gasthofe wo wir wieder an der Gesamttafel aßen, der Engländer von Mittag u. zwey Genossen waren zugegen u. es gab heitere Gespräche in manchen Zungen wo ich wieder meine Cosakensprache hervorsuchte und damit hinein wechselte. Um ½ 10 Uhr auf unserm Zimmer. – Ottilie singt bey offnen Fenster verworrene Lieder u. wir[d] beklatscht, dadurch unwillig werden die Fenster verschlossen u. die Stimme verhallt. – Noch am Tagebuch geschrieben, Ottilie schreibt *Stellen* aus u. will gar nicht zu

Bett, um ½ 12 gelingt es Sie in die Beruhigung zu bringen. Womit sich ein Thatenreicher Tag schließt.

Sonntag den 13. Juny. 19. Den Morgen um ½ 8 aufgestanden bis 10 Uhr geschrieben am Brief an den Vater um ½ 11 in Chathol: Kirche zur Messe; die Kirche ist recht schön aber seit langer Zeit nicht angestrichen wodurch sie schmuzig aussieht, auch hört man den Prediger an manchen Orten gar nicht da es sehr schallt.

Nach der Messe stellten wir uns in den Gang welcher nach dem Schloß führt und sahen die ganze Königl. Familie an uns vorbey gehen, es war auch die Princeß welche den König von Spanien heyrathen wird, die Hofuniform der Cavalier war modern beynahe wie unsere, die andere Bedinung aber sehr altmodisch gekleidet in mancherley farbigen seidenen Röken pp.

Nach der Messe um 12 Uhr nach Hause und noch bis 1 Uhr auf unserer Stube; dann zu Tisch gestrige Tischgesellschaft, außer dem Engländer. *Poststreit unter den Anwesenden.* Um ¼ 3 wieder auf unser Zimmer. Wir blieben daselbst bis gegen 5 Uhr – Hr. v. Verlohren trifft uns im Weggehen u. bringt einen Brief v. Schiller. –

ERNST VON SCHILLER AN AUGUST VON GOETHE

Weimar am 2. Juny. 1819.

Theuerster Freund,
Ich eile Dich zu benachrichtigen daß mein Schicksal von Berlin aus seit 8 Tagen entschieden ist. Ich werde nemlich beym Oberlandesgericht zu Cölln als Aßeßor mit einer Besoldung von 600 rth. angestellt, und soll noch einige Monate, bis das Ob. L. Gericht anvisirt seyn wird bey einen andern Gerichte ebenfalls zu Cölln als Hülfsarbeiter und zu meiner Instruction angestellt werden. Da ich diese provisorische kurze Anstellung angenommen und mich hieüber

dem Hrn. Kanzler erklärt habe, so erwarte ich in Kürze den Befehl sogleich abzugehn. Indeßen habe ich doch die Hoffnung Dich noch hier zu sehen. Vielleicht kommst Du eher zurück, vielleicht kann ich noch warten. Dein Vater ist gütl.; ich habe ihn oft besucht und werde ihn auch heute sehn. Leb wohl. Empfiehl mich Deiner Frau. Walther ist auch auf dem Zeuge. Leb wohl und komme bald zu Deinem treuen Freund

Schiller.

wo wir dann an der Elbbrüke eine Gondel bestiegen und mit einer fremden Gesellschaft nach dem Linkischen Bade fuhren; es war daselbst sehr voll und ein buntes Gemisch von Menschen ohngefähr wie im Thiergarten unter den Zelten. Wir tranken erst The bey einem herrlichen Abend im Freyen wo wir die schönste Aussicht nach den Elbufern mit den angenehmsten Lusthäusern, und in der Ferne den Königstein Lilienstein pp hatten.

Gegen 7 Uhr gingen wir das. ins Theater wo die Zauberflöte gegeben wurde, wir kamen gerade zur Scene wo die 3 Damen den Tamino u. Papageno »Auf Wiedersehn« zusingen. Die Vorstellung war im ganzen sehr mat, Decorationen u. Costüms sehr schlecht, das Haus fin[s]der u. die Logen so schmierig daß man erst fegen mußte.

Die Königin der Nacht hatte eine Stimme wie ein Zwirnsfaden die Pamina – Delle Jucher – war ein recht artiges junges Figürgen sang auch recht niedl. war aber noch zu wenig theatralisch gebildet. Der Tamino sah wie eine Marionette aus und Sarastro war sehr mittelmäßig. Der erste Sprecher war eine heiser krächzende Personage das einzig neue war daß die 3 Knaben 2 mal in der Luft geschwebt kamen, welches auch recht gut u. graziös gemacht wurde.

Nach dem Theater fuhren wir gleich allein in einer Gondel nach Dresden zurük wo wir ½ 10 Uhr wohlbehalten ankamen. Wir aßen an der T. d. h. mit unsrer englisch italieni-

14 Das Theater auf dem Linckeschen Bade (Dresden)
Zeichnung von C. Aßmann, 1798

schen Tischgesellschaft und waren recht munter bis nach
10 Uhr auch wurde wieder die Cosakensprache exercirt u.
that ihre gehörige Wunderwirkung.

Um 11 Uhr zu Bett, gut geschlafen. – Bis hierher hat der
Vater Nachricht den Brief abgsch. d 15. Nachm. 3 Uhr. –

AUGUST VON GOETHE AN GOETHE
[DRESDEN, 13. UND 15.] JUNI 1819 (Anfang)

Dessau den 6. Juny Heute früh fuhren wir in Gesellschaft
des Onkels u. der Tante nach *Wörrliz* es war ein sehr schöner Tag und ein erfrischender Regen voriger Nacht belebte
alles doppelt. Um 11 Uhr kamen wir an und machten mit
Besichtigung des Gothischen Hauses den Anfang; dieses
macht einen angenehmen Eindruck da es nicht bloß zum
Prunk gebaut ist sondern als gemüthl: Wohnung des verstorb. Herzogs diente. Manchs gute Bild findet sich dort
und die bunte Glaßscheiben sind vortreffl:

Von hier ging es nach dem Floratempel, botan. Garten,
der Luisenklippe, dem Venustempel u. dem sogenannten
Monument, alles recht angenehme Puncte, doch ist oft zu
Kleinliches ja fast Spielereyen angebracht. Nach Tisch wurden die Wasserparthien gemacht welches bey der großen
Hitze sehr angenehm war, zuerst wurde das Pantheon besucht wo recht hübsche Antiken von Marmor sind, besonders aber fiel mir ein bronzener Stier auf gerade so groß
wie unser guter und eben die Gestalt u. Bewegung zum
verwechseln, ein Leopard ebenfalls von Bronce ohngefähr
9 Zoll lang war ganz vortreffl:; die Marmore meistens stark
restaurirt.

Der sogenannte Stein zu welchen wir jetzt fuhren, hat
durch die abgerundeten Granitblöke aus denen er erbaut ist
etwas unnatürliches und das Ganze ist mehr eine Spieler[e]y
und macht sich auch gar nicht mahlerisch.

Die Kirche von Wörrlitz welche der Herzog im Gothischen Geschmack hat erbauen lassen u. welche wir nun besahen ist sehr einfach u. macht einen angenehmen Eindruck.

Jetzt mußten wir um 5 Uhr schnell unseren Rükweg antreten da ein starkes Gewitter heranzog, wir kamen auch noch glüklich vor dessen Ausbruch nach Dessau, es dauerte bis tief in die Nacht.

Montag den 7. Juny 19. Früh 12 Uhr waren Ottil. u. ich zur Herzogin Mutter beschieden welche uns nebst der Fürstin von Rudolstadt sehr gnädig empfing und eine halbe Stunde bey sich behielt. Dann machte ich allein eine Visite bey Hrn. Geheimerath Rhode welcher sich Ihnen bestens empfiehlt.

Den Mittag zuhause. Den Abend hatte uns Fr. von Knebel in den GeorgenGarten geladen wo wir The tranken u. in diesem ebenfalls sehr anmuthigen Garten einen angenehmen Abend zubrachten u. um 9 Uhr mit Onkel u. Tante zurückfuhren.

Dienstag den 8. Juny Früh packte ich den Coffer wieder ein u. ging um 11 Uhr mit Tante u. Ottilie zu einer Fräul: von Glaphey, einem schönen Geiste großer Verehrerin von Ihnen u. anderen Großen Dichtern sonst aber etwas verrückt, Ulrike kann Ihnen ein deutl: Bild machen. Sie nahm unsere Visite im Bett an, überhaupt liegt sie seit 10 Jahren beständig auf dem Sopha u. bildet sich ein nicht gehen zu können.

Den Abend zuhause Ottilie u. Tante bey der Herzogin Mutter im Georgengarten bis 9 Uhr, trauriger Abend da es der letzte in Dessau war.

Mittwoch den 9. Juny. Früh 5 Uhr aufgestanden alles zur Abreise bereitet, u. um 7 Uhr nach einem herzl: Abschied von *Dessau* abgefahren. Wir hatten von Dessau nach *Schmiedeberg eine* Station von fünf Meilen mit einerley Pferden u. kamen auch erst um ½ 2 Uhr daselbst an der Weg dahin sehr sandig u. durch lauter Wald.

Um ½ 3 fuhren wir wieder von Schmiedeberg ab u. kamen gut, wohlbehalten u. schnell um ½ 6 nach *Torgau*, wo

schon im *Anker* auf dem Markte eine Logie für uns eingerichtet war. Nach dem ich mich umgezogen ging ich zum
Onkel u. Tante, Ottilie war schon vorausgeeilt; wir wurden
herzl: empfangen, leider aber war die Tante erst kurz von einem Seitenstechfieber u. Lungenentzündung genesen an deren Folgen Sie noch sehr litt. Wir gingen den Abend um ½ 8
ins Theater wo von einer kleinen Truppe, Der grade Weg der
Beste (von Kozebue) und der Schiffskapitain (als Operette)
gegeben wurden. Eine Mademoiselle Ambrosius aus Weimar sang u. spielte im letzten Stük recht artig, überhaupt
konnte man im Ganzen zufrieden seyn. Das Theater war auf
dem Rathhaussal aufgeschlagen u. sehr klein.

Nach dem Theater in den Gasthof zurük u. gleich zu
Bett.

Donnerstag den 10. Juny Früh erst um 8 Uhr aufgestanden am Tagebuch geschrieben u. um 10 Uhr zu Onkel u.
Tante gegangen, den Morgen das. zugebracht u. auch den
Mittag wo einige Militairs eingeladen waren, wovon Ulrikchen ja wohl sich des Lieutn: Jordan u. Major Ruschinsky
erinnern wird. Gegen Abend mit dem Onkel nach dem Alten Schloß welches zur Caserne u. letzten Vertheidigungs-
punct von Torgau eingerichtet u. befestigt wird. Der Onkel
ist jetzt auch noch zum Commandanten von Torgau er-
nannt worden allso Divisonair u. Commandant zugl: eine
große Auszeichnung welche auch manche Annehmlichkeiten herbeyführt.

Den Abend war The beym Onkel wo dieselben Personen
vom Mittag wieder da waren und der Abend mit Gesang u.
Gesellschaftl: Spielen recht angenehm zugebracht wurde.
Der nächste Morgen wurde zur Abreise bestimmt da die
Krankheit der Tante manche Behinderung im Hause des
Onkels machte. Der Onkel brachte uns noch in den Gast-
hof und wir nahmen herzl: Abschied; es ist ein wahrhaft
vortreffl: Mann in Aller Rüksicht.

Freytag den 11. Juny 19. Früh 5 Uhr aufgestanden, alles zur
Abreise bereitet und um 7 Uhr aus *Torgau* gefahren bis

Oschatz abermals eine 4 Meilige sehr sandige Station an der wir bis 1 Uhr fuhren, von Oschatz über Klappendorf (Station) nach Meißen wo wir um ½ 6 ankamen u. warm aßen. Nach diesem bestiegen wier das Schloß und besahen den Dohm welcher in einem sehr edlen Stiel gebaut ist. Die Aussicht vom Thurm ist vortreffl. u. wir ergötzten uns sehr an dem schönen Abend. Um ½ 7 Uhr fuhren wir wieder ab und durchzogen an einem sehr schönen Abend das herrliche Elbthal von Meißen nach Dresden. Die Nacht machte dem herrlichen Eindrüken ein Ende, und wurden wir Am Thore zu *Dresden*! zuerst auf der ganzen Reise von einem *Mauthmenschen* vulgo *Donanier* angerufen und nach Contrebande gefragt.

Jedoch ging es damit ab daß sich derselbe zum Morgenbesuch für den anderen Tag anmeldete um zu sehen was wir alles schönes bey uns führten. Nun ging es über die Elbbrüke in die Altstadt u. nach dem goldnen Engel wo wir ziemlich ermüdet ankamen und in einem sehr bequemen Zimmer abtraten, suppirten u. dann gleich zu Bett gingen. So sind wir denn am letzten Standpunct unserer Reise glüklich angekommen mit der Hoffnung daß es uns bis an das Ziel unserer derselben eben so gut gehen möge wie bis jetzt, wofür wir auch Gott wirkl: nicht genug danken können.

Für heute Gute Nacht.

Montag den 14. Juny 19. Früh ½ 8 aufgestanden dann bis 10 Uhr zu Hause dann mit dem Lohnbedienten nach der Gallerie. Hr. *Director Demiani* führte uns herum u. hatte eine sehr angenehme Art die Sachen deutl: verständl. u. lehrreich zu machen. Gott sey dank daß man hier einmal von dem Vorsteher auf den Genuß geleitet den man sich bey den nächsten Besuchen selbst schaffen kann, und nicht gleich mit der Naße auf alle Vortrefflichkeiten gestoßen wird welches uns leider bey den zeitherigen Besehen von Kunstwerken

geschehen war und wodurch mancher blaue Flek in der Ein-
bildungskraft u. Gedächtniß geblieben war u. eine ordentl:
Furcht vor weitern Beschauungen u. Kunstgenüssen gelas-
sen hatte. Die Stunden von 10 – ½ 1 Uhr welche wir hier zubrachten dienten zum Orientiren und Bewunderung der
Großen Meisterwerke und erregten die lebhafte Sehnsucht
recht bald wiederzukehren um den Faden fortzuspinnen
den man so freundl: angeknüpft hatte.

Der Mittag war unter den gemachten Bekanntschaften
angenehm u. es kristallisirte sich unser fremdartiger Kreis
immer mehr. Nach Tisch auf unserem Zimmer bis ½ 4 Uhr
wo wir nach der Rüstkammer gingen. Die große Menge
Waffen aller Art, Rüstungen, Garderobe älterer Zeiten u
22000 St. Straußen Federn, so wie Pferdegeschirre aller Arten u. von der größten Pracht verwirrten die Sinne ein wenig, besonders da das Local welches aus lauter kleinen Ge-
mächern bestand u. immer trepp auf trepp nieder ging, viel
hierzu beytrug.

Es war ein starkes Gewitter und wir mußten im Regen
nach Hause.

The getrunken, angenehme Nachricht von Nicolovius,
daß Schoppenhauers nicht nach Danzig gehen sondern in
diesen Tagen nach Dresden kommen.

FRANZ NICOLOVIUS AN OTTILIE VON GOETHE

Berlin d. 11. Juni. 19.
Wie war ich erfreut, liebe Tante, gestern von Ihrer Frau
Tante zu hören, daß es Ihnen auf der weitern Reise gut gegangen ist. Daß wir Alle hier nicht ohne Besorgnisse waren
wissen Sie, und doch mußten wir uns so lange im Ungewis-
sen ängstigen. Wie peinigend diese für mich war, brauche ich
Ihnen nicht zu sagen. Um meinem Herzen Luft zu machen,
setzte ich mich sogleich den Tag nach Ihrer Abreise hin, und

schrieb, so gut es gehen wollte, und hoffte Raabe würde Ihnen einen Brief bringen; er schob aber die Reise noch einen Tag auf, wo ich denn von Neuem traurige Worte schrieb, auch wollte sie der Himmel mit ihnen verschonen, denn Raabe machte soviel Winkelzüge, er könne nicht genau bestimmen, ob er über Dessau ginge, er wolle in Potsdam eine Reisegelegenheit suchen, finde er sie nicht sogleich, so gehe er den graden Weg über Leipzig, und was dergleichen mehr war. Kurz ich sah, daß er seinen früheren Reiseweg aufgegeben, und trug ihm daher nur noch, falls er sie und August sehen sollte, die herzlichsten Grüße auf. Nun sind aber die hiesigen Kleinigkeiten besorgt, und ich freue mich, mit denselben ein paar Worte an Sie abschicken zu können. Von der Trauer darf ich wohl nichts sagen, die überall war, als Ihr Wagen davonrollte. Die Hoffnung des Wiedersehens ist doch mir so stark, die Schmerzen des Abschiedes zu lindern. Gern wüßte ich, wie es Ihnen in Potsdam gegangen, wie auf dem langen Wege bis zu Ihren lieben Verwandten. Von diesen sind Sie heute auch schon fort. Ich reise immer mit Ihnen. Wenngleich Ihr Herr Onkel anders die Tage berechnete so lasse ich mich doch nicht irre machen, und bin nicht heiter, da ich nicht heiter weiß, wie es Ihnen doch eigentlich geht. Wie angenehm mir Ihr Bild ist, kann ich nicht sagen, es blickt mich so traurig aus seinem schwarzen Rahmen an, der es so fest umschließt, daß mein Vater es ihm nicht entreissen kann, der auch kein Wort über dasselbe gesprochen hat. Dagegen aber, Sie haben erlaubt, auch dann zu schreiben, hat er mich sehr hart aus den schönen Tagen aufgeschreckt. Er hat mir die bittersten Vorwürfe über mein Betragen gegen Mlle Marquardt gemacht, so daß ich heftige Worte nicht zurückhalten konnte, daß es mein einziger Wunsch wäre, wieder aus Berlin fortzukommen, in diesen Verhältnissen könne ich nun einmal nicht mit Freude leben, wolle er mich nicht so, wie ich geschaffen, könne er mich nur fortwandern und eine Heimath mich selbst suchen lassen usw. Warum mußte er gerade in diesen Tagen mir das sagen? Ich weinte mich satt, und lebe wieder im Hause ganz leidlich; fange aber dabei an, Berlin ganz angenehm zu finden, rühme den Thiergarten, die Linden und so mehr, und bin doch fest entschlossen, nach dem Examen all dieses Schöne zu verlassen wenn nur nicht Preußen in der andern Waage liegt, denn in den Norden mag ich nicht, obgleich mir dahin der Weg offen steht.

Doch warum erzähle ich Ihnen, liebe Tante, alles dies? Lassen Sie mich lieber zu lustigen Dingen kommen, wenn es ohne Nachrichten von Ihnen etwas Angenehmes für mich geben kann. Doch muß ich sagen, und thue es gern, daß mir in diesen Tagen eine große Freude zu Theil wurde. Denken Sie sich, liebe Tante, Zelter schreibt mir: »Frau Hofräthin Schopenhauer sei hier angekommen, und wünsche mich morgen um 9 Uhr in Ihren Angelegenheiten zu sprechen.« Uns war verzeihlicher als zu glauben, sie hätten Adele in Dessau gesehen und meiner gedacht. Warum durfte ich nicht gleich hingehen als ich die Zeilen erhielt? Oft war ich auf dem Sprunge nach den Linden, doch das »morgen« stand schwarz auf weiß, ich konnte nicht ins Haus; aber vorbeizugehen konnte mir niemand nehmen. Zufällig hoffte ich, sieht vielleicht Adele zum Fenster heraus; oder sie geht aus oder kommt nach Hause, doch alles Hoffen war vergebens. So sehen Sie mich denn mit Herzklopfen um die bekannte neunte Stunde auf dem Wege, und der strengen Richterin und der Mutter gegenüber. Beide Damen waren sehr freundlich, wollten indeß nur von Ihnen *hören* und ich mußte erfahren, sie seien über Leipzig geeilt um nach Danzig zu kommen, hätten hier aber Briefe gefunden, daß ihre Anwesenheit in dem Meere nicht nothwenig sei, würden sich hier nur wenige Tage aufhalten und dann mit Ihnen in Dresden noch zusammen sein. Nun wünschte ich nur, Adele allein zu sprechen, und es fügte sich gut, daß sie erlaubte, sie zu Ihrer Frau Tante hinbegleiten zu dürfen. Auf diesem kurzen Wege hörte sie von Ihrem Bilde und war nicht sogleich, aber am Ende doch – recht böse. Da waren wir am Hause und ich hatte noch so viel auf dem Herzen ihr zu sagen, die Gelegenheit fürchte ich kommt nicht wieder, was mir sehr leid thun würde. Heute waren Mutter, Tochter, Staatsr. Schulz und ich zusammen in Solly's Gemäldegallerie. Ihrer wurde viel gedacht, da Sie dieselbe nicht gesehen haben, doch wird Adele wohl treuen Bericht abstatten. Wie freue ich mich, daß Sie sich noch in Dresden treffen, vielleicht die Schweiz zusammen durchwandern, und noch für das Ende Ihrer Reise Ihnen diese Freude aufgespart ist.

Ihr Stammbuch ist, seitdem Sie von hier sind, bei General Gneisenau, obgleich Ihr Herr Vetter sich alle Mühe gibt, es wiederzuerhalten. Daß der Georginenstrauß Ihren Beifall hat, bezweifle ich, einmal wurde er umgebunden, weil er noch weniger als jetzt das Ansehn eines Straußes hatte. Der junge Hr. Erich versichert aber, dies sei nun die rechte Form, und würde sicherlich Ihren Beifall erhalten. Die Mütze wird wohl wunderlich aussehn, doch soll weniges Biegen sie wieder ins Gleiche bringen. Von Stichelchen zeigte man mir so verschiedene Arten und sprach so viel von vortheilhaft und nicht vortheilhaft für den Fuß, daß ich mich mit Mühe zu einem bestimmten Saum entschliessen konnte. Nun bitte ich nur um mehr Aufträge, ich möchte fast den Schuh als Geisel hier behalten. So leben Sie denn wohl, und nehmen Sie mit diesem ganz historischen Briefe vorlieb. Herzliche Grüße vom ganzen Haus an Sie und August.

Ihr
treuer Franz.

Hierauf Visite bey Hrn: *von Usedom* unserem Zimmer- und Tischnachbar einen sehr freundl: Mann welcher uns diringest nach Rügen einlud, später um ½ 8 kam derselbe um Abschied von uns zu nehmen da er diese Nacht abzureisen gedenkt.

Um 9 Uhr zu Tisch, mit dem Engländer u. Italiener angenehme Conversation wie gewöhnl. Nach ½ 10 Uhr auf unser Zimmer bis nach 11 Uhr am Tagebuch geschrieben. Ottilie blieb noch auf und las *bis 12.*

Dienstag den 15. Juny 19. Früh den Brief an den Vater
bis zum 13. geschlossen u. dem Lohnbedienten zur Besor-
gung gegeben.

AUGUST VON GOETHE AN GOETHE
[DRESDEN, 13. UND 15.] JUNI 1819 (Schluß)

Sonnabend den 12. Juny 19. Die manchen Strapazen hatten
herbeygeführt daß wir heute früh erst um 9 Uhr aufstanden
und den Tag munter begannen.

Gegen 10 meldete sich wirkl: ein Visitator welcher nach
genommener Durchsich[t] sich empfahl. Den übrigen Morgen brachten wir ebenfalls auf unserer Stube zu weil wir uns
vorgenommen hatten heute einmal ganz auszuruhen und
uns nicht ins Sehen und Staunen einzulassen.

An der Table de hote wurde Mittag gegessen wo muntere
Gesellschaft, Ottilie aber die einzige Dame war.

Da es den Nachmittag regnete so waren wir genötiget
ebenfalls zu Hause zu bleiben. Da sich das Wetter aber gegen 5 Uhr aufheiterte so begaben wir uns noch ein Stündchen auf die Brühlische Terrasse wo wir einen herrlichen
Anblick genossen.

Gegen 6 gingen wir ins Theater wo heute Johann von Paris Italienisch, Musik von Morlachi italienisch gegeben
wurde. Man konnte sehr zufrieden seyn und besonders war
es sehr angenehm daß kein Schauspieler od: Schauspielerin
Manierirt war sondern alle sehr natürl: spielten besonders
gut war der Italiener Benincasa welcher den Wirth sehr komisch u. vortreffl: gab.

Nach dem Theater aßen wir wieder an Tab. d. h. mit englischer u. italienischer Tischgesellschaft worunter aber der Mahler Dawe nicht war.

Nach Tisch schrieben wir beiderseits an unseren Tage und anderen Büchern und brachten so ½ 12 Uhr heran wo wir uns ruhig niederlegten.

Sonntag den 13. Juny 19: Früh bis ½ 11 Uhr zu Hause dann mit Ottilie in die Chatol. Kirche wo wir die Messe mit anhörten, die ganze Königl: Famil: war von Pilnitz da und wir sahen Sie alle nach der Kirche in einem Durchgang von der Kirche nach dem Schloß, wo sich sehr viele Menschen aufgestellt hatten.

Nach be[e]ndigeter Messe nach Hause und nach Tisch gegen 5 Uhr fuhr ich mit Ottilie nach dem Linkischen Bad in einer Gondel, es war ein sehr schöner Abend und daselbst sehr viel Gesellschaft, Musik u. allerley Vergnügungen. Wir tranken unter diesen uns ganz fremden Menschengewühl The, und es kam uns ganz wunderlich vor aus unseren uns immer begleitenden Berliner Bekanntenkreise aufeimal in eine ganz andere fremde Welt versetzt zu seyn. Die Aussicht von hier ist auf die Elbufer welche voller Lusthäuser sind vortreffl: und im Hintergrunde gewährte der Königstein, Lilien- u. Sonnenstein einen erhabenen Anblick.

Gegen 7 Uhr gingen wir in das Theater daselbst, wo die Zauberflöte mehr schlecht als mittelmäßig gegeben wurde, auch war das Theater selbst sehr finster unreinl: und schmierig. Es dauerte bis 9 Uhr und ich nahm dann sogleich eine Gondel und fuhr mit Ottilie nach Dresden zurük wohin wir in einer Viertelstunde gelangten und wie gewöhnl: an der Tab. d. h. zu Abend aßen.

Nach einer erfreul: Nachricht welche wir durch Franz Nicolovius aus Berlin erhalten haben sind Schopenhauers daselbst und haben auch Briefe dort gefunden welche so beruhigend sind daß sie nun nicht nach Danzig sondern gerade hierher nach Dresden, ihrem alten Plane gemäß kommen, wo sie uns noch treffen werden, welches uns wie Sie sich leicht denken können so unerwartet als angenehm war.

Tausend Grüße an Alle, besond: an die Mutter u. Ulriken, wenn es mögl. so theilen Sie der Mutter diesen Brief mit.

Dresden d. 15. Juny.

Nächstens die Fortsetzung

Ihr treuer Sohn.

JAWGoethe.

Tagebuch
15. Juni Um ½ 10 Uhr mit Ottilie auf die Gallerie daselbst nach den Catalog die I. bis VIII. A[b]theilung, meist Niederländer besehn und einen ruhigen Genuß gehabt, die angenehme Weisung welche man durch den Catalog erhält macht das Beschauen sehr angenehm, da man sich ganz selbst überlassen ist u. es auch seyn kann.

Gegen 11 Uhr die *Mengsischen* Gypsabgüsse besehen, der Hr: Inspector *Mathäi* führte uns herum. Er machte auf alles bemerkenswerthe Aufmerksam ohne dadurch lästig zu werden wie dieß leider bey dergleichen Erklärungs-Arten sehr oft der Fall ist.

Die Genauigkeit und Vollkommenheit womit diese Abgüsse gefertigt sind ist nicht genug zu bewundern die Aufstellung ist ebenfalls sehr gut und das Local äußerst zweckmäßig.

Die Erlaubniß mehrmals kommen zu dürfen nahmen wir dankbar an und durchgingen daher das Ganze in circa 1 ¼ Stunde vorerst nur cursorisch.

Gegen 12 Uhr mit Ottilie zu einem Conditor Laden wo wir Chocolade tranken. Hierauf ging Ottilie noch in die Winklerische Musikhandlung u. ich nach Hause u. ½ 1 Uhr kam Ottilie zurük, bis 1 Uhr auf unserem Zimmer dann zu Tisch. Gewöhnl. Gesellschaft doch mehr Fremde. – Bey Tisch Brief von Vater d. d. 14. Jun. erfreulich.

Deine fortgesetzten Relationen, mein lieber Sohn, verdienen auf alle Weise den schönsten Dank, deshalb Dich auch Gegenwärtiges in Dresden begrüßen soll. Daß es Euch gut ergangen, läßest Du mich vernehmen, daß Ihr guten Eindruck gemacht, davon hab' ich Anzeigen und so seht denn wie Ihr mit Freuden und Ehren nach Hause kommt.

Dagegen wüßte ich nichts Bedeutendes zu erwiedern. Im Hause geht alles seinen gewohnten Gang und der Knabe mit seinem unruhigen Leben und Wesen gehört auch schon mit in's hergebrachte Ganze.

Wenn der Grosherzogin, Hoheit, den 18. dieses nach Wilhelmsthal geht, so sind wir uns in soweit selbst überlassen. Eine große Ruhe folgt und nur die Verlobung von Mandelsloh und Clementinen veranlaßt eine fröhliche, herzliche Feyerlichkeit. Wie wir Rehbein und seine Braut zu Tische gesehen, so gedenken wir auch diese den nächsten Sonntag einzuladen. Da fehlt nun freylich, außer Euch, Adele und Lina und wir müssen die abgeschiedenen Geister durch andere ersetzen.

In Jena war ich auf anderthalb Tage mit Meyern, ohne sonderliche Freude; nächstens muß ich wieder hinüber, denn der Atheniensische Pferdekopf ist angekommen, der Dir schon gegenwartig nicht mehr fremd seyn muß.

Thue in Dresden die Augen auf so gut Du kannst und übereile Dich nicht, Du möchtest so bald nicht wieder hinkommen und hast dort sehr viel zu gewinnen. Die Reise bis dahin hat Dich wahrscheinlicher Weise schon mehr gekostet als Du dachtest, ich schreibe daher Herrn von Verloren daß er Dir Geld zahle wenn Du etwas brauchest. Um Dresden mußt Du die Natur beschaulich genießen, in Dresden die Kunstwerke aller Art die näher beysammen stehen als irgendwo und auf einem echten Grund und Boden. Übereile Dich also nicht damit Du einige Jahre hier mit

Zufriedenheit verweilen und nichts Versäumtes bereuen mögest.

treulich
G

Weimar d. 14. Juny
1819.

Nachschriftlich

wollte ich also noch Ottilien grüßen und versichern, daß der Kleine allerliebst ist, woraus denn folgt daß er gesund sey. Seine Spiele werden schon mannigfaltiger und seine Aufmerksamkeit getheilter. Noch läßt er sich zerstreuen und auf irgend ein neues Interesse hinleiten; dabei schwatzt er immer fort.

Sodann will ich Ottilien gratuliren daß Ihre kleine Person höchsten Orts sehr guten Eindruck gemacht hat; das kommt mir denn von mehreren Seiten zu und die Leute freuen sich doch auch einmal, der seltenen Abwechselung wegen, etwas Günstiges und Angenehmes zu klatschen.

Ferner wird das beiliegende Schopenhauerische Blättchen Euch sehr wohl thun, mehr noch wenn Ihr sie selbst in Dresden begegnet. Die fatale Nachricht sie betreffend und der deshalb verrückte Reiseplan haben mich selbst verdrossen. Man muß die Menschen aus der Welt scheiden lassen, sie aber in der Welt aus ihren Zuständen gerückt zu sehen ist noch fataler.

Hierdurch veranlaßt mache ich Dir es nochmals zur Pflicht, Dresden ruhig zu genießen. Ich habe dort Niemand dem ich verpflichtet sey, übrigens manche Wohlwollende; Grüße alles und halte Dich an Verloren der am besten weiß was zu thun ist.

G

Tagebuch 15. Juni Desgl. von der Mutter u. Ullen Schoppenhauers Blättchen. – Nach Tisch bis ½ 4 Uhr zu Hause dann mit Ottilie nach der Antiken Gallerie im Japan. Pallais. Professor Lipsius ein unerträgl: Schwäzer führte uns, und leider wurde

diese Beschauung durch die total absurde Art des immerwäh-
renden, oft ganz sinnlosen Gewäsches das ein blos auswendig
gelerntes P[h]rasenmeer ohne irgend einige Kenntniß der Sache war, sehr verkümmert, und leider sah man hier nur das
einzige Sinnreiche darin einen recht bald wieder, und wenn
es möglich ist dümmer und verworrener hinaus zu spediren.
Sollte ich noch einmal hinkommen so bitte ich die beyden
Löwen des Hrn: Sarastro welche am Eingang liegen diesen
Ehrenmann einige Stunden festzuhalten, und erst dann los zu
lassen wenn vor dem Eingang meine Zauberflöte ertönt.

Die oft starken Restaurationen welche dann auch weidl:
heruntergefürt werden und auf deren Mangelhaftigkeit der
Herumführer mehr aufmerksam macht als auf das Vortreffl:
manches unbeachtete, stören auch und so kann ich sagen
daß mir dieser Genuß fürs erstemal sehr verkümmert worden. Gott Gebe das Nächste mal mehr Freude.

Nach diesem besahen wir das heterogenste von den Antiken Kunstwerken näml. das Japan. Chines. u. übrige Porzellain welches sich durch seine Verrüktheit auszeichnet aber
gar wohl zu den *Antiken Auslagen* paßt welchen ich lieber
hier in Speckstein gebildet und aufgestellt, als unter den
Kunstwerken des Alterthums herum wandeln sähe.

Es sind zieml: 18 Säle alle mit den verschiedenartigsten Japanischen u. Chinesischen Servicen von allen Gattungen u.
Größen angefüllt, auch die Entstehung des sächsischen Porcellain sahen wir dort, als auch die Ungeheueren Ver-
schwendungen August des 2. in diesem Material das Bötchersche Braune Porcellain – von Jahr 1704 – war recht artig
u. hatte angenehme Formen da damals die verükten Chinesischen noch nicht bekannt waren.

Hier war auch noch in einem Neben Gebäude – die in
Mexico verfertigten Feder Tapeten zu dem – Schlafzimmer
August des 2. aufgestellt welche herrlich gearbeitet und
noch sehr gut erhalten waren. Auch waren hier gewirkte Tapeten nach Raphael: Mustern aus der besten Zeit der Tape-
tenweberey, auch von August des 2. Zeiten her. – *Ein junger*

Engländer Nahmens Porter begleitete uns bey den Antiken u Porcellain. – Alles was man hier in Dresden von diesem Fürsten hört und sieht zeigt von seiner ungeheueren Prachtliebe, jedoch meistens ohne Geschmak.

Von hier gingen wir in eine Eisbude unter den Linden und dann ins Theater wo *Der Arzt seiner eignen Ehre von Calderon übers. v. West* gegeben wurde. Das Stück ging sehr gut besonders spielte Hr. *Helvig* den Don Goutierre recht brav auch Mad. *Schirmer* spielte die *Menzia* gut aber zu wenig kräftig. Mit mehr Energie – u angenehmen Organ – spielte Melle *Schubert* die Leonore, der Infant wurde durch Hrn. Julius nicht besonders gegeben und Hr. Werdy erschien als alter Frankfurther Bekannter angenehm. Das Stük ist von wunderlicher Composition und hält bis zum letzten Moment in Spannung, Man kann sagen daß es als Tragödie wohl der größte Gegensatz einer inneren Schiksalstragödie ist.

Nach dem Theater durch den Zwinger Garten nach Hause aber an T. d. h. gegessen, und mit dem Engländer (Seekapitain) u. Italiener Deutsche Sprach Uebungen und lustige Unterhaltung bis 10. Dann zu Bett.

Mittwoch den 16. Juny 19. Früh bis 10 Uhr zu Hause dann zu einigen Antiquaren welche aber nichts wünschenswerthes hatten. Dann zu Hrn. van de Breeling (Bankier) dort die 150 rth. abgeholt welche mir assignirt waren, sehr artiger u. gesprächiger Mann, das. bis gegen 12 Uhr der Engländ. Porter war auch ein wenig da. Um 12 nach Hause Frau von Quandt nebst Del.   aus Berlin machten Ottilie eine Visite bis 1 Uhr; dann zu Tisch heiterer Mittag Ottilie lacht viel über scherzhaftes Gespräch des Gr. S. u. Hrn. v. H. Der Italiener auch da.

Nach Tisch am Tagebuch geschrieben bis 4 Uhr dann mit Ottilie u. Hrn. Chiari nach der Gallerie das. Fr. v. Quandt u. Del. Solmar getroff: Hier die Gallerie bis zur 16. Abtheilg. nach dem Catalog durchgangen bis 5 daselbst. Hr: Chiari ging mit zu uns und wir tranken The bis nach 6 Uhr dann zu die *Thiere*, wo besonders ein *Rhinoceros* von 7 Jahren männl.

Geschlechts sehr merkwürdig war. Schade war es daß das Horn zu sehr abgewezt war. Ein kleiner *Elephant* war auch da so wie ein *Pelican Cammergeier, mehrere Affen* u. *Papageiyen*. Wir blieben bis gegen 7 Uhr u. gingen dann zu den engl: Reitern und Seiltänzern – das. Hrn. v. Helldorf getroffen (d. ält. Sohn) – welche sehr gut tanzten besonders ein sehr wohlgebildeter Mann tanzte vortreffl: auf dem Seile. Die Mädjen waren nicht übel, der Herr der Truppe war ein sehr rauher Franzose. Es endigte mit einem ungeheueren Luftsprung durch ein Feuerwerk. Wir gingen gl: zu Tische wo wir in unsrer gewöhnl: Gesellschaft zu Abend aßen, es war aber nicht so munter wie gewöhnl. Um 10 Uhr schon zu Bett. – Bis hierher hat der Vater Nachricht. –

AUGUST VON GOETHE AN GOETHE
DRESDEN, 16. JUNI 1819

Dresden den 14. Juny. 19 Der heutige Morgen war bestimmt die Gallerie der Gemälde zum ersten mal zu betreten welches wir auch um 10 Uhr realisierten. Ich kann heute nur sagen daß die Art wie wir durch Hrn: Inspector Demiani introducirt wurden die angenehmste von der Welt war. Seine Führung war nicht wie gewöhnl: nichtstörendes eingelerntes Wegweiserlied, sondern er wikelte den Faden vom Anfang bis zum Ende des Knäuls recht sinnreich ab. Nach dieser Vorbereitung ist der fernere Allein-Beschauer angeleitet und der freye Gebrauch der Zeit wenigstens an einem Faden gebunden; die wenigen ersten Stunden flossen schnell dahin und die Sehnsucht einer baldigen Wiederkehr blieb im Herzen zurück.

Der Mittag verging unter gewöhnlichen Unterhaltungen und gegen 4 Uhr besuchten wir die Rüstkammer welches eine sehr schöne und große Sammlung aller Arten von Waffen und aus allen Zeiten und Ländern ist. Leider ist das Local wo die Sachen aufgestellt nicht günstig für die Ansicht indem es dunkel, winkl: u. Trepp-auf Trepp nieder geht. Wir hatten zugl: ein sehr starkes Gewitter welches lange dauerte, so daß wir im Regen in den Gasthof zurükmußten.

Wir tranken eimal nach alter Weise The und waren recht vergnügt. Ein Herr von Usedom unser Tisch und Zimmer-Nachbar mit seinem Sohne wollten heute Abend abreisen, und da sie seit unsrer Ankunft sehr freundl: und theilnehmend gewesen waren so machte ich bey demselben eine Abschieds-Visite, welche er sogl: erwiederte. Es war ein angenehmer gesprächiger Mann welcher uns gleich auf die Insel Rügen einlud wo er seine Güther hat, er reißt jetzt nach Schwaben und kommt wahrscheinlich im Herbst über Weimar, wo wir ihm auch freundl. seyn wollen.

Den Abend an der T. d. h. die gewöhnl. Unterhaltung mit dem Italiener (Chiari) und einem jungen engl: Capitain (Gregori) französisch, von meiner Seite in der berühmten Cosakensprache.

Um 10 Uhr auf unser Zimmer und um 11 Uhr zu Bett.

Dienstag den 15 Juny 19. Den Morgen den letzten Brief an Sie pepedirt dann auf die Gallerie bis 11 Uhr ich sah daselbst nach dem Catalog die 1. bis 8. Abtheilung der Bilder, meist Niederländer, wovon manch schöner Genuß der Erinnerung bleibt der mir recht wohl thun soll.

Um 11 Uhr besahen wir die Mengsischen Abgüsse welche wir unter der Anleitung des Inspector Mathäi recht genossen. Dieser Mann läßt einen selbst sehen und hilft nur hie und da belehrend nach, welches recht wohl thut. Die Erlaubniß recht oft wieder kommen zu dürfen nahm ich mit Freuden an.

Das mancherley sehen hatte Ottilien aber so hungrig gemacht daß wir noch vor Tisch in einen Conditorladen einkehren mußten.

Den Mittag wie gewöhnl: an der T. d. h. zugebracht wo es uns als etwas ganz fremdes recht gefällt besonders amüsirt sich Ottilie.

Der Nachmittag war bestimmt die *Antiken* zu sehen wo denn der Professor u. Führer Lipsius das Möglichste thut daß man ja nichts sehe, und einem das allenfals was er zeigen will mit recht trivialem Geschwäz verkümmert. Mündl: mehr davon, denn sonst würde ein ganzes Briefblatt nicht hinreichen meinen A[e]rger zu schildern. Ich denke noch einmal hinzugehen, dann ersuche ich aber die beiden am Eingang des Antikensals liegenden Löwen des Hrn: Sarastro den Herrn Lipsius einige Zeit festzuhalten.

Da das Japanische und andere Porzellain in eben diesen Gebäuden aufgestellt ist, so nahmen wir auch diesen ganz heterogenen Bissen mit wobey ich den Wunsch nicht unterdrüken konnte den Antiken-Erklärer lieber hier in Speckstein zu sehen als in der Antiken Gallerie seiner Begleitung zu genießen.

Bey dem Porzellain macht die ungeheuere Menge mehr Eindruck als die Formen u. sonst.

Die Majolikas deren etwa so viel da waren als Sie besitzen sind von der guten Sorte und ich habe wenig schlechte gesehen. Leider wird man von seinen Führern so getrieben daß nur alles flüchtig besehen werden kann.

Auch zeigte man uns hier noch Tapeten zu einem Schlafzimmer welches August der 2. von lauter Papageien-Federn in Mexico hatte fertigen lassen, und welches sehr prächtig war.

Ueberhaupt zeigt Alles, was von August den 2. herrührt von seiner unmäßigen Prachtliebe und Verschwendung. Nachdem dieses geschehen erfrischten wir uns in einer Eisbude unter den sogenannten Linden, und gingen dann ins Theater wo der »*Arzt seiner eignen Ehre*« von Calderon übersetzt von West gegeben wurde. Die Schauspieler waren im ganzen recht brav u. besonders spielte Hr. Hellwig den Don Goutierre sehr gut. Auch Mad. Schirmer als Menzia war recht gut so wie Melle Schubert als Leonore Hr: Werdy als alter Bekannter von Frankfurth durch manche Erinnerung angenehm, und nur war Hr. *Julius* als Infant eben nicht besonders. Das Stück überhaupt macht einen eigenen Effect und hält einen bis zuletzt in Spannung.

Nach dem Theater gleich zu Tisch und um 11 Uhr zu Bett.

Mittwoch den 16. Juny 19. Den heutigen Morgen wendete ich an die Stadt zu durchgehen und manches kleine Geschäft abzuthun. Gegen Mittag besuchte uns Frau von Quandt und Delle Solmar aus Berlin. Mittag wie gewöhnl: an T. d. h. Nach Tisch gegen 4 Uhr auf die Gallerie, die Beschauungen fortgesetzt. Von 5 bis ½ 7 zuhause The getrunken, wo uns der Hr. Chiari Gesellschaft leistete.

Dann zu den wilden Thieren, wo außer dem 7 Jährigen Rhinoceros nichts merkwürdiges ist; dieß ist aber sehr schön und nur Schaade daß es sich das Horn so abgewezt hat.

Um 7 Uhr gingen wir noch zu den englischen Reitern und Seiltänzern welche ebenfalls sehr schöne Kunststüke machten, besonders tanzte einer herrlich auf dem Seile, und ein anderer machte bewunderungswürdige Luftsprünge. Den Jungen Helldorf trafen wir auch bey den Reitern, sahen ihn aber nachher nicht weiter als daß er uns nach dem Gasthofe geleitete. Der Italiäner und Engländer sind auch ziemlich oft unsere Begleiter.

Den Abend noch bis gegen 10 Uhr an der Tab. d. h. zugebracht und dann gleich zu Bett.

Uebermorgen gedenken wir unsere Reise in die Sächsische Schweiz anzutreten, welches in Gesellschaft der Frau von Quandt, Delle Solmar, des Italiener u. Engländers geschehen wird.

Nun noch Tausend Dank für Ihren lieben Brief vom 14. Juny welcher mir freundl. zeigt daß Sie bester Vater mit meinen Relationen zufrieden sind. Das so gütige Anerbieten von Geld werde dann sehr mit Dank annehmen wenn es nöthig seyn sollte, bis jetzt habe ich noch leidl: gewirthschaftet und bin noch in einigen Vorrath. Den Wink mich hier nicht zu übereilen habe ich dankbar aufgefaßt, nur tritt ein Umstand ein, daß schon Dienstag den 22. mein Urlaub von 7 Wochen um ist; könnten Sie bester Vater mir bey

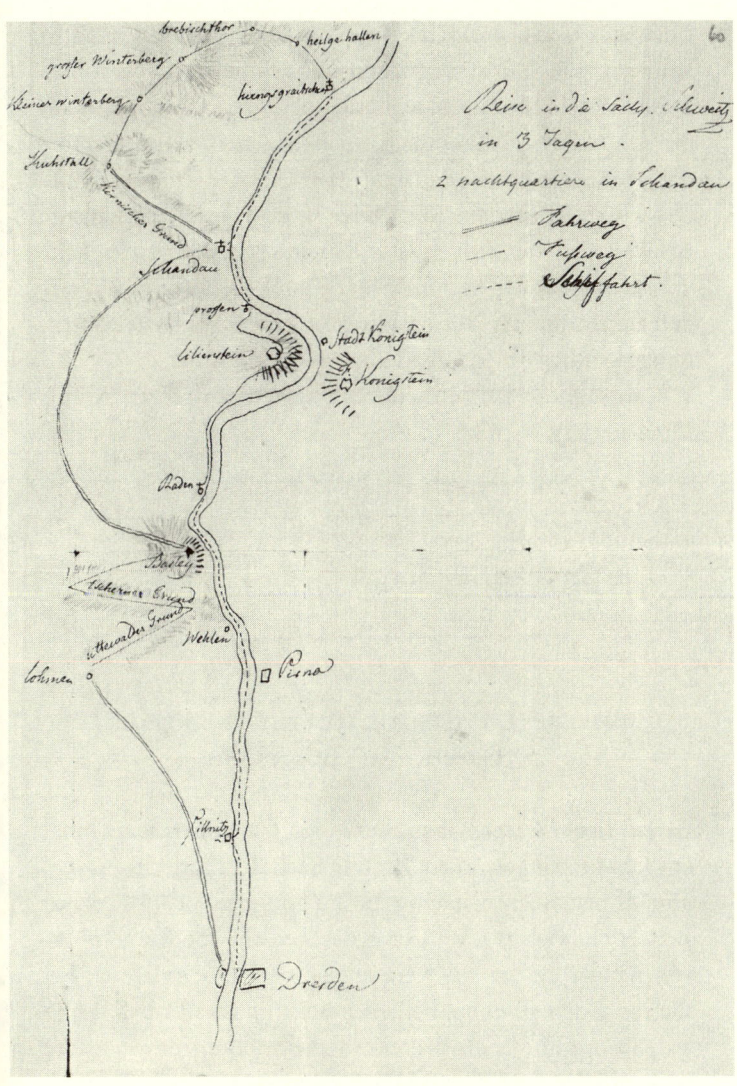

15 August von Goethes Skizze
»Reise in die Sächsische Schweiz in 3 Tagen«
Aus dem Reisetagebuch 1819

Hrn: von Gersdorf noch 8 Tage Verlängerung auswirken so
kann ich alles mit der größten Bequemlichkeit sehen und
brauche meine Rükreise nicht zu übereilen. Sonntag den 20.
bin ich wieder aus der sächs. Schweiz zurük und erwarte
dann hier Ihre gütige Antwort.

Auf den Kleinen freue ich mich sehr so wie auf unser ganzes weimarisches Stillleben und meine geregelte Thätigkeit.

Wie manche angenehme Stunde denke ich mir im Voraus
den Faden meiner Reisen mit allen seinen Nebenverzwei-
gungen in Ihrer Gegenwart abzuspinnen.

Nun schließe ich für heute und lege einen schriftl. Gruß
Ottiliens bey.

Ihr
treuer Sohn JAWGoethe.

den 16. Juny. 19.
Ullen Grüße schönsten.

BEILAGE: OTTILIE VON GOETHE AN GOETHE
[DRESDEN, 16. JUNI 1819]

Gewiß lieber Vater haben Sie mir in Gedanken manchmal
unrecht gethan, wenn ein Posttag nach dem andern verging,
ohne Ihnen einen Brief von mir zu bringen, und wohl daran
gezweifelt wie oft ich Ihrer gedachte, weil die Bürgern davon nicht schwarz auf weiß erscheinen. Doch daß ich bei
allem was ich gesehen, bei jeder Bekanntschaft die mir lieb
war, Sie mir immer als Begleiter vorschwebten, davon findet
sich im künftigen Gespräch wohl noch mancher Beweiß,
und jetzt sende ich Ihnen als solchen nur die Autographa.
Die Handschrift von Baczko – danke ich meinem Vetter
Goswin, der sie aus seinem Stammbuch herausgeschnitten,
das Facsimile Franz, die aber des General Gneisenau meiner
eigenen Kühnheit, da ich ihm bei der Generalin Helvig, wo
wir ihn kennen lernten, kurz und bündig darum bat. Ich eile

jetzt schnell an diesem Mann vorüber, da ich wohl noch manchmal bei ihm verweilen werde. – Hätte ich aber auch den besten Willen gehabt Ihrer gar nicht zu gedenken, so wäre dies in Berlin doch wohl zur Unmöglichkeit geworden, denn ich sah in Berlin keinen der uns etwas Schönes anders gezeigt hätte, als mit den Worten, »Dies würde Ihren Herrn Vater recht gefallen. Dies wünschte ich möchte er sehen«, kurz Sie nannten bei Allem was ihnen lieb war, oder was sie für herrlich und groß erkannten, Ihren Nahmen als eine Art von Weihe. Lieber Vater ich bedaure Sie recht oft; Sie wißen zwar, wie sehr die Welt Sie liebt und verehrt, doch Sie empfinden nicht die tausend kleinen Zeichen davon, wie wir sie empfunden haben, da ja die Meisten es nicht wagen, sich Ihnen so zu nähern. So haben wir für Sie die Früchte der Liebe eingeärnted, und wer vielleicht Ihnen gegenüber stumm und gezwungen war, dem that ers wohl, den Kindern zeigen zu können, wie ergeben er dem Vater sei. Doch der Schluß von Jedem war immer der Wunsch Sie einmal in Berlin zu sehen, und alle Stimmen vereinigten sich da zu einem Ruf! – Wie wohl es uns im Zelterschen Hause war, bedarf wohl nicht der Erwähnung, da Sie ja Zelter schon lange so kennen, wie wir erst ihn kennen lernten. Seine Tochter ist unendlich heiter, angenehm und natürlich, also war auch von dieser Seite nichts stöhrendes. Ihr einziges Heil, ist Sie bester Vater kennen zu lernen, und ich habe sie in Ihren Nahmen, und gewiß auch in Ihrer Sache, eingeladen ihren Vater zu begleiten, den wir wohl noch die Freude haben werden, diesen Sommer in Weimar zu sehen. Begleitet sie ihn nicht, so liegt gewiß nicht die Schuld an ihr, da sie den besten Willen von der Welt dazu hatte. Uns gegenüber wohnte Staatsrath Langermann, den ich Ihnen als einen erklärten Liebhaber vorstelle. Es ging so weit, daß wir zusammen sogar über seine Neigung sprachen. Die herrlichsten Blumen vor meinem Fenster, die häufigsten Versuche, und da die Geliebte etwas näschig ist, die vortrefflichsten Sachen lieferten täglich die Berichte von den Fortschritten meiner

Eroberung. Da ich aus Allem schließe, daß Er ein vortrefflicher Ehemann werden wird, so habe ich mit Doris Zelter verabredet, Ulriken auf Spekulation hinzuschicken, und verspreche mir den herrlichsten Erfolg. – Staatsrath Schulz, war wie immer, das will also sagen, unendlich angenehm und gescheut. Seine Frau, die beste Hausfrau und Ehefrau die man sich vorstellen kann, mir, obgleich in ihrer ganzen Art zu sein, etwas sehr zurückgezogenes liegt; doch auf ihre Weise viel Freundlichkeit bewiesen, und ich glaube sogar daß sie mich recht lieb gewonnen hat. Wir sahen Schulzens am wenigsten, da er wegen seiner noch immer schwankenden Gesundheit, und sie wegen eines Hauswesens von 7ben Kindern nicht viel ausgeht. Auch in Ihren Händen lieber Vater, ist gewiß ein Gevatterbrief, und ich melde mich bei Ihnen als Ihre Gefährtin, da ich für Sie und mich die Tochter von Schulz aus der Taufe gehoben habe, welches mir eine unendliche Freude gemacht. Das die Kleine Ihnen zu Ehren den Nahmen Ottilie erhalten, werden Sie auch schon wißen. Schadows verdienen eben so wie die Andern gerühmt zu werden, da er wirklich sehr viel Güte für uns gehabt, und sie eine sehr muntere angenehme Frau ist, eine Eigenschaft die überhaupt den Berlinern eigen zu sein scheint, da man durch ihr wirklich offenes und herzliches Benehmen, sogleich mit ihnen bekannt ist. Brühls wird August wohl schon gehörig gelobt haben, und indem ich doch nicht ganz meinen mündlichen Berichten vorgreifen will, eile ich mich zu den neuen Bekanntschaften zu kommen, will jedoch zuvor noch Wolffs erwähnen, wo wir recht frohe Stunden zubrachten, und wo ich sagen möchte die Stuben fast mit ihren Bildnissen und Büsten tapeziert sind. – So nenne ich Ihnen denn vor Allen, den Staatsrath Nikolovius, den wir nicht nur den größten Dank schuldig sind, sondern den ich so unendlich lieb gewonnen habe, und so sehr verehre, wegen einer so hohen Vortrefflichkeit des Gemüthes, und einer Schärfe des Verstandes, die man wohl selten auf diese Weise verbunden sieht, da eigentlich eine fast unbeschreibliche

Milde und Zartheit, und die Liebenswürdigste Heiterkeit sich in jede seiner Äußerungen aussprechen. Es klingt etwas verrückt lieber Vater, aber mir ist bei vielen Menschen als wären sie Figuren aus schwarz und weißen zusammengesetzt, so scharf und grell stehen ihre guten wie ihre bösen Eigenschaften, Stückweise neben einander da, doch dieses Wesen schien mir aus dem Ganzen zu sein, alles war verschmolzen, und ich bemerkte nirgends zusammengeleimte Fugen. Damit Sie doch aber nicht sich nach einem Plätzchen auf der Leuchtenburg für mich umsehen, so eile ich mich aus meinem symbolischen Redensarten wieder auf die glatte Heerstraße zu kommen. Staatsrath Nikolovius ist derjenige, der unsere Wanderungen durch Berlin leitete, theils führte er uns selbst, theils übertrug er Andern das Geschäft, die diesen Dingen am nächsten standen, so daß wir nicht nur gesehen, sondern durch ihn auch auf die interessanteste Art gesehen, und die erfreulichsten Bekanntschaften gemacht. – Von der übrigen Nikolovischen Familie kann ich nur sagen, das ich glaube sie sind ein Jeder in seiner Art vortrefflich. Staatsrath Nikolovius denkt diesen Sommer eine Reise nach Duisseldorf mit den beiden Töchtern zu machen, und den Weg über Weimar zu nehmen, und auch Franz und Heinrich haben nur einige Wochen später denselben Plan. Doch da mich August mahnt zu schließen, so will ich einiges wenigstens noch flüchtig berühren. Franz Nikolovius und Goswin, waren unsere stündlichen Begleiter, und da Sie schon meine entschiedene Neigung für Ersteren kennen, so muß ich wohl erwähnen, daß sie sich und noch vergrößert hat. – Die Briefe der Mutter und Ulriken, die so sehr beruhigende Nachrichten in Betreff Schopenhauers enthalten, haben mich innig erfreut, und sobald wir aus der sächsischen Schweiz zurückgekehrt, werde ich sie sogleich beantworten; dies lieber Vater bitte ich Sie mit tausend herzlichen Grüßen der Mutter und Ulriken zu sagen. –

Clementinen gebe der Himmel das Glück was sie wirklich verdient, dann kann es ihr nicht anders als wohl ergehen.

Leben Sie wohl bester Vater, küßen Sie die kleine Nunne so
herzlich, wie ich Ihnen die Hand küße.

Ihre Ergebene
Tochter Ottilie v Goethe.

Beilage: Ludwig von Baczko:
»Wer sich des Lebens freue« (1802)

Wer sich
des Lebens
freue
als Jüngling und als Mann,
nichts fürchten nichts bereue
dem Schicksahl trotzen kann.

Wer bei dem höchsten Streben
nicht zaudert und nicht weicht:
der hat in diesem Leben
das hoechste Glück erreicht.
LvBaczko

Beilage: August Graf Neidhardt von Gneisenau
an Goethe, Berlin, 1. Juni 1819

Exzellenz! Es geschieht auf Befehl einer jungen Frau, und
zwar einer sehr liebenswürdigen, daß ich mir erlaube, diese
Zeilen an Ew. Excellenz zurichten; und Sie wissen, daß man
solchen Befehlen nur schwer widerstehen kann. So mancher
Zudringliche schon mag Ihren Unmuth erregt haben; oft
war ich Ihnen im Leibe nah, doch nur einmal habe ich es mir
gestattet, einen Versuch zumachen, Ihr Antlitz näher zusehen. Ein Brief errötet und stottert nicht darum wird es mir
leichter, mich bei Ihnen schriftlich einzuführen, als von je-

nen dreyßig Jahren mündlich, und somit gehorche ich um so williger jener jungen Frau.

So eben komme ich von einem Besuch bei Ihren jungen Eheleuten, denen ich meinen Segen auf die Reise gegeben habe, nicht ohne Besorgnisse für die Gesundheit der liebenswürdigen Frau, der vielleicht eine südliche Seeluft heilsam seyn würde, sonst ein Brustübel sich entwickeln möchte – doch mag der Wechsel des Aussehens auch andere Ursachen haben. Der junge Mann ist vollsaftig und kernhaft; eine Warnung möchte beiden nüzlich seyn.

Nun, Excellenz, genug für einen Einführungsbrief. Im Geiste bleibe ich Ihnen immer nah und meine guten Wünsche begleiten Sie stets. Gott befohlen!

Berlin d. 1. Juni 1819.

Der Gen. d. Inf.
GrNvGneisenau

Donnerstag den 17. Juny. Hochzeits-Tag.

Früh 7 Uhr aufgestanden, Ottilie schlief noch, ich arangirte den Tisch mit Blumen u. einem Kuchen, u. so wie Ottilie erwachte sah sie gleich alles und freute sich sehr. Wir waren den Morgen sehr heiter, Ottilie ging um 10 Uhr zu Fr. von Quandt u. Dell. Solmar, ich blieb noch bis ½ 11 Uhr zu Hause dann auf die Gallerie wo ich in meinen Beschauungen bis 12 Uhr fortfuhr und dann noch zu einigen Antiquaren ging wo aber auch nicht das geringste erfreuliche anzutreff: war.

Gegen 1 Uhr nachhause. Unterwegs in der Schloßgasse Hrn: Eckardt, Hofmeister bey Hrn: von Helldorf getroffen, mit welchem ich mich noch bis 1 Uhr auf der Straße unterhielt.

Als ich in den Gasthof kam war Ottilie noch nicht zu Hause sie kam aber ¼ auf 2 Uhr. Dann in der gewöhnl. Tischgesellschaft gegessen. Nach Tisch Brief an den Vater vollendet und abgesendet hiermit bis ½ 7 continuirt. Dann mit Ottilie auf die Brühl: Terrasse. Daselbst Thee getrunken, und bis ½ 9 geblieben, es war Musik da und wir genossen unter traulichen Gesprächen einen sehr schönen Abend im Freyen. Der Untergang der Sonne hinter der Elbbrüke war sehr schön; es waren aber nicht viel Menschen da; als wir weggingen füllte es sich mehr.

Den Abend Im Gasthofe mit Hrn. Chiari u. Gregori die morgende Reise nach der sächsischen Schweiz besprochen und um 10 Uhr auf die Stube, bald schlafen wegen der morgenden Reise.

Freytag den 18. Juny 19. Früh um 5 Uhr aufgestanden u. das wenige zur Reise in die sächs. Schweiz geordnet. Um 7 Uhr mit Ottil: Hrn. Chiari u. Hrn. Gregori abgefahren, auf Elbgrund hinaufgefahren, es war ein sehr schöner Morgen und die mancherley Zungen die sich hier in einander mischten machten manches höchst komisch, überhaupt waren wir sehr vergnügt und gut gestimmt. Um 10 Uhr langten wir bey der sogenannten Grundmühle an wo wir den Wagen verließen und nach Lohmen vorausschikten. Wir selbst durchwanderten den Liebethaler Grund – Sandstein – mit seinen herrichen Felsenparthien und hatten theils von Oben theils von Unten herrliche Ansichten, besonders bey der Lochmühle; von hier gingen wir bergauf bis Lohmen wo wir um 11 Uhr Frau von Quandt u. Delle Solmar der Verabredung gemäß fanden. Wir aßen zusammen zu Mittag wo uns besonders ein kleiner Junge belustigte, den wir mit Weinkaltschale, Pfannkuchen u. Braten vollstopften.

Um 1 Uhr fuhren wir weiter bis *Uttewalde* ohngefähr ½ Stunde von Lohmen, von wo aus wir mit unseren Führer ausgenommen Fr. v. Quandt, den sogenannten Uttewalder Grund durchwanderten, wo uns die Abwechslung der herrlichsten Felsen Parthien sehr ergözte; Unsere Wanderung ging noch weiter durch den Reingrund u. die Hölle von wo aus wir allmählig nach der Bastey emporstiegen. Der ganze Weg bis dahin war eine Abwechslung der schönsten man

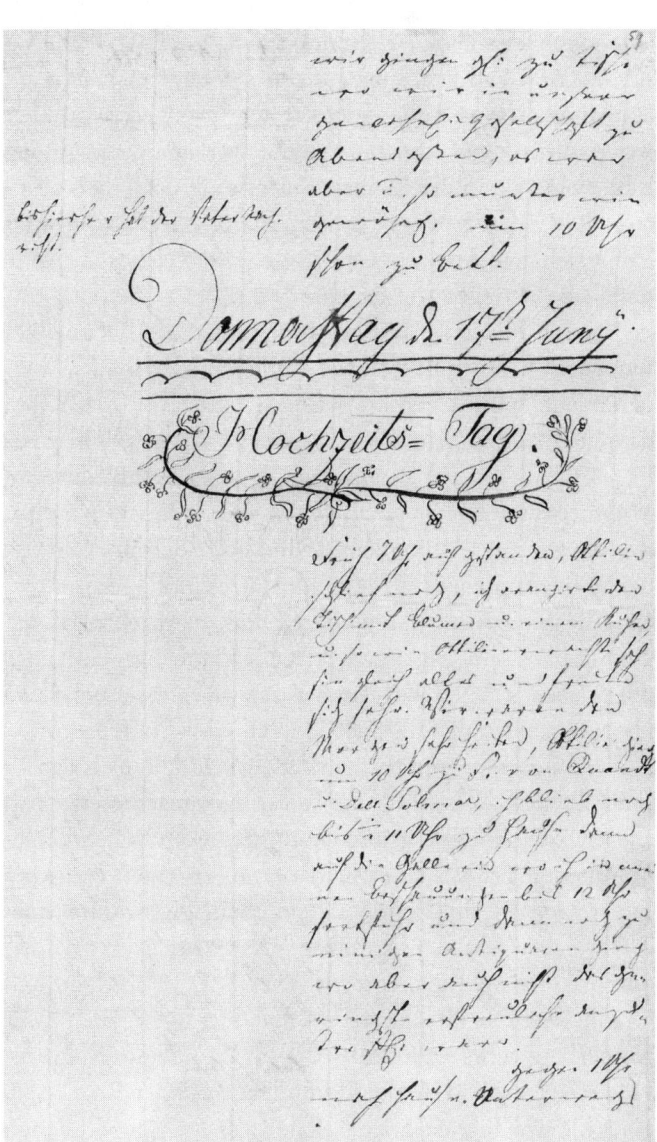

16 August von Goethes Reisetagebuch
mit dem Eintrag vom 17. Juni 1819

kan sagen erhabenen Felsenparthien, und die Ueberraschung ist Groß wenn man aus diesen engen Thälern auf einmal den freyen Ruhepunct auf der Bastey erreicht. Hier wo man von dem Schroffsten Felsenwänden gerade in die Elbe sieht, wo in der kleinen Entfernung der Lilien-, Königs- u. Pfaffen-Stein mahlerisch gruppirt liegen und überhaupt sich dem Auge ein Ganzes darstellt welches mit Worten nie beschrieben werden kann.

Freundl: Hütten gute Bewirthung mit Caffe Doppelbier Liqueur u. frischen Butterbrod erquickten den müden Wanderer sehr. Wir blieben bis gegen ½ 6 daselbst und fuhren dann nebst Delle Solmar welche sich zu uns gesellt hatte da Fr. v. Quandt von der Bastey nach Dresden zurükkehrte auf einem etwas steinigen u. oft sehr steilen Wege nach *Schandau* wo wir ½ 10 Uhr ankamen und im Badehause ohnweit der Stadt abtraten, die Töne einer Harfe empfingen uns und ein sehr gutes Abendessen von 5 Schüsseln machte daß wir der Strapazen des Tages ganz vergaßen und sogar einigemal um den Saal walzten. Bey Tisch waren wir sehr vergnügt und um 11 legten wir uns alle Schlafen. Ich schlief mit Gregori u. Chiari zusammen und hatte leider ein sehr kurzes Lager.

Sonnabend den 19. Juny 19. Früh 6 Uhr machten wir Anstalten zur heutigen großen Fußparthie und nach eingenommenen Frühstük setzten wir uns in einen bedekten Holsteiner Wagen, Ottilie auf dem Bock, unser Führer *Eckhart* welcher sehr zu empfehlen ging voraus. So fuhren wir durch ein felsiges und romantisches Thal – Sandstein und Granit wechseln ab auch findet man hier alte Halten eines Kupferbergwerks – 2 Stunden bis an den Fuß des *Kuhstalls*. Hier stiegen wir aus und erklimmten den steilen Berg bis zu einer kleinen Tannen Allee welche nach dem großen Felsen Thor der *Kuhstall* genannt, führt. – Hier tritt der Sandstein wieder in den größten Massen vor. –

Es ist sehr überraschend wenn man auf einmal durch dieses ungeheure Felsen Thor die gegenüberliegenden Felsen Thäler betrachtet.

17 Steinbrücke im Liebethaler Grund, um 1820

Eine freundl: Bewirtung mit Bier, Erdbeern Limonade u Rum machten diesen Punct auch zu einen Erholungsplaz für den hungrigen u. ermüdeten Körper. Nachdem dieser nun gehörig erquikt bestiegen wir den eigentl: Felsen welcher in 30-jähr: Krieg zu einen Zuflucht Ort der Bewohner des Dorfes Lichtenhain diente, und wo man noch Spuren von den Anstalten sah welche sie zur Befestigung dieses Plazes getroffen hatten. Eine Felsenspalte – wo kaum ein Mensch plaz hat – führt mit 80 Stufen auf den äußersten punct dieses Felsens wo man noch Ueberbleibsel einer Cisterne u. eines Kellers antrift.

Von hier ist eine schöne Aussicht auf die nächsten Thäler u. den kleinen Winterberg. Nachdem wir alles besehen und uns gehörig ausgeruht hatten stiegen wir den Berg herab ins Thal, wo wir aber nach kurzem ebenen Weg den *kleinen Winterberg – ebenfalls noch Sandstein –* zu besteigen begannen, welcher sehr steil ist und nur mühsam erstiegen werden kann. Oben findet man einen kleinen Pavillon mit einer schönen Aussicht in die Umgegend, dieser Punct liegt weit höher als der Kuhstall den man von hier ganz unten in der Ferne zu sehen glaubt; da es hier aber etwas windig war so verweilten wir nicht lange sondern setzten unseren Weg weiter nach dem *Großen Winterberg* fort. – Hier tritt der Basalt hervor. – Nach einer Stunde langten wir auf dem *Großen Winterberg* an, welcher ganz aus Säulenförmig zu Tage ausgehenden Basalt besteht.

Es befindet sich hier ein kleines Häusgen wo man gut bewirthet wird, das Bier der Rum, pp sind gut. Auch trafen wir hier 2 böhmische Musikanten mit Harfen welche recht artig sangen und spielten und für die ganze Gesellschaft überraschend waren.

Die Aussicht ist hier sehr Weit, und man kann die Schneekoppe im Riesengebürge u. einige Berge in der Gegend von Prag sehen. Der Aufenthalt war so angenehm daß wir 2 Stunden blieben um uns zu unseren ferneren Tour zu stärken.

Halb fünf Uhr brachen wir hier auf und setzten unseren Weg durch manche angenehme, aber bey weitem nicht so wilde Thäler fort, wo der Sandstein auch wieder hervorkommt.

Um 6 Uhr langten wir am *Brebischtor* an welches abermals eine ungeheuere Felsen Masse ist welche einen Durchgang bildet und beynahe ganz frey zwischen zwey wilden und unwirtl: Thälern steht. Hier ist es schon böhmisch welches man auch an einer ganz musikalischen Familie bemerkte welche hier in einem elenden Felsen Hüttchen die Fremden mit Bier Butterbrod pp bewirthet. Wir ließen uns manches vorsingen besonders fand aber gegenüberstehendes Lied welches von 3–4 Stimmen gesungen wurde Beifall und wurde daher der Vergessenheit entrissen.

– Lied eines Ulahnen

1.

Als ich ein Uhlahne wurde
In dem grünen Böhmenland
Da thut ich mein Röckchen schwenken
In das weite Frankenland
Da bekam ich eine Pistole
Und dazu ein langes Schwerdt
Auf ein Schuß 2, 3 Franzosen
Die so schwarz wie Teufel wärn.

2.

Bruder thu geschwind aufsitzen
Sieh was kömmt von fern daher
Siehst Du nicht die Säbel glitzen
Scheint als wenn's der Franzose wär.
Da ergriff ich meine Pistole
Und dazu mein langes Schwerdt
Auf ein Schuß 2, 3 Franzosen
Die so schwarz wie Teufel wärn.

Bruder spann auf Leib auf Leben
Bruder spann auf Deine Gnad
Säbel Dolmann will ich geben
Alles was ich um mich hab.
Geb' ich gern mit Freuden her
Säbel u. mein ganz Gewehr
Deine Thaten zeigen an
Was ein tapfrer Uhlane kann. –

Nachdem wir von Musik und einem ländl: Maale gestärkt traten wir unsern Weg nach Hirnisgrätschen an, der Anfang war mühevoll indem wir einen ungeheueren Berg herabsteigen mußten welcher nur an den aller steilsten Stellen mit Stufen von Holz einigermaßen gangbar gemacht ist. Es war wirklich ein Kunststük besonders für die Damen diesen nichts weniger als Halsbrechenden Pfad herabzusteigen.

Als wir das Thal bald erreicht betraten wir die *Heiligen Hallen* ebenfalls eine herrliche FelsenGruppe von Sandmassen, und so kamen wir endl: in den Grund wo längs eines Baches welcher mit vielen Schneidemühlen besetzt ist, der Weg nach dem schon erwähnten Hirnigsgrätschen einem böhm:schen Dorfe – an der Elbe – führt. Um 8 Uhr kamen wir daselbst an und fanden unsere von Schandau hierher bestellte Gondel schon segelfertig am Ufer. Wir bestiegen sie ohne uns aufzuhalten und fuhren, bey immermehr zunehmender Dämmerung und zuletzt einbrechender Nacht, mit dem dankbaren Gefühle eines schön verlebten Tages, unserem abermaligen Nachtquartier Bade zu in Schandau zu, wo wir auch nach 9 Uhr glüklich und mit bester Laune anlangten. Da man schon wußte daß wir hier zu Abend essen würden so war schon alles freundl. bereitet und der Tisch mit mancherley herrlichen Speisen belastet, worunter sich besonders gute Forellen auszeichneten. Die Reise und die Hitze des Tages hatte jedoch den Wünschen uns allen rege gemacht sobald als möglich die Ruhe zu suchen welches

18 »Lied eines Ulahnen«
Aus dem Reisetagebuch 1819

dann auch nach 10 Uhr stattfand, wo denn ein ununter-
brochner Schlaf den angenehmen Morgen von

Sonntag den 20. Juny herbeyführte. Die ganze Reise-
gesellschaft excl: Delle Solmar erquikte sich mit einem Bad,
welches hier sehr angenehm zu erhalten ist. Sodann wurde
Kaffe in der anmuthigen Laube des Badegartens getrunken
wobey die 10. Stunde heranrükte welche zu unserem Aufbruch von diesem friedl: Thale bestimmt war. Unsere
Gondel war bereit und empfing uns gemächlich mit dem
freun[d]l: und bequem eingerichteten Zimmerchen, die Gesellschaft brachte theilweise im Freyen, theilweise in dem
ebengenannten Zimmerchen zu und so schwebten den die
schönen Gegenstände als der Königstein, Lilienstein und die
Bastei pp an uns als schon liebe Bekannte vorüber und ent-
eilten nur zu schnell dem sie noch einmal begrüßenden Auge.
Gegen 2 Uhr kamen wir in Pirna an wo wir im Forsthause
eine gute Mittagsmalzeit einnahmen, unterdessen ein gewal-
tiges Ungewitter draußen sein Wesen trieb. Nach 4 Uhr
hatte sich der Himmel erheitert und wir fuhren wieder ab,
bey *Pillniz* setzte gerade der König von Sachsen über welcher
von Dresden kam die übrige Fahrt ging unter manchen
Scherzen schnell vorüber und so kamen wir denn in Dresden um 7 Uhr wohlbehalten nach mannigfaltigen Strapazen
an und meine große Freude war daß meine gute Ottilie alles
zu *Fuß* und ohne die geringste Anstrengung vollendet hate
und überhaupt kein einziger Mißton die so verschiedenartig
ja fremdartig zusammengesetzte Gesellschaft gestört hatte.

Wir aßen wie gewöhnl. an T. d. h. gingen aber nach so
mancher Ermüdung bald zu Bett.

Ottilie fand als sie nach Hause kam 4 Briefe von Adele,
Tante Hagen u. 2 von Goswin Brederlow, wovon der eine
durch Frau von Brederlow mitgebracht war, auf deren Bekanntschaft wir uns sehr freuten. Die Nacht war uns zu Mu-
the als säßen wir auf der Gondel denn das Bett schien die
Bewegung immer mit zu machen.

19 Pillnitz Schloß vom anderen Elbufer mit Bomätschern, um 1800
(Ausschnitt)

Geliebtes Herz.

Wenn das Leben den Wachenden drückt, gönnen Träume
dem Schlummer Erholung – wenn sie aber Morgens schwinden schaut er ihnen wohl trauernd nach: aber die gute Zeit
hat dennoch gefruchtet und am Tage im harten Leben grüßt
er oft sein Traumbild freundlich und heitert sich im schönen
Trauern unbewußt auf. Liebe Ottilie ich schrieb Dir in großer Eile einige Zeilen die Dir sagten wir sähen uns wieder
und leider war das ein Traum, jetzt komme ich nicht nach
Dresden. Der Herbst führt uns hoffe ich wieder zusammen
aber alles wohl erwogen, reisen wir nach Danzig. Wie mich in
jedem Gefühl immer der Gedanke an Dich zuerst ergriff,
und wie sich das alles begab und fügte lies in beiliegenden
Briefe; laß Dich aber auch nicht zu sehr von den einzelnen
vorherrschenden Stimmungen ergreifen, halte an altem schönen Vertrauen auf das Leben fest – und hilf mir wie oft, recht
ruhig mit tragen was das Leben uns aufbürdet. Wenn Du jene
Blätter gelesen so fahre hier fort. – – – –

Unsre Handelsfreunde also riethen uns ab, unsre uebrigen
Freunde riethen uns zu – am Ende zogen wir rasche Nachricht dem langen Harren von Post zu Post vor – wir entschloßen uns die Kosten nicht zu scheuen weil wir dort das
Geld von meinem kleinen Gütchen zu heben hoffen, was mir
jetzt Jahrelang vorenthalten worden ist. Arthur durch die
Nachricht geschreckt, komt vieleicht wohl schnell nach Dresden zurück, Du fühlst *jetzt* dürfen sich die Beiden nicht sehen,
also ein neuer Grund *Dresden* aufzugeben! Wir hoffen auf
*auß*ergerichtlichem Wege von Muhle Intereßen zu erhalten,
wenn auch nicht augenblickliche Geldnoth uns droht, so ist
doch Vorsicht nöthig. Noch sind tausend Gründe für Danzig
endlich auch Briefe von dort, die gar zu unentschieden sind
und uns nichts erhellen – zu allerletzt dann der Wunsch uns
nichts vorzuwerfen zu haben wenn etwa alles nicht so gut

ausfiele, *wie wir hoffen*, und vom Glück erbitten möchten. So geben wir's denn auf jetzt glückliche Tage zu leben – wir folgten unserm ersten Plan. Der schöne Traum Berlin und das Wiedersehen hatte doch die Nacht unserer Seele erhellt, und wir waren ja nach der bösen Nachricht wieder heiter und momentan zufrieden gewesen, wir hatten also wieder Glauben an die Möglichkeit guter Zeit und schönerer Tage. So theure Ottilie sieh die Sache und, es ist hart getäuscht zu werden, aber die Täuschung that ja diesmal dennoch wohl, und wir wollen sie nicht zu der Massiven Uebel zählen die uns umdrängt. Du bist in gleichem Falle mit unserm Freund Heinke. Werner hat leider auch falliert, und wie man sagt alles verloren, um sich so läßt es doch das Leben nicht, unsre Schicksale seltsam, war es uns durch Aehnlichkeit, einander zu verweben! Laß uns denn alles handelnd wie sonst, mit Fassung tragen, und auf Gott und unsre Kraft vertraun.

Charlottens Vetter ist hier, sie ward operirt, und sehr glücklich und sagt sie hatte einen krebsartigen Schaden, aber das Leiden zog vorüber, unser Freund hat wenigstens da nichts zu fürchten. Stein ist in W. er brachte uns Grüße. [*unlesbarer Name*] sprachst Du ja wohl selbst.

Mich grüßt sonderbar mein ganzes vergangenes Leben – sogar meine Kindheit *dort*! Wolffs hier! und noch so vieles sonst! Wolffs sind sehr unglücklich meine Ottilie, das schmerzt mich tief, besonders weil ich nicht davon reden darf, worum ich auch Dich bitte. Nächstens ueber das Alles mehr, ich wollte Heute nur Alles berühren damit Du weißt wie es um mich steht und damit mich alle Deine guten Wünsche und Gedanken finden in dem neuen Kreise. Wie unendlich wehmüthig gerührt ich Euers denke in dieser Zeit, wie ich Euch alle Liebe danke, wie ich mich fest an Dich anranke und mich mit Deinem Bilde tröste, muß ich Dir das sagen? Nikolovius war mir Dein Vermächtniß, wir waren sehr gut zusammen nicht war es freut Dich?

Doch wie ich mich wende, und wie ichs verschiebe – es soll ein Scheidegruß Dir sagen wie jetzt die weite Entfernung wächst – laß Dich um meines Lebens willen anflehen jetzt das Deine zu erhalten, stirbst Du so sinke ich kraftlos, muthlos zusammen – darum jetzt bringe mir das Opfer, jetzt brauche ernstlich, befrage Aerzte, geh allein in ein Bad wenns nöthig ist – opfre Deine Bequemlichkeit und Deinen Starrsinn damit ich Dich gesunder finde als man Dich hier mir beschreibt. Du sollst sagt man Husten, an der Brust leiden, um Gottes willen bedenke jetzt daß ich nichts habe als Dich, daß Du allein mich von dem Wege abbringen kanst der der rechte und nöthige ist. Nenne mich nicht *hart*, ich war nie weicher, inniger, aber meine Lage fordert Offenheit und Klarheit muß immer zwischen uns bleiben. Darum Theures Leben laß Dich nicht durch Gerüchte und Gespenster schrecken, ich werde Dir immer wahr sein wie mir selbst. Gebe uns Gott diesen Herbst ein Wiedersehen, ich hoffe es. Ich grüße August tausendmal, gehabe Dich wohl, schreibe mir gleich, denke mein, aber sei ruhig, so selten hat das Leben ein Verhältniß wie unseres, Gott hats gegeben, er wird es nicht trennen.

Alle Engel mögen Dein Leben bewachen
Adele.

Am 15. Juni
Berlin

AUGUSTE VON HAGEN AN OTTILIE VON GOETHE

Deßau, den 12. Juny – 19 –
Der Postillion der uns Dein Zettelchen brachte, war uns ein sehr willkommener Bote, meine Ottilie, denn uns thut es wohl auch einmal ein Wörtchen von Dir zu hören – unsere Herzen waren noch so weich von der Trennung und wir gedachten Deiner in wehmuthvoller Liebe – Ich kann Dir nicht sagen meine *alte* Ottilie, wie wohl mir Dein Hierseyn gethan – meine *alte*, denn das bist Du mir diesesmal wieder

ganz gewesen, ganz die Ottilie, die Du mir in Deiner Kindheit in Deiner ganz frühen Jugend warst, die sich so fest so unwiederstehlich um mein Herz geschlungen daß sie es zu ihrem wahren Eigenthum machte – Denke Dir daher *wie* recht es mir nun thut, Dich so glücklich zu wissen, mich davon durch meine eigene Ansicht so ganz überzeugt zu haben – Du glaubst nicht wie dankbar wir Deinem guten Mann dafür sind, und wie lieb wir ihn gewonnen haben, sage ihm dies, mit unserem herzlichsten Gruß –

In Torgau haben meine Gedanken Dich von Stunde zu Stunde begleitet, und ob ich wohl *ganz* irre, wenn ich denke, Du fährst den Morgenden Tag ohne sonderliche Reue entgegen? An Onkel Wilhelm's freundliche Aufnahme zweifle ich keinen Augenblick, aber ob Du Dich dort so recht heimisch finden wirst, will mir noch nicht recht einleuchten –

Hier hast Du das Buch, ein Tuch und ein Gürtel – Mein Mann versichert, Ihr woltet in der Stadt Berlin abtreten – wie nun aber, wenn Ihr dort nicht unterkommt? Wird dies alles auch nicht verloren gehen? Ich hoffe Ihr werdet uns von Weimar aus, Nachricht darüber geben – Tante Brederlow schreibt mir daß Minette im Begriff sey, nach Berlin zurückzufahren – Dies veranlaßte mich, zu glauben, daß Onkel Wilhelm abermals ein dringendes einladungs Schreiben an Ulrike ergehen lassen wird. Denn allein mit der Tante – das scheint mir nicht mehr so recht zu gehen – und dann, die Reise nach Selters, die sie doch auch wohl nicht allein unternehmen wird – wir sind begierig darüber was näheres zu hören – ich habe vorgestern an Deine Mutter geschrieben –

Sorge für Deine Gesundheit, meine Ottilie; es ist der einzige Punkt der die reine Freude die uns Dein Andenken machen könnte, stöhrt.

Mit der innigsten lebendigsten Liebe drück Dich an ihr Herz

Deine

treue Tante
Auguste Hagen.

Meine liebe Schwester.

Die Mutter ist 5. hier angekommen, und Gottlob hat sich
ihr Befinden schon durch die Reise etwas gebessert. Der
Medizinalrath Berends welchen sie hier um Rath gefragt,
wiederholte den, welchen der Königsberger Arzt gab, und
sendet sie nach Karlsbad und von da nach Töplitz. ich bin
dadurch sehr beruhigt daß er sie durchaus nicht für unheil-
bar hält, vielmehr erwartet daß das Karlsbad ihr nicht nur
die Beschwerden im Unterleibe sondern auch dasjenie was
Elsners Ansicht nach, daraus entstandene Zungenübel, ja
selbst ihre Harthörigkeit heilen werde. – Dies macht mich
sehr glücklich und froh, wozu ich sonst wohl keinen Anlaß
habe, und ich werde noch Heute Deiner Mutter von allem
Nachricht geben.

Du, liebe Schwester, wirst wahrscheinlich die Mutter in
Dresden treffen, wohin sie am 15. von Hier abgeht, und bereits den 17 einzutreffen hofft. Sie will wenigstens zwei Tage
dort zubringen um etwas von dem was dort aufgesammelt
zu sehen; viel darf sie so nicht, denn sie soll nicht angegriffen werden, und da trefft Ihr dann grade zusammen. Nun
habe ich denn dort auch Bestellungen an Euch zu machen.
Zuerst bitte ich Dich lieber August durch den Grafen Kalk-
reuth (zweiter Sohn des hier verstorbenen Feldmarschalls)
der gewiß von Böttcher und andern die Du dort triffst ge-
kannt ist, Dich mit einem jungen Maler von Hier, Herrn
Hensel, bekannt machen zu laßen, und den in meinem Namen zu bitten, daß er Dir zu Ottilien folge und sie auf seine
Art, wie ers mit der Arnim und ihrem Bruder Clemens gethan, für mich in Blei zeichne, dann zu meiner Mutter gehen, und sie zu Bestellungen an mich anbitte, die wohl nicht
nöthig sind, die aber ihn ihr unbewußt, nur in Stand setzen
sollen, ihr Gesicht zu sehen und hernach für mich zu zeichnen, auf dieselbe Art. Das ist die einzige Weise wie ich zu

zwei lieben Votiv Tafeln komme, und mir zwei sehr liebe Wesen in die Nähe bringen kann. Hensel hat etwas viel Maul, sonst ist er brav, und es kann wohl einmal was Rechtes aus ihm werden. Raabe hat zwar Dich liebe Ottilie sehr wahr dargestellt, aber mit einem Ernst der schrecklich ist, und Deine Augen sind es doch nun einmal nicht. Ueberhaupt wünsche ich Dich nicht im Profil, sondern schräg gezeichnet. Denn dadurch kann der Maler mehr den Kopf sprechen laßen, der fast nur Abdruck wird, was mir ängstlich ist.

Das Stammbuch liegt seit acht Tagen bei Gneisenau, nachdem ich es von Nicolovius erhalten, wo wie ich annehme, die Familie sich bereits eingeschrieben hat. Da ich voraussetze daß es Dein Wunsch sei daß sich Mutter, Schwester und die Carla Heiking auch hineinschreiben, so werde ichs mir vom General geben laßen. Die Ottilie des Franz Nicolovius ist bereits drappirt und unter Glas hat sich bereits die Tante durch mich vorstellen laßen. Meine Familiengruppe die am letzten Mai gebildet ward, befindet sich wohl unter meiner Pflege, und da sie nun, weil sie schon etwas üppig ward, nicht mehr nöthig hat sich von den Sonnenstrahlen zu scheuen, so werde ich sie auch ans Licht bringen, wenigstens in die Morgensonne.

Seit Deiner Abreise habe ich außer der Mutter niemanden mehr aufgesucht, bin also nur einmal bei Gneisenaus hinbestellt worden, um mit ihr und der Tochter nach Stralau zu fahren, und einmal zur Stägemann, um in Gesellschaft des Dichter Tiek zu sein: das ist alles. – In Deinem Stammbuche steht unterm 17 April, dem Geburtstage der mir sehr verehrten L. E. die Schlußzeile: unter Dornen wird das Ziel gefunden! Sie hat sich, wie ich erfahre, ganz zu der mystisch religiosen Seele gestellt, was mich sehr betrübt. Aber es ist natürlich, daß ein warmes und reiches Gemüth, mit einer großen Einbildungkraft ausgerüstet sich in dem beschränkten Dasein des Mädchenziels nicht gesättigt findet, und bei fehlenden Berührungen mit der Welt, sich wie ans Geistliche lieber hält und sich das mystifiziert, als sich mit dem gemeinen Gewöhnlichen zu befaßen. – Wohin kann das aber führen?

Lebe wohl meine liebe Schwester lebe wohl mein lieber August, und denkt manchmal freundlich an

Euren
Goswin.

am 10 Juni. 19.

GOSWIN VON BREDERLOW AN OTTILIE VON GOETHE
[BERLIN], 16. JUNI 1819

Denke Dir doch mein Erstaunen, liebe Schwester, Deine Adele ist hier gewesen und bald hätte ich gar nichts davon erfahren! Heute zufällig sagt mir ein gemeiner Mensch: Hier sind auch Fremde aus Weimar; ich: wer denn? – »nun die Hofräthin Schoppenhauer![«] – Nun mache ich mich denn gleich auf zur Stadt Rom, gewähre dem Fenster eine altliche Frau weislich beschäftigt, frage ob die HS. noch da sei o ja, laße mich melden und werde nach einigem Bedenken angenommen. Erst war die freundliche Mutter allein, dann erschien die Tochter. – Hättest Du mir auch nie etwas von Adelen gesagt, so hätte ich sie nur, nach dem ich Dich gesehen, sehen dürfen, um zu wissen daß ihr außergewöhnliche Freundinnen sein müßt. Wie die Leute die sich auch sonst ferner sind, nur einen lieben Vereinspunct haben, in dem sie sich gemüthlich begegnen, so ist ein zutraulich Verhältniß geschaffen, was alles Bewegende fernwartige enthebt; und so ists mir denn wenigstens gegangen. Aus dem gebührendlichen kurzen Besuche, ward, trotz aller unvollendeten Reiseanstalt. ein mehrstündiges Bleiben, was ich endlich gewaltsamer Weise abbrechen mußte, weil es doch ein Ende haben sollte, und ich mich nach der Generalin Gneißenau die auf morgen abgeht zu empfehlen hatte. – Da das Gespräch nur Dich betraf, und ich nur ergänzte was

Adele von Deinen hiesigen Schiksalen nicht wußte, so wars wohl natürlich daß wir gar nicht fremde thaten und ich von beiden Frauen wie ein alter Bekannter angesehen ward, – wodurch mir denn wieder ein paar wohlthuende Stunden wurden. Daher kam es denn auch daß ich erfuhr das die Hofräthin nach Danzig fährt, die mich denn auch gleich als Vetter angenommen hat. – ich habe den lieben Frauen die große Angst vor Danzig genommen, denn sie glaubten dort auch gar nichts zu finden was ihnen zusagen könnte, und sie sind getröstet worden dadurch daß ich ihnen nicht allein 4–5 ganz paßende Frauen nahmhaft machen konnte sondern auch noch über mich nehmen durfte sie bei diesen anzumelden. Aber in Adelen habe ich mich einigermaßen geirrt, ich glaubte sie mir (wie man sich denn die Leuthe so vorstellt, oder hattest Du mirs gesagt?) leidend, und hatte die Freude mich zu überzeugen daß sie nur ein Leiden drückt. Die Besorgniß um Dich meine liebe Schwester. – ich sagte ihr denn auch daß ich sie anders fände, und sie meinte sie hätte sonst sehr an Kopfschmerz gelitten, die aber die Berliner Luft ihr genommen; in Danzig soll sie, nach Eures Hufelands Rath, in der See baden. – Da ich auch ziemlich gut die Danziger Verhältniße kenne, so habe ich die Hfr. S. darüber beruhigen können; denn sie wird nichts an Muhl verlieren weil er zwar in Verlegenheit kommen kann, aber nie so viel um zu fallen. Das hat denn auch mit dazu beigetragen daß beide recht beruhigt ihre Reise antraten, die ihnen nur lästig ist, weil sie Dich entbehren mußte. Du siehst liebe Ottilie hier abermals wie ich mein Bruderrecht gebrauche um Dir alles mitzutheilen was als Freudefunken an mir vorüberzieht; ich habe ja nur Dich, der ich das alles mittheilen kann, und darum verzeihst Du das wohl? Doch ich will mich mit meinen eignen Worten: [»]Doch wer plaudert wird erhöhret« strafen und mit einem herzlichen Gruß an August schließen als Dein

treuer Bruder Goswin

am 16. Juni 1819

Montag den 21. Juny 19. Früh 8 Uhr aufgestanden und gleich die Berechnung der Reisekosten der Sächs. Schweiz gemacht da ich Zahlmeister gewesen war, sie betrugen für fünf Personen 60 rth. 10 sgr. 6 Pf. Sodann ging Ottilie Brederlows aufzusuchen welche uns durch Goswins Brief angekündigt waren. Unterdessen ging ich auf die Gallerie und fuhr fort die Bilder nach dem Catalog zu besehen. Ottilie kam auch sie hatte Brederlows nicht gefunden. Wir blieben bis 12 Uhr und frühstükten dann bey einem Conditor.

Von da wandelten wir noch einige Straßen auf und ab und besahen die Sachen einiger Antiquaren wo aber leider nichts wünschenswerthes zu finden war.

Um 1 Uhr gingen wir nach Hause und aßen mit unserer gewöhnl. Tischgesellschaft, nach Tisch auf unserer Stube bis ¼ Uhr wo uns Fr. von Quandt u. Delle Solmar abholten um das grüne Gewölbe zu besehen welches denn auch geschah. Es befinden sich in demselben außer den emaillirten Gegenständen gar keine eigentl: Kunstsachen sondern nur Curiosa und Spielereien, aus manchen edlen Steinen Perlen u. s. w. zusammengesetzt, so wie z. B. der Hofstaat des *Gross Moguls* wo die Figuren ebenfalls von Gold u. emaill. und alles im Uebermaß mit Diamanten, Rubinen Smaragden pp besetzt ist. Es zeigt dieß alles von einer großen Verschwendung ohne den geringsten Geschmak. Ein mineralogisch merkwürdiger Gegenstand war eine Große Stufe mit SmaragdCristallisationen welche sehr bedeutend war. Die Garnituren von verschiedenen Edelsteinen als:

1.) Eine ganze Garnitur von mit Goldeingelegten Schildpatt u. Brillianten besetzt,

2) Eine dergl. von Carneolen

3) Eine dergl: von Saphiren

4) Eine dergl: von Rubinen

5) Eine dergl: von Brillianten

Gehöhren zu den Merkwürdigsten Gegenständen und ergötzen das Auge, lassen aber keinen bleibenden Eindruk.

Nach Besichtigung alles dieses gingen wir wieder nach

Ausgaben
bey Gelegenheit der Reise in die sächß.
Schweiz am 18ten 19ten u. 20ten Juny
1819.

	₰	₰	₰
Accordirtes Fuhrlohn von Dresden nach Schandau	6.	—	—
Trinkgeld dem Kutscher	1.	12.	—
Auf der Fähre bey Pillnitz	—	12.	—
Trinkgeld in den Steinbrüchen	—	4.	—
Dem Führer bis Lohmen	—	8.	—
In Lohmen 5 Port: Mittageßen a 12₰	2.	12.	—
Zehrung auf der Bastey	1.	2.	—
Dem Führer von Lohmen bis Schandau	1.	8.	—
Zehrung auf dem Kuhstall	1.	3.	—
Zehrung auf dem Winterberg	2.	—	—
Den Musikanten daselbst	—	14.	—
Zehrung am Prebischthor	—	20.	—
Trinkgeld daselbst	—	8.	—
Dem Führer für diesen Tag	1.	12.	—
dem Schiffer von Hirnqraißschen nach Schandau	1.	12.	—
Zehrung in Schandau laut Rechnung	22.	21.	6.
Trinkgeld dem Kutscher bis zum Kuhstall	1.	—	—
Trinkgeld ins Haus a Person 8₰	1.	16.	—
Mittageßen in Pirna	6.	22.	—
Trinkgeld der Bedienung	—	8.	—
Dem Schiffer von Schandau nach Dreß.	5.	8.	—
Trinkgeld den Schiffern	1.	—	—
Summa:	60.	10.	6.

Hiervon beträgt Ein Fünftheil:
12 ₰ 2 ₰ 1 ₰ ::

20 August von Goethes Reisekostenabrechnung
Aus dem Reisetagebuch 1819

Hause wo uns um 7 Uhr Brederlows besuchten als Hans v. Brederlow (Forstmeister) dessen Frau Gebohr. von Zedliz Frau v. Brederlow (von Salau) Hansens u. Goswins Mutter, Fräul. von Brederlow; u Frl. von Heiking. Auch war die Schwester der Generalin Gneisenau mit da, wir freuten uns sehr diese Bekanntschaften zu machen und es wurde manches angenehme Gespräch geführt. Wir tranken The zusammen u. sie blieben bis gegen 9 Uhr wo wir dann zum Abendessen herunter gingen.

Die Anstrengungen der Reise aber machten daß wir bald wieder auf unser Zimmer gingen und sodann gl. zu Bett.

Dienstag den 22. Juny 19. Den Morgen zu Hause geblieben und am Tagebuche geschrieben bis ½ 12 Uhr wo wir nach *Tharand* fuhren, Brederlows wollten ebenfalls nachkommen.

Der Weg nach Tharand ist angenehm und man findet in dem Thal schon den Granit wieder, auch werden Steinkohlen daselbst gegraben. Der Ort selbst liegt anmuthig und das Badehaus ist hübsch gebaut, wir kamen ½ 2 an u. Brederlows nebst den übrigen wozu noch eine Frl. Bodek gekommen war trafen um 2 ein.

Wir aßen hier zu Mittag, da es aber anfing zu regnen so wurden wir abgehalten spaziren zu gehen und blieben daher bis 7 Uhr unter mancherley Gesprächen im Badesaal. Dann wurde aufgebrochen und im beständigen Regen nach Dresden zurükgefahren wo wir um 9 ankamen. Gleich zu Tisch gingen, aber uns bald auf unser Zimmer zurückzogen wo ich noch bis gegen 11 Uhr am Tagebuche schrieb, u. Ottilie Noten durchsah.

Mittwoch den 23. Juny 19. Früh zu Hause geschrieben bis nach 10 Uhr

Donnerstag den 17. Juny 19. Der heutige Tag war für uns ein
Tag freudiger Erinnerung, denn wir feyerten das zweite Jahr
unserer Ehe. Ein mit Blumen gezierter Tisch und eine Torte
mit Rahmen u. Jahreszahl begrüßten Ottilien beim Erwa-
chen und so begann dieser Tag recht lieblich. Ottilie besuchte diesen Morgen Fr. von Quandt und ich ging auf die
Gallerie um mich zu ergötzen. Den Mittag waren wir zuhause und den Abend verbrachten wir in dem himlischen
brühlschen Garten wo wir The tranken und bis 9 Uhr blieben.

Freytag den 18$^{t.}$ Juny 19. Früh 6 Uhr fuhren wir in Gesellschaft des Hrn. Chiari u. Hrn: Gregori, ersterer ein Italiener
letzterer ein Engländer von hier ab um unsere Reise nach
der sächsischen Schweiz anzutreten. Gegen Mittag kamen
wir nach Lohmen wo Fr. v. Quandt u. Delle Solmar eine
Berlinerin der Verabredung gemäß schon angelangt waren,
nach einem frugalen Mittagsmal setzten wir excl. Fr. v.
Quandt unsere Reise zu Fuß durch den Uttewalder und
Tscherner Grund nach der Bastey fort wo wir auch um
3 Uhr ankamen u. Fr. v. Quandt nebst den Wagens fanden.
Wir verweilten an diesem schönen Platz anderthalb Stunden
und fuhren dann excl. Fr. v. Quandt welche nach Dresden
zurükkehrte nach Schandau wo wir um ½ 10 Uhr ankamen
und im Bade abstiegen wo wir eine sehr gute Bewirthung
fanden.

Sonnabend den 19. Juny. Früh 7 Uhr setzten wir 5 unsere
Reise zu Wagen bis an den Fuß des Kuhstalls fort, wo wir
ausstiegen und nun zu Fuß forwanderten, die Hauptpuncte
die wir berührten war 1.) der Kuhstall, 2) der kleine Winterberg, 3. der Große Winterberg, 4 das Brebischthor u. 5 die
heiligen Hallen.

Ottilie machte zu meiner großen Freude alles zu Fuß mit
und war als wir nach Hirngraitschen einem böhmischen

Dorfe an der Elbe kamen, gar nicht sehr ermüdet. Hier fanden wir unsere Gondel von Schandau bestiegen sie und langten Abends um ½ 10 Uhr abermals in Schandau an, wo wir sehr gut aßen u. schliefen.

Sonntag den 20. Juny 19. Nach einem eingenommen Frühstük setzten wir uns um 10 Uhr in unsere Gondel u. fuhren die Elbe hinab, am Lilienstein, Königstein, der Bastey u. s. w. vorüber u. kamen um 2 Uhr nach Pirna wo wir zu Mittag aßen und ein starkes Gewitter vorüber gehen ließen. Um 4 Uhr setzten wir unsere Reise zu Wasser fort und um 7 Uhr langten wir in Dresden wohlbehalten an, nachdem wir unsere Reise ohne irgend einen Unfall oder Mißfälligkeit wohl beendet haten, welches doch viel sagen will, und wofür wir Gott recht danken wollen.

Montag den 21. Juny 19. Ein glüklicher Zufall hatte während unserer Abwesenheit die Brederlohische Familie hierhergeführt welche wir heute kennen lernten u. wovon mündl: mehr, auch sahen wir heute noch das grüne Gewölbe, worin aber für den Kunstliebhaber gar nichts zu finden war.

Dienstag den 22. Juny. Heute fuhren wir in Gesellschaft der Brederlohschen Familien nach Tharand, wo wir aber solchen Regen bekamen daß wir nicht aus dem Zimmer konnten, und ohne etwas zu sehen nach Dresden zurükkehren mußten, wo wir Abends 9 Uhr ankamen.

Den 23. Juny. Früh 9 Uhr

Hier muß ich meine Relationen schließen und dieß ist der letzte Brief den Sie bester Vater von Dresden erhalten da ich morgen von hier abzugehen gedenke in dem ich ziemlich Alles, und mit gehöriger Muse gesehen habe. Der Aufenthalt war angenehm und lehrreich. Ich werde einen Tag in Leipzig bleiben und wenn Gott will Sonnabend Abend den 26. Juny in Weimar eintreffen.

Sollte ich etwa erst Sonntag kommen so bitte ich sich nicht zu ängstigen da man es nicht so genau bestimmen kann.

Grüßen Sie Ullrike von uns so wie alle Freunde und Bekannte.

Und so leben Sie denn recht wohl bis auf Wiedersehen, ich fange doch an mich sehr nach meiner gewohnten Lebensart zu sehnen und bin des herumschweifens müde.

Tausend lebe wohl
Ihr treu dankbarer Sohn
JAWGoethe.

dann ein Frühst. im Italienerladen eingenommen und Ottilien in der Winkel: Musikhandlung abgeholt dann mit derselben zu Brederlows wo nur Florentine zu Hause war, ich ging noch zu Von der Breling um mir noch 100 rth. zu bestellen, hierauf zurück zu Brederlows wo nun die ganze Famil. versammelt war bis nach 1 das. Dann in unseren Gasthof zurük wo wir wie gewöhnl. zu Mittag aßen.

Nachmittag das Kleid für Ullen gekauft dann in den Gasthof zurük The getrunken. Es kam der Brief von Goswin durch Vaters Einschluß.

GOETHE AN AUGUST VON GOETHE
WEIMAR, 22. JUNI 1819

Da ich vermuthen kann daß Dich dieses Brieflein noch in Dresden finden werde, so lass ich es abgehen, und vermelde zu allenfallsiger Beruhigung, daß Herr Staats Minister von Gersdorf Deinen Urlaub freundlich auf 8 Tage verlängert hat. Es kommt nun darauf an wie Du es halten willst besonders wegen Leipzig, ob Du nämlich Deine Zeit in Dresden zubringen und alsdann hieher eilen, oder ob Du in Leipzig Dich ein Paar Tage aufhalten willst. Rochlitz ist sehr krank, doch würdest Du von Küstnern und Blümnern wohl empfangen seyn. Freges müßtest Du freilich auch besuchen. Ob Euch das Alles aber frommt, wegen ein Paar Theater

Vorstellungen, will ich nicht untersuchen, das ist ganz Eure Sache.

Eure letzten Briefblätter, abgeschlossen den 16. Juny, sind glücklich angekommen. Sowohl von Deinen als Ottiliens Meldungen sind Auszüge nach Wilhelmsthal gegangen. Ein freundlicher Brief vom Grafen Gneisenau hat mir viel Vergnügen gemacht; Ottilie soll deshalb, wie wegen der übrigen Blätter gelobt seyn. Heute den 22. ist bey uns sehr schlechtes Wetter, möge es sich nicht bis zu Euch verbreiten. Wahrscheinlich besuchst Du die Johannes □ in Dresden, deren Einrichtung und Anstalt ich zu vernehmen neugierig bin.

Vieles hast Du gesehen und guten Bericht erstattet, es ist mir lieb daß Du Dich einmal den Gegenständen so tüchtig durchprüfst, Du wirst wenig finden was Du nicht zurecht legen könntest.

Wir leben sehr stille fort; das Kind erheitert auch die trüben Tage. Sein größter Spaß sind jetzt die Schlüssel und am Schloßblech damit herum zu fahren. Meyer kommt die Abende fleißig, alles übrige fast ist verschwunden. Herr von Stein aus Breslau besucht uns, er wartet aber schwerlich Deine Wiederkunft.

Sehr schönes Geschenk an Mineralien ist eingelangt, das einige starke Lücken unserer Sammlung ausfüllt, sonst begegnet uns noch allerley Gutes so daß wir uns keineswegs zu beklagen haben. Und so wollen wir denn diese Woche beschließen Euch zu Anfang der nächsten freundlichst erwartend.

Hiezu füge noch daß ein completter, Erstaunen erregender Bärenschädel aus der Muggendorfer Höhle gleichsam als Geschenk angekommen ist, und somit nochmals zum allerschönsten gegrüßt!

So eben kommt, zu größter Freude und Erbauung Zelter an. Sehr verwundert, Euch noch nicht zu Hause zu finden.

G

Weimar
am längsten Tage
1819.

Nachschrift.

Umstände geben es daß wir erst Freytag den 25. Abreisen also auch erst Sonntag Abend ankommen werden.

Den Brief mit langereisten Einschluß habe heute Nachmittag erhalten und freue mich zugleich sehr ein Document Ihres allerseitigen Wohlbefindens erhalten zu haben.

Noch tausend Wünsche für Ihr Wohl

den 23. Juny

Abends ½ 6 Uhr.　　　Ihr

　　　　　　　JAWGoethe.

Gegen 7 kam H. Brederlow um Abschied zu nehmen und wir entschlossen uns noch einen Tag zu bleiben und drüben – NB. in der Stadt Wien – zu essen. Hierauf noch ein wenig ausgegangen. Es begegnete u. Hr. v. Sekendorf mit welchem wir zu einen Conditor gingen wo wir Eis aßen, und bis gegen 9 Uhr blieben dann in den Gasthof zurük u. wie gewöhnl. an der T. d. h. gegessen. Dann bald zu Bett. *Tagebuch 23. Juni*

Donnerstag den 24. Juny 19. Früh bis 11 zu Hause dann ging Ottilie in die Kathol. Kirche, ich zu Verlohren um Abschied zu nehmen. Gegen 12 zu Hofrath Bischoff M. u. B. d. □ z. G. A. wegen der □ Freundl: herzlicher Empfang, um 1 Uhr zu Brederlows in die Stadt Wien, mit Ihnen gegessen. Nach Tisch fuhr Fr. v. Brederlów, Frl. Heiking u. Florentine nach Carlsbad ab u. ich nahm auch von H. u. sein[er] Frau Abschied und ging in unseren Gasthof allein zurük, Ottilie blieb noch da.

Als ich kaum in den Gasthof getreten war kam ein Wagen an worinn sich Staffs aus Breslau befanden. Ich freute mich sehr u. holte Ottilien gleich welche sich unter den Linden in der Eisbude mit Brederlows befand, au[ch] sie hatte eine große Freunde und wir beschlossen noch einen Tag zu bleiben.

Den Abend noch mit Staffs auf die Brühl: Terrasse das. The getrunken bis gegen 7 dann ging ich u. Staff in die □ z. g. A. Die Damen blieben den Abend allein. Wir kamen erst um 12 Uhr nachhause Ottilie war noch wach welches mich sehr freute.

Freytag den 25. Juny 1819. Früh einiges zur Reise bereitet dann auf die Gallerie bis 12 Uhr noch mit Ottil: zum Conditor dann in der Stadt Wien gefragt ob Brederlows noch da wären, sie waren aber schon nach der sächs. Schweiz abgereißt.

Um 1 Uhr wie gewöhnl. zu Tisch Staffs aßen auch mit an der T. d. h. Hr. Chiari war früh 4 Uhr abgereißt. Nach Tisch Caffe auf unserem Zimmer. ½ 4 auf die Gallerie bis 5 Uhr. Dann nach Hause zu packen angefangen Frl. v. Bodek und Staffs zum The bis nach 8 Uhr dann zu Tisch freundl: Abschied von der Tischgesellschaft, besonders von einem alten Franzosen. Dann gl. zu Bett.

Sonnabend den 26. Juny 1819 Früh ½ 7 Uhr von Dresden abgefahren über Meißen, Oschatz, Wurzen nach Leipzig wo wir Abend um 9 Uhr ankamen – im Hotel De Saxe – und sogl: an T. d. H. gingen und sehr gut zu Abend aßen, die Tischgesellschaft war nicht die angenehmste und die Unterhaltung sehr leer, obgl. vornehme junge Leute da waren, wir gingen gleich wieder auf unser Zimmer u. dann z. Bett.

Sonntag den 27. Juny 19. Früh 6 Uhr von Leipzig abgefahren. In Lützen mäßig visitirt und einen Passir Schein erhalten dann über Weisenfels, Naumburg Eckardtsberga wo wir 1 Stunde aufgehalten wurden nach Weimar, wo wir um 8 Uhr ankamen. Leider war der Vater nicht hier sondern in Jena, Ulrike empfing uns, wir erfuhren den Abmarsch der Köchin und es war Noth um das Soupper welches doch endl. sehr frugal aufgetragen wurde. Walter war munter und wohl und sonst alles in guten Stand. Und so beschlossen wir unsere Reise welche nach so vielen Freuden ein Glükliches

Erinnerungen knüpfen sich gern an Eigenthümlichkeiten,
deßhalb sey das böhmische Volkslied vom
Prabischthor ein freundlicher Nachklang
unserer Reise in die sächsische Schweiz.

Dresden den 24/7, Juny
1819.

J. W. von Goethe. Ottilia von Goethe, geb. von Pogwisch

21 Albumblatt
Aus dem Reisetagebuch 1819

193

Ende gehabt wofür der innigste Dank nicht genug ausgedrükt werden kann.

Wir gingen Spät zu Bett da es mancherley zu erzählen gab.

Ende gut alles gut.

AUGUST VON GOETHE AN GOETHE
WEIMAR, 29. JUNI 1819

Wie mein letzter Brief aus Dresden besagt so bin ich auch angekommen näml. Sonntag Abend um 8 Uhr. Es geht uns gut und wir haben bis jetzt keinen Unfall gehabt wofür Gott nicht genug zu danken können.

Das Küchenungemach ist auch schon wieder ausgeglichen in dem wir vorläufig eine recht gute Köchin bis Michaelis gemiethet, sie hat schon einmal bey uns gedient, wo wir ziemlich zufrieden waren, es ist nur ein Glük daß wir noch so angekommen sind.

Unsere Sehnsucht Sie bester Vater zu sehen steigt mit jeder Stunde und da wir wieder mit guten Bissen dienen können so hoffe ich ist unsere Erwartung nicht Täuschung.

Weiter sage ich nichts und spaare mir alles mündl: auf.

Kommen Sie ja recht bald zu Ihren Sie liebenden Kindern
Weimar d. 29. Juny
1819.

Ihr treuer Sohn
JAW von Goethe.

Anhang

August von Goethes Tagebuchaufzeichnungen während der
Reise nach Berlin, Dresden und die Sächsische Schweiz im
Mai und Juni 1819 werden hier erstmals vollständig veröffentlicht. Eine Gesamtedition fehlte bis heute, aus dem Tagebuch
wurden lediglich ausgewählte Zitate für die Stellenkommen-
tierung hinzugezogen, etwa in der Weimarer Goethe-Aus-
gabe oder in den Briefwechseln zwischen Goethe und Zelter
(1998) und Goethe und August von Goethe (2005).

Das Handschriftenkonvolut gehört zu den Beständen des
Goethe- und Schiller-Archivs in Weimar (37/XII,4). 77 beidseitig, jeweils auf halber Seite mit Tinte beschriftete Blätter
(20,6 x 32,3 cm) sind in einem blauen Akteneinband durch
Fadenheftung zusammengehalten. Neben dem Tagebuchtext
sind noch der Reisepaß (Bl. 91), Quittungen (3 Bl.), kleinere
Zeichnungen (Bl. 87–90), August von Goethes Aufstellun-
gen der Reisekosten (9 Bl. oktav) sowie die drei Briefe Goe-
thes an August (Bl. 79–90) und Karl Graf von Brühls
Schreiben an August vom 24. Mai 1819 (Bl. 79) abgeheftet.
Auf dem äußeren Aktendeckel steht in August von Goethes
Handschrift: »Tagebuch Der Reise von Weimar nach *Berlin,
Dessau Torgau, Dresden, die sächs: Schweiz* über *Leipzig* zu-
rük von 4. May bis 27. Juny 1819. Geführt von JAWvon
Goethe«.

In der vorliegenden Edition werden die Tagebuchaufzeichnungen ergänzt durch 18 bisher unbekannte und unveröf-
fentlichte sowie 19 bereits veröffentlichte Briefe, die die Reise-
notizen in einen erweiterten Kontext stellen: August von
Goethes Briefe an Goethe sowie Ottilie von Goethes Briefe an
Goethe und an ihre Mutter Henriette von Pogwisch. Hinzu
kommen Briefe, die August und Ottilie unterwegs erhielten:

von Goethe, von Ottilies Freundinnen Adele Schopenhauer und Caroline Harstall, von Ernst von Schiller, von Ottilies Tante Auguste von Hagen, von ihrem Cousin Goswin von Brederlow, von Franz Nicolovius, von Staatsrat Schultz und von Graf Brühl. Schließlich werden drei für Goethes Autographensammlung bestimmte Briefbeilagen mitgeteilt: Mursinnas Zeugnis über die Berliner Lehr- und Forschungstätigkeit von Caspar Friedrich Wolf in Langermanns Brief an August vom 1. Juni 1819 und die beiden Schriftstücke, Ludwig von Baczkos Gedichtentwurf »Wer sich des Lebens freue« sowie General Gneisenaus Brief an Goethe vom 1. Juni 1819, die Ottilie ihrem Schreiben an den Schwiegervater vom [16. Juni 1819] beigefügt hatte. Ein besonderer Fund sind die Fragmente von Ottilies Berliner Tagebuch, die hier erstmals vorgestellt werden. Das Verzeichnis der Briefe im Anhang (S. 291 f.) führt alle Briefe und Beilagen sowie Ottilies Tagebuchaufzeichnungen in der Reihenfolge des Abdrucks auf, im Verzeichnis der Handschriften und Drucke (S. 289 f.) sind die Archivsignaturen und ausgewählte Drucke zusammengestellt.

Durch das Ineinanderfließen von Tagebuch- und Brieftexten werden die vielschichtigen Zusammenhänge und Hintergründe der Reise transparent und nachvollziehbar. Die Informationen gehen dabei auch über den eigentlichen Reisekontext hinaus, etwa, wenn das Schicksal der Familie Schopenhauer nach dem finanziellen Ruin des Bankhauses Muhl in Danzig mitgeteilt wird. Die Briefschreiber sparen dabei nicht an persönlichen Einschätzungen; sie äußern sich – im Unterschied zu August von Goethe – über die tagespolitischen Ereignisse wie die Ermordung des Dichters August von Kotzebue und plaudern über die neuesten Weimarer Klatschgeschichten. Konzentrieren sich August von Goethes manchmal etwas spröde anmutenden, akribisch geführten Tagebuchaufzeichnungen auf die touristischen Sehenswürdigkeiten, Museen, Pflichtvisiten, Theatervorstellungen und Wanderungen, so erzählen die Briefe sowie Ottilies

Tagebuch mehr von den geselligen Zusammenkünften sowie von den familiären und freundschaftlichen Beziehungen, in deren Mittelpunkt stets Ottilie von Goethe stand. Alle Briefschreiber verbindet dabei die Sorge um Ottilies chronisches Brustleiden, das die Heiterkeit und Unbeschwertheit der Reise, die das Tagebuch auf der Textoberfläche suggeriert, in Frage stellt (vgl. Vorwort, S. 16).

Wenngleich August von Goethes Korrespondenz mit seinem Vater inzwischen in einer ersten Gesamtedition vorliegt (Ulm Sanford 2005), war es dennoch geboten, die Briefe hier erneut abzudrucken. Zum einen ergänzen sie sich und verdeutlichen die verschiedenen Intentionen der unterschiedlichen Textsorten »Tagebuch« und »Brief« (vgl. Vorwort, S. 13–17), zum anderen dokumentiert das Tagebuch, daß bisher erschlossene Datierungen von August von Goethes Briefen zu korrigieren sind. Zudem verdeutlichen die Briefe durch ihre gegenseitige Bezugnahme erst die enge Verbindung zwischen dem Vater in Weimar und August und Ottilie auf ihren Stationen in Berlin, Dessau, Torgau und Dresden. August von Goethes Briefe werden im Goethe- und Schiller-Archiv aufbewahrt (28/354 c). Das Konvolut der zwölf Briefe umfaßt 71 mit Tinte beidseitig beschriftete Blätter, die wie das Tagebuch in einen blauen Aktendeckel eingebunden und mit einer Aufschrift versehen wurden. Der Titel »Reise der Kinder nach Berlin. 1819« nennt dabei nur den für Goethe wohl wichtigsten Aufenthaltsort: die preußische Hauptstadt.

Dem Tagebuchtext vorangestellt sind die im April 1819 geschriebenen Einladungsbriefe von Zelter aus Berlin, von Ottilies Onkel Wilhelm Henckel von Donnersmarck aus Torgau und von ihrer Tante Auguste von Hagen aus Dessau, die auf die Reise einstimmen. Es folgt August von Goethes Tagebuch, das etappenweise mitgeteilt und gelegentlich durch andere Schreiben unterbrochen wird. Um ein möglichst umfassendes Bild von der Reise zu geben war es ratsam, alle Briefe nicht – wie üblich – in einem Anhang zu verstecken, sondern als gleichberechtigte Stücke eines übergeordneten Ganzen in den Hauptteil zu integrieren. August von Goethes Tagebuch bildet dabei den Leittext, der in den eingefügten Briefen ergänzt, weitergeführt und gespiegelt wird. Es entsteht ein mosaikartiges Gebilde, das die Textlinearität zugunsten eines perspektivisch gebrochenen und alinearen Textverlaufs bewußt aufgibt und die Chronologie des Tagebuches durch briefliche Rückblenden und Ausblicke unterbricht. Dieses editorische Verfahren macht erst die vielfältigen Dimensionen der Reise anschaulich, die bisher nicht zur Kenntnis genommen wurden. Die Briefe werden in den Tagebuchtext immer dann eingeschoben, wenn August von Goethe entweder den Eingang eines Briefes bestätigt oder wenn er seine und Ottilies Briefe an andere erwähnt. Diejenigen Briefe, die August und Ottilie über mehrere Tage hinweg geschrieben haben, werden daher nicht in geschlossener Form abgedruckt, sondern entsprechend ihrer Niederschrift sukzessiv. Nur in zwei Fällen gelang eine zeitliche Zuordnung nicht, weil sich im Tagebuch keine Bezugsstellen finden und auch die Materialität der Handschriften keine weiteren Aufschlüsse über die Schreibunterbrechungen hergab: August von Goethes Briefe an den Vater vom 15. bis 18. Mai 1819 und vom 30. Mai und 6. Juni (S. 114 f., 122–126). Beide Briefe sind aber dennoch unterteilt abgedruckt worden, weil aus dem Tagebuch hervorgeht, daß sie an mehreren Tagen geschrieben wurden. Die Plazierung wurde also hier ausschließlich nach inhaltlichen Kriterien vorgenommen. Ottilie von Goethes Tagebuchfragmente (S. 56–59), Christoph Ludwig Friedrich Schultz' Einladung zur Taufe seiner jüngsten Tochter (S. 59–61) sowie Ottilies und Augusts Brief an Henriette von Pogwisch (S. 71 f., 76 f.) werden ebenfalls nicht im fortlaufenden Tagebuchtext erwähnt; sie wurden aber dennoch an prägnanten Stellen eingeflochten, weil sie in einem engen Zusammenhang mit den Ausführungen des Tagebuches stehen.

Die vorliegende Edition erhebt keinesfalls den Anspruch

auf Vollständigkeit, da anzunehmen ist, daß weitere Briefe nach und von Berlin, Dessau, Torgau und Dresden geschrieben wurden, deren Überlieferung unsicher bzw. unbekannt ist. So erwähnt August mehrere Schreiben in seinem Tagebuch, die in den Katalogen des Goethe- und Schiller-Archivs, des Freien Deutschen Hochstifts in Frankfurt am Main und des Goethe-Museums Düsseldorf sowie in den Autographendatenbanken nicht nachgewiesen werden. Es fehlen beispielsweise alle Briefe Ottilies an ihre Freundin Adele Schopenhauer und viele Schreiben an ihre Mutter Henriette von Pogwisch. Auf einen entsprechenden Einzelhinweis der nicht überlieferten Korrespondenz wurde verzichtet; fehlt der Abdruck eines Briefes, ist davon auszugehen, daß die Recherche nicht erfolgreich war.

Die Texte sind zeichengetreu ediert worden, wobei die wenigen handschriftlichen Korrekturen der Tagebuch- und Briefschreiber, die hauptsächlich verschriebene Wörter oder Buchstaben betreffen, nicht mitgeteilt werden. Fehlerhafte Schreibungen, Unregelmäßigkeiten, Abkürzungen und individuelle Schreibweisen werden beibehalten. Die zeitgenössisch üblichen Datumsmarkierungen – ein hochgestelltes »t«, »te« oder »ten« – werden durch den heute gebräuchlichen Punkt ersetzt. Die Differenzierung in deutsche und lateinische Buchstaben in der Handschrift wird im Druck nicht wiedergegeben. Sie betrifft lediglich Fremdwörter, Personennamen, Sehenswürdigkeiten, Titel, Unterschriften, Wochentage und Dramenfiguren, so daß darauf verzichtet werden kann. Auf darüber hinausgehende Markierungen in der Handschrift – beispielsweise für den Begriff der Nation – wird in den Anmerkungen hingewiesen. Unterstreichungen im Original sind kursiv hervorgehoben, Texthinzufügungen am Rand durch Parenthesen gekennzeichnet, wobei auf die Wiedergabe der Einweisungszeichen verzichtet wird. Alle Kürzel für »zu«, »sich«, »mit«, »auf«, »uns«, »nicht« und »Haus« werden aufgelöst; die Abkürzungen für »Herr«, »Herrn«, »Frau« und

»Fräulein« werden flektiert aufgelöst in: »Hr.«/»Hrn.« bzw. »Fr.«/»Frl.«. Buchstabenverschleifungen werden durch einen Punkt wiedergegeben, Buchstabenergänzungen der Herausgeberin sind in eckigen Klammern kursiv nachgewiesen. Die zahlreichen Absätze in der Handschrift werden gelegentlich getilgt; es folgt nur dann ein Absatz, wenn ein anderer Gedanke eingeführt oder eine neue Sehenswürdigkeit beschrieben wird. Fehlende Punkte am Satzende werden stillschweigend ergänzt, ebenso sind an wenigen Stellen das am Satzende stehende Semikolon durch einen Punkt und die Kleinschreibung des darauffolgenden Wortes durch Großschreibung ersetzt worden. Auf Wortwiederholungen bei Blatt- oder Seitenwenden wurde verzichtet und der Geminationsstrich über m und n generell zu »mm« und »nn« aufgelöst. Fehlende Umlaute wurden stillschweigend ergänzt, z. B. »König« statt »Konig« und »zunächst« statt »zunachst«; ÿ wird mit »y« wiedergegeben. Die Schrägstriche für lineare Textergänzungen sind im Druck durch runde Klammern ersetzt worden.

Das Reisetagebuch und die Briefe werden durch Abbildungen, Anmerkungen und annotierte Register ergänzt. Der Stellenkommentar übernimmt eine wichtige Funktion, da er die knappen Tagebuch-Skizzierungen in die kulturellen und politischen Kontexte einbindet und über die verwandtschaftlichen und freundschaftlichen Beziehungen informiert. Neben der zeitgenössischen Reiseliteratur und den Forschungsarbeiten wurden auch Tageszeitungen sowie ungedruckte Briefe und Dokumente aus den Nachlässen der Familie Goethe im Goethe- und Schiller-Archiv konsultiert. Eine weitere Bereicherung bildet Ottilie von Goethes im Goethe-Museum Düsseldorf aufbewahrtes und bisher noch unveröffentlichtes Stammbuch, das in den Briefen Franz Nicolovius' (11. Juni 1819) und Goswin von Brederlows (10. Juni 1819) erwähnt wird. Die Durchsicht ergab, daß sich viele von Ottilies Berliner Freunden, Bekannten und Verwandten eingetragen haben. Im Stellenkommentar werden nur diejenigen Briefe verzeichnet, die überliefert sind; fehlt ein Hinweis, ist das entsprechende Schriftstück nicht überliefert oder zumindest nicht nachgewiesen. Die Anmerkungen beziehen sich auf das Tagebuch und alle Briefe; bei Doppelerwähnungen von Personen und Sehenswürdigkeiten in Augusts Tagebuch und in seinen Briefen an den Vater werden nur die im Tagebuch erwähnten Stellen kommentiert. Das sonst übliche Verfahren, alle Ersterwähnungen zu erläutern, wurde aufgegeben, da Augusts Tagebuch ausführlicher über die Kontexte der Unternehmungen berichtet als die Briefe. Auf Verweise innerhalb des Stellenkommentars wurde zugunsten der Übersichtlichkeit nach Möglichkeit verzichtet; weitere Zusammenhänge mit anderen Textstellen erschließen sich dem Benutzer durch das komplementär zu benutzende Personen- und Ortsregister.

Die Auswahl zeitgenössischer Gemälde, Stiche, Zeichnungen, Aquatintaradierungen, Porträts und Handschriften dient ebenso wie die der Briefe der anschaulichen Ergänzung und Spiegelung der Tagebucheinträge. So ist beispielsweise die Einfahrt der Kutsche nach Berlin und der Blick durch das Brandenburger Tor auf die Linden durch Friedrich August Calaus Aquarell »Der Pariser Platz mit Blick nach den Linden« festgehalten (Abb. 4). Ebenso kann die Aussicht vom Sieglitzer Berg bei Dessau auf das Schlößchen Solitüde durch Haldenwangs und Wehles um 1800 entstandene Aquatintaradierung (Abb. 11) nachempfunden werden. Die beiden Aquatintaradierungen nach Schinkels Bühnendekorationen zu Schillers »Jungfrau von Orleans« (Abb. 6) und Mozarts »Zauberflöte« (Abb. 9) stimmen schließlich auf die Theaterinszenierungen im Berliner Opernhaus ein, von denen August von Goethe so begeistert war.

Ohne die tatkräftige Unterstützung bei der Recherche, besonders bei der Suche nach unveröffentlichten Archivalien, wäre diese Edition nicht möglich gewesen. Mein persönlicher

Dank gilt daher Dr. Ulrike Bischof, Dr. Silke Henke und Dr. Elke Richter (Goethe- und Schiller-Archiv Weimar), Dr. Bettina Werche (Goethe-Nationalmuseum Weimar), Heike Spies (Goethe-Museum Düsseldorf), Dr. Renate Moering und Dr. Petra Maisak (Freies Deutsches Hochstift Frankfurt am Main), Dr. Walter Hettche (München), Dr. Lothar Schirmer, Dr. Andreas Teltow, Bettina Machner (Stiftung Stadtmuseum Berlin), Dr. Wolfgang Rasch (Berlin), Dr. Ingo Schwarz (Alexander-von-Humboldt-Forschungsstelle Berlin-Brandenburgische Akademie der Wissenschaften), Norma Kühl (Potsdam) und Dr. Edith Zehm (Gilching).

Ich danke auch meiner Lektorin, Dr. Christina Salmen, mit deren Hilfe die Idee der diachronen Textdarbietung entstanden ist. Schließlich möchte ich mich bei Magdalena Frank, der langjährigen Lektorin des Aufbau-Verlages, ganz herzlich bedanken, die das Entstehen der Edition von Anfang an immer anregend begleitet hat.

Die Arbeit im Goethe- und Schiller-Archiv in Weimar wurde finanziert durch ein dreimonatiges Forschungsstipendium der Klassik Stiftung Weimar, für das ebenfalls zu danken ist. Prof. Dr. Walter Müller-Seidel (em., Universität München) und Prof. Dr. Anne Bohnenkamp (Freies Deutsches Hochstift Frankfurt am Main) haben die Arbeit durch ihre Begutachtung gefördert, wofür ihnen herzlich gedankt sei.

27 *Potsdammer Thor* – Die belebteste Eingangspforte in die Friedrichsstadt für Berlinreisende aus dem west- und südlichen Deutschland. – Zur Vorgeschichte der Reise vgl. das Vorwort, S. 7–9.

28 *Bilder Gallerie* – Die Gemäldegalerie im Königlichen Schloß von Berlin.

Begräbnis der Königin in Charlottenburg – Das Mausoleum für Luise von Preußen, ein kleiner dorischer Tempel mit einer aus märkischem Findlingsgranit errichteten Säulenfront, steht im Westteil des Parks von Schloß Charlottenburg. Der Bau wurde von Friedrich Wilhelm III. in Auftrag gegeben und von Heinrich Gentz zwischen 1810 und 1812 ausgeführt. Den Sarkophag und die Grabstatue der Königin schuf Christian Daniel Rauch (aufgestellt 1815).

die Mutter und die Rieke – Henriette und Ulrike von Pogwisch.

Deutschte … Deutschen – Kritische Anspielung auf die Deutschtümelei und den bornierten Nationalismus der deutschen Burschenschaften.

Nation … Sorte – Die beiden Begriffe sind in der Handschrift mit lateinischen Buchstaben hervorgehoben.

29 *Sand … National Ehre* – Die Ermordung des Dichters August von Kotzebue, der für einen russischen Spion gehalten wurde, lag erst wenige Tage zurück. Er wurde durch den Jenaer Studenten und Burschenschafter Karl Ludwig Sand am 23. März 1819 in Mannheim getötet. Vorausgegangen waren die Gründung des »Litterarischen Wochenblatts« (Weimar 1818/19), in dem Kotzebue gegen die politischen Ziele der studentischen Turnerbünde und Burschenschaften, gegen Demokratie und Pressefreiheit, polemisiert hatte. Bereits auf dem Wartburgfest im Oktober 1817 hatten die protestierenden Studenten neben der Deutschen Bundesakte und zahlreichen reaktionären Schriften und Symbolen auch Kotzebues politische Werke verbrannt. Mit seiner Skepsis gegenüber der Restaurationspolitik seit 1815 repräsentierte

Wilhelm Henckel von Donnersmarck die Mehrheit des deutschen Adels, der die liberalen Ideen wegen eines zu »beschränkten Untertanenverstandes« ablehnte. – Trotz seiner antiliberalen Haltung zählte Kotzebue zu den meistgespielten zeitgenössischen Dramenautoren in Deutschland. Die Zeitungen berichteten fast täglich über die Folgen des Verbrechens, das den inneren Frieden bedrohte und die Öffentlichkeit schockierte. Karoline von Egloffsteins Brief an ihre Mutter Henriette von Boilieu-Marconny vom 31. März 1819 zum Beispiel charakterisiert die politische Stimmung im Land: »Daß es möglich sei, in Deutschland ebensogut zu wüten wie in den Nachbarländern ist zur schrecklichen Gewißheit geworden, und mein guter, fester Glaube ist von mir gewichen und ich lege Trauer an um meines Vaterlandes vergiftete Treue und bürgerlichen Frieden! O daß es dahin kommen mußte! Daß der furchtbare Fanatismus im Gewand der Religion und der Gerechtigkeit nun auch über uns seine furchtbare Fackel schwingt!« (Egloffstein, S. 144) Vgl. auch Adele Schopenhauers Brief an ihren Bruder Arthur, 12./22. Mai 1819; Lütkehaus, Nr. 100. In August von Goethes Tagebuch wird nur an einer Stelle auf das Attentat Bezug genommen: In einem Gespräch bei Savignys in Berlin erfährt er Näheres über die Proteste auf einer Totenfeier für Kotzebue in Königsberg; vgl. Anm. zu S. 70 *Kozebus Todtenfeyer in Königsberg.* – Sands Verbrechen war Auslöser und Rechtfertigung der reaktionären Karlsbader Beschlüsse vom 20. September 1819, die die Errichtung einer Zentraluntersuchungskommission in Mainz, ein Verbot der Burschenschaften, die Verfolgung der »Demagogen« sowie die Überwachung der Universitäten und der Presse festsetzen.

30 *Anleihe von 200 rth.* – Für die bevorstehende Reise nach Preußen und Sachsen. Am 13. Mai 1819 erhielt Ottilie gegen Wechsel und mit 4 Prozent jährlichem Zinsaufschlag 200 Taler preußisch Courants von dem Bankier ihres Onkels, Wagener, in Berlin; vgl. Ottilie von Goethes Quittierung vom 13. Mai 1819 (GSA 37/XIII,4). Das Geld sollte zwei Jahre später zurückgezahlt werden; vgl. die von August und Ottilie von Goethe unterzeichnete Schulderklärung vom 13. Mai 1819 (GSA 37/XIII,4). Am 9. Juli 1821 nahm Ottilies Großmutter Ottilie Henckel von Donnersmarck die Summe von August, der die Schulden seiner Frau mit der Bitte um Aufschub übernommen hatte, an; vgl. die

Übergabeunterzeichnung durch Ottilie Henckel von Donnersmarck, Augusts Brief an Wilhelm Henckel von Donnersmarck vom Mai 1821 sowie dessen Antwortschreiben vom 18. Mai 1821 (GSA 37/XIII,4). – Augusts Reisetagebuch informiert über die Zusammenkunft mit Wagener am 13. Mai in Berlin nicht, und Ottilie erwähnt in ihrem Tagebuch nur am Rande ein Treffen am 12. Mai 1819; vgl. S. 59. Unter den »Einnahmen« der Reise notierte August ohne Datum und Bezugsquelle: »36 Stück Louis d'or a 5 rth 4 Preuss. Curr. 198 Taler« (GSA 37/XII,4).

33   *Webicht* – Waldgebiet nordöstlich von Weimar.

Accesbares – Verzollbares.

Chausseegeld – Maut, Wegezoll.

34   *Hrn. Henkel* – Ottilie von Goethes Onkel Leo Henckel von Donnersmarck.

des Onkels – Wilhelm von Hagens.

die Tante – Auguste von Hagen.

Waldersees – Familie Waldersee wohnte im Palais Waldersee an der Zerbster Straße in Dessau (heute: Stadtbibliothek).

36   *weimar. Oppositionsblatt* – »Oppositions-Blatt oder Weimarische Zeitung«, von Friedrich Justin Bertuch (1747–1822) gegründete liberale Zeitung. Sie erschien vom 1. Januar 1817 bis zum 27. November 1820, dann fiel das Blatt den »Karlsbader Beschlüssen« zum Opfer.

Urpreußen … Neupreußen – Die preußischen Kerngebiete Berlin und die Mark Brandenburg im Gegensatz zu den später hinzugekommenen Eroberungen und Erweiterungen Preußens.

Schachmaschiene – Nicht ermittelt.

38   *Die Canäle* – Der Potsdamer Kanal durchzog die Stadt von Ost nach West wie eine holländische Gracht; er bog an der Waisenstraße (heute: Dortustraße) nach Süden ab und mündete an der Halbinsel Hermannswerder in die Havel. Von Friedrich Wilhelm I. 1673 aus einem die Stadt umfließenden Wassergraben angelegt, erhielt er seinen endgültigen Verlauf 1722 und fungierte seitdem als Grenze zwischen der Alt- und Neustadt. Bis 1770 entstanden eiserne Geländer und Brücken. Die Wasserstraße diente nicht nur als Transportweg, sondern auch als Entwässerungsgraben des sich nördlich der Stadt entlangziehenden Sumpfgebietes sowie der Abwässerentsorgung. Seit 1989 wurden erste Teile des zwischen 1965 und 1971 zugeschütteten Kanals freigelegt, und inzwischen gibt es konkrete Pläne zur

Wiederherstellung des Stadtkanals; vgl. Gülzow/Herrmann, S. 6
bis 21.

38 *Lustgarten* – Nicht der Lustgarten im Park von Sanssouci, sondern der ehemalige, von Georg Wenzeslaus von Knobelsdorff
und Joseph Peter Lenné angelegte, bis zur Havel reichende königliche Lustgarten südlich des Stadtschlosses.

Potsdamm den 6. May. 19: – August schickte diesen und den fol-
genden Brief (7. Mai 1819, S. 43–45) am 8. Mai (Poststempel) an
Goethe. Anschrift: »Sr Excellenz dem Herrn Staatsminister von
Goethe Weimar«.

bekannte Zeichnung von Venedig – August dachte vermutlich wie
Ottilie (Brief an Henriette von Pogwisch vom 6./7. Mai 1819,
S. 40) an Canalettos berühmte Stadtveduten von Venedig.

40 *mein Tagebuch* – Ottilies Tagebuchaufzeichnungen, die am 8.
Mai einsetzen und vier Tage später, am 12. Mai 1819, enden, sind
fragmentarisch überliefert; ob sie ihre Niederschriften abgebro-
chen hat oder ob ihre weiteren Aufzeichnungen, die August
noch am 15. Juni 1819 in seinem Brief an den Vater erwähnt (vgl.
S. 149), verlorengegangen sind, ist nicht bekannt. Die Handschrift wird im Goethe- und Schiller-Archiv aufbewahrt (GSA
40/XXIII, 3,3); der Text hier erstmals abgedruckt (vgl. S. 56–59).

41 *Schloß* – Das Stadtschloß Potsdams, 1660 von Friedrich Wilhelm III. an der Stelle eines älteren Schlosses begründet, 1664
bis 1670 von Philipp de Chieze erbaut. Seine endgültige Gestalt
erhielt es durch Knobelsdorff, der 1744 von Friedrich II. u. a.
dazu beauftragt wurde, den Ausbau des Stadtschlosses mit der
Aufstockung der beiden Seitenflügel zu veranlassen (bis 1752
abgeschlossen). Das Ergebnis war eine repräsentative Anlage,
die mit ihrer einheitlichen architektonischen Gliederung, einem
reichen plastischen Schmuck und einer auffälligen Farbigkeit
ein überwältigendes Bild bot. Die Ausstattung der Innenräume,
der Marmorsaal von Andreas Schlüter und die friederizianisch
gestalteten Gemächer von Johann August Nahl galten als einzigartig. Das Schloß wurde im Zweiten Weltkrieg zerstört, die
Ruine bis 1961 abgetragen. – Friedrich II. wohnte im Ostflügel,
die Familie des Königs Friedrich Wilhelm III. im Westflügel des
Obergeschosses in den Neuen Kammern. Das in den russischen
Kammern mit weißem, auf Rosagrund drapiertem Mousselin
hergerichtete Toilettenzimmer stand Maria Feodorowna während ihres Aufenthaltes in Potsdam zur Verfügung.

41 *Sanssouci* – Park und Schloß Sanssouci, die Sommerresidenz
Friedrichs II., die er 1745–1747 durch Knobelsdorff erbauen
ließ.

Bildergallerie – Östlich des Schlosses liegt die Gemäldegalerie
Sanssouci, die mit ihrem prunkvollen Saal, den vergoldeten
Stukkaturen mit Emblemen von Künsten und Wissenschaften
als eins der prächtigsten Bauwerke Friedrichs II. gilt. An der
Stelle eines alten Treibhauses entstand zwischen 1754 und 1760
die von Johann Gottfried Büring geschaffene langgestreckte
Bildergalerie. Die Länge des Saales wird in der Mitte durch eine
Rotunde unter der Kuppel unterbrochen; sechzehn, mit korin-
thischen Kapitälen von Bronze versehene, aus Carrara-Marmor
gefertigte Säulen tragen die Gesimse auf den beiden Seiten der
Kuppel. Die Sammlung umfaßt antike Plastiken und Gemälde.

neue Palais – Am westlichen Ende der Hauptallee des Sanssouci-
Parks steht das massive Neue Palais, die letzte und größte
Schloßanlage Friedrichs II. Unter der Aufsicht des Königs und
der Bauleitung Bürings, später Carl von Gontards entstand die
Doppelanlage mit den Communs. Sie ist 230 m lang, hat mehr
als 200 Zimmer und wird durch 428, von 12 Bildhauern geschaffenen Statuen geschmückt.

42 *Marmorpalais. Schöner Garten* – Das Königliche Lustschloß am
Westufer des Heiligen Sees, mitten im Neuen Garten gelegen,
wurde 1787 von Friedrich Wilhelm II. erbaut; die Fassaden ver-
antwortete Gontard, die inneren Dekorationen Carl Gotthard
Langhans, und Andreas Ludwig Krüger führte den Bau aus.
1797 entstanden die beiden von Langhans geschaffenen Seitenflügel. Der Neue Garten wurde von dem aus dem Dessau-Wörlitzer Kunstkreis stammenden Gartenarchitekten Johann August
Eyserbeck angelegt.

Holländ: Dorf – Gemeint ist nicht das von Friedrich Wilhelm I.
gebaute Holländische Viertel im Stadtzentrum Potsdams, sondern das aus rotem Backstein und geschwungenen Giebeln bestehende holländische Etablissement im Neuen Garten am
Westufer des Heiligen Sees, eine Gruppe von Tor- und Diener-
häuschen mit Ställen und Remisen sowie ein sogenanntes Da-
men- oder Kavaliershaus. Friedrich Wilhelm II. hatte es 1789,
angeregt durch die Hochzeit seiner Schwester Friedrike Sophie
Wilhelmine mit dem niederländischen Erbstatthalter Wilhelm V.,
von Andreas Ludwig Krüger erbauen lassen.

42 *antike bronzene Victoria* – Vermutlich die Viktoria-Statue, die sich in einem Zimmer mit gelben Peking-Tapeten im ersten Stock des Marmorpalais befand. Sie erinnerte August an den Gipsabguß der römischen Bronzestatuette aus dem Forum Sempronii in Fossombrone, deren Original in den Staatlichen Museen Kassel aufbewahrt wird; vgl. Augusts Bemerkung »wie die Casler« in seinem Brief an Goethe vom 7. Mai 1819 und Maul/Oppel, S. 105, Abb. S. 101. Goethe hatte den Abguß, der heute auf einem Tisch im Junozimmer im Haus am Frauenplan steht, nach 1796 erworben. Vgl. die Beschreibung in Schuchardt: »Victoria schwebend auf einer Kugel. Beide Arme sind über den Kopf erhoben. Das faltige Oberkleid, bis zur Mitte des Körpers reichend, ist von einem Gürtel gehalten. Der ärmellose Chiton fliegt, in luftigen Falten zurück. Große Fittige überragen weit den Kopf. Diese schöne Figur ist in kräftigem und ernstem Styl gehalten, der Guß, wenn auch nicht zart, doch rein. Höhe mit Kugel 11 Z[*oll*]. Auf einem weißmarmornen Postamente« (Schuchardt II/I,IIb: Bronze-Figuren und Reliefs, Nr. 36).

Grotte – Die zwischen 1792 und 1794 von Karl Krüger angelegte künstliche Muschelgrotte, die mit ihren Raseneisenstein- und Tuffwänden von außen wie eine Berghöhle wirkt. Im Inneren befinden sich drei Räume mit erlesenen Marmorfußböden, edelsten Mineralien, Spiegeln und Muscheln.

Eremitage – Ein mit Eichenborke bekleideter fensterloser Pavillon, dessen Inneres durch die lichtdurchlässige Kuppel erhellt wird. Auf dem Fußboden sind die fünf Kontinente mosaikartig abgebildet.

ihn – Vermutlich F. Heinke; vgl. Anm. zu S. 177 *Freund Heinke*.

43 *die kleine Hausfrau* – Ulrike von Pogwisch.

Nunne – Wiegenkind, Kosename für Augusts und Ottilies Sohn Walther.

44 *Große Bilder … in Masse zusammen* – Die Gemälde in der Bildergalerie Sanssouci fügen sich durch ihre dichte Hängung in dekorativer Geschlossenheit in die Innenarchitektur des Raumes ein und ergeben ein rhythmisch gegliedertes, symmetrisch aufgebautes Gesamtbild. Die von August bemerkte Ordnung nach den Schulen war eine zeitgenössische Besonderheit; ebenso galt die als ein autonomes Bauwerk zur Präsentation von Kunstwerken geschaffene Bildergalerie von Sanssouci als einzigartig. Im Westflügel befanden sich Werke italienischer Meister,

im Ostflügel niederländische und flämische Gemälde. Im Mittelbau und im östlichen Raum wurden die Bilder aus unterschiedlichen Schulen vereint. Nach dem Tod Friedrichs II. (1786) wurde die Sammlung von ursprünglich 178 Gemälden zunächst erweitert, bis sie durch mehrere Kriege zahlreiche Verluste zu beklagen hatte. Seit 1996 ist die restaurierte Bildergalerie Sanssouci wieder zugänglich; vgl. Bartoschek, S. 73–88.

44 *Domenikino ... Mädchen* – August beschreibt das damals Leonardo da Vinci zugeschriebene, tatsächlich aber von seinem Schüler Francesco Melzi stammende Gemälde »Vertumnus und Pomona« (Rumpf II, S. 126, Nr. 44; 185 × 134 cm), das in der Nähe von Domenichinos »Die drei Grazien« (Nr. 40, um 1650; verschollen) hing. Das Bild befindet sich seit 1830 in der Gemäldegalerie des Königlichen Museums in Berlin (heute: Altes Museum).
Tenjes – In der Bildergalerie von Sanssouci hingen drei Gemälde von David Teniers d. J.: »Der Alchimist« (Rumpf II, S. 150, Nr. 113; verschollen), »Puffspieler in einem Wirtshaus« (Nr. 148, um 1641; Kriegsverlust) und »Die Versuchung des heiligen Antonius« (Nr. 173, 1647; Kriegsverlust).
van Daubs – Vermutlich die zahlreichen Werke van Dycks.
beargust – Kritisch beargwöhnt; nach Argus, dem hundertäugigen Riesen in der griechischen Mythologie (»Argusaugen«), gebildet.
Mnemonik – Mnemotechnik; eine Gedächtniskunst, die durch besondere Methoden das Einprägen von Gegenständen und Sachverhalten erleichtert.

45 *Eremitage u. Grotte ... für schweeres Geld gezeigt* – Augusts Notizen über die Reisekosten verzeichnen auch die Eintritts- und Trinkgelder, die für die Museen und Führungen entrichtet werden mußten. Unter dem 7. Mai steht: »die Grotte u. Eremitage 2 [*Taler*] 16 [*Groschen*]« (GSA 37/XII,4).
Parade – Die Potsdamer Wachparade.

46 *Schöner Weg* – August und Ottilie fuhren auf der gepflasterten Chaussee von Potsdam über Zehlendorf nach Berlin. 1794 hatte Friedrich Wilhelm II. die Verlängerung der ursprünglich Berlin und Zehlendorf verbindenden Straße bis nach Potsdam anlegen lassen, was die Fahrtzeit in der Postkutsche von sechs auf vier Stunden verkürzte.
Brandenburger Thor – Das von Langhans zwischen 1789 und 1793 gebaute Brandenburger Tor eröffnete den westlichen Ein-

gang nach Berlin vom damals außerhalb der Stadt gelegenen Tiergarten her; vgl. Anm. zu S. 54 *Thiergarten*. August und Ottilie fuhren in ihrer Kutsche durch den rechten Durchgang, da nur dieser für den öffentlichen Verkehr stadteinwärts freigegeben war, während der große mittlere den Equipagen des Hofes vorbehalten blieb.

46 *Linden* – Die 1,3 km lange und 60 m breite Straße Unter den Linden, vom Brandenburger Tor (Ende) bis zum Königlichen Schloß (Anfang) mit einer Promenade von in vierfacher Reihe stehenden Lindenbäumen, prunkvollen Gebäuden und eleganten Cafés, die belebteste Chaussee Berlins zu Beginn des 19. Jahrhunderts. Sie wurde vom Großen Kurfürsten Friedrich Wilhelm 1647 angelegt und war die Hauptader des neuen Straßennetzes, die das Schloß vom Brandenburger Tor aus in repräsentativer Perspektive erscheinen ließ.

das übersendete – Nicht ermittelt.

Festgedicht – »Bey Allerhöchster Anwesenheit Ihro Majestät der Kaiserin Mutter Maria Feodorowna in Weimar Maskenzug«, Umschlagtitel: »Festgedicht Weimar 18ter Dezember 1818«, eine Auftragsdichtung, die Goethe zu Ehren des Besuchs von Maria Feodorowna, der Mutter der Erbprinzessin Maria Pawlowna, vom 23. November bis 15. Dezember 1818 in Weimar ausgeführt und bis Anfang 1819 überarbeitet hat. Goethes letzter und bedeutendster Maskenzug-Text wurde am 18. Dezember 1818 in seiner Abwesenheit vor 150 Mitgliedern der Hofgesellschaft im Weimarer Schloß aufgeführt. Der im April 1819 bei Cotta erschienene Druck traf in der zweiten Maiwoche durch die Post in Berlin ein; vgl. August an Goethe, 15. Mai 1819, S. 64. In seinem Brief an Goethe bedankte sich Zelter am 20. Mai 1819 für das Geschenk: »Deine Festgedichte machen ein Leckermaul aus mir. Wenn ich sie zuerst hintereinander weglas um mit dem Ganzen bekannt zu werden; so lasse ich mir nun, zum Frühstück, vor dem Essen, nach dem Essen, gegen Abend und vor dem Schlafengehn eins nach dem andern, oder wie sie sich greifen lassen, schmecken, daß die Lippen nicht wieder von einander wollen. Sie kommen mir fast vor wie Haydnsche Menuetten, die ich auf ähnliche Art genieße. Allerliebste Sternschnuppen: fix, klar und wahr. Und allerliebste Verse, und Reime voller Musik – und Gedanken, zum Küssen« (MA 20.1, Nr. 323). Goethe antwortete dem Freund am 29. Mai 1819: »Daß meine Fest-

gedichte dir wohlbehagen, ist in der Regel; denn ich habe die
Zeit in Berka, wo ich sie schrieb, indem ich den Maxperger las
und Schütz spielen hörte, unablässig an dich gedacht, und uns
ein näheres Zusammenseyn gewünscht. Mehr, als ich irgend sagen kann, hast du schon aus diesem Heftlein genommen. Die
Mannigfaltigkeit und Freiheit der Sylbenmaße ist mir unvor-
sätzlich unter dem Arbeiten, bei Beschauung der vielfachen
Gegenstände geworden. Neuere Künstlichkeit habe ich kaum
berührt; die achtzeiligen Strophen waren mein letztes Ziel, und
recht merkwürdig ist es, daß kein Sonett in diesen Cyklus pas-
sen wollte; auch dein Gefühl wird schwerlich einen Punct ange-
ben, wo es stehen könnte« (MA 20.1, Nr. 324).

46 *zu Staatsrath Langermann* – Johann Gottfried Langermann
wohnte in der Zelters Wohnung gegenüberliegenden Hospital-
straße 69 (heute: Auguststraße).

zu Grafen Brühl – Die Familie des Intendanten der Königlichen
Theater wohnte in der Letztestraße 11 (heute: Clara-Zetkin-
Straße).

48 *Opernhaus* – Die Oper »Unter den Linden«, von Knobelsdorff
1741–1743 erbaut, plastisch ausgestaltet von Nahl.

AcademieGebäude – Das Marstallgebäude, in dem die Akade-
mien der Künste und der Wissenschaften untergebracht waren.
Heute befindet sich dort der 1903 errichtete Komplex des ältesten Teils der Staatsbiliothek zu Berlin, Preußischer Kulturbesitz.

Chatol: Kirche – Die katholische St. Hedwigskirche, 1747–1773
nach Entwürfen von Jean Laurent Legeay erbaut.

Donna Diana – Das Lustspiel in drei Abteilungen von Don Au-
gustín Moreto y Cabaña, aus dem Spanischen übersetzt von
Carl August West. Die erste Aufführung in Berlin fand am
16. März 1819 statt. In der Berliner Inszenierung wurde zwischen dem ersten und zweiten Akt ein Violinkonzert von und
mit Louis Maurer gegeben (vgl. »Haude und Spenersche Zeitung«, Nr. 54, 6. Mai 1819), anschließend folgte »Die glückliche
Rückkehr, ein militairisches Ballet in einem Aufzug«, mit der
Choreographie vom Königlichen Ballettmeister Constant Michel Telle und der Musik von Joseph Augustin Gürrlich. Vgl.
zur »idealisch« besetzten Aufführung die Besprechung in der
»Vossischen Zeitung« vom 13. Mai 1819, in der sich der Rezensent
für den »ausgezeichneten Reiz« der Madame Stich begeistert

und das »ausgezeichnete« Spiel Denys lobt (Nr. 57). – Alle Schauspielaufführungen fanden vorübergehend in der Königlichen Oper Unter den Linden statt, da das 1802 von Langhans gebaute Nationaltheater am 29. Juli 1817 während einer Probe abgebrannt war; vgl. »Vossische Zeitung«, 31. Juli 1817, und Anm. zu S. 54 *Bauplatz*.

48 *Nicolov. der Sohn* – Franz Nicolovius, der 1818/19 in Jena Rechtswissenschaften studierte und zwischen dem 26. April 1818 und dem 8. April 1819 häufig zu Gast bei Goethe und seiner Familie war.

Statüe des großen Churfürsten – Das Denkmal des Großen Kurfürsten Friedrich Wilhelms von Brandenburg ist eins der bedeutendsten barocken Reiterstandbilder der Welt. Es wurde von Schlüter im Auftrag des Kurfürsten Friedrich III. modelliert, von Jacobi in Erz gegossen und am 12. Juli 1703 enthüllt. Ursprünglich auf der Langen Brücke (heute: Rathausbrücke) und später beim Königlichen Schloß aufgestellt, steht es nun im Ehrenhof von Schloß Charlottenburg.

zu Nicolovius – Die Familie des Staatsrats Nicolovius wohnte in der Leipziger Straße 67.

Hr. von Brederlow – Ottilies Cousin Goswin von Brederlow.

die Vestalin – Lyrisches Drama in drei Aufzügen nach der Musik von Gaspare Luigi Spontini und dem französischen Libretto von Victor Joseph Étienne de Jouy (»La Vestale«), die deutsche Übersetzung stammt von Carl Alexander Herklots. Unter Brühls Leitung und mit Schinkels Bühnendekorationen wurde die Berliner Neuinszenierung der erfolgreichsten Oper im 19. Jahrhundert seit dem 15. September 1818 gegeben. Die »Vossische Zeitung« schreibt über die von August und Ottilie besuchte Vorstellung am 9. Mai 1819: »Herr Bader […] als Licinius […] mit Beifall wieder aufgetreten. […] in der genannten Oper erhielt und verdiente Hr. B. den meisten Beifall in den Duetten […] wie in den ergreifenden Ensemble-Stücken. […] Mad. Milder singt die Ober-Vestalin höchst würdig edel und mit voller Innigkeit, wie sie auch durch imponirende Gestalt zu dieser Rolle vorzüglich geeignet ist« (11. Mai 1819, Nr. 56).

Aufgehende Sonne – Der Entstehung des Bühnenbildes war ein gründliches Studium der Antike vorausgegangen. Schinkel hatte drei Dekorationsentwürfe zur »Vestalin« hergestellt, die durch den Rundtempel der Vesta in Tivoli und den sogenannten Vestatempel auf dem Forum Boarium in Rom inspiriert wurden; die architektonischen Formen erinnern an das römische Pantheon, die Stadtmauer und den Aquädukt von Rom: »Römisches Forum zur Vestalin«, auch als »Äußerer Tempel der Vesta« bezeichnet (Entwurf zur I. Dekoration; 1. Akt), »Innerer Tempel der Vesta«, auch unter dem Titel »Tempel der Vesta, innere Ansicht« – er gilt als einer der eindrucksvollsten von Schinkel überhaupt – (Entwurf zur II. Dekoration; 2. Akt) und »Aussicht auf die Gräber und Rom«, auch als »Äußere Mauer Roms« und »Die äußeren Mauern Roms« bezeichnet (Entwurf zur III. Dekoration; 3. Akt); vgl. Harten, S. 287–300, dort auch zur Überlieferung der Originalentwürfe. – Die Berliner Zeitungen hoben in ihren Besprechungen der Erstaufführung – wie August von Goethe – die Verdienste Brühls und Schinkels hervor, die durch »neue Dekorationen« und die historische Korrektheit der »Kostüme« – römische Priester, Sklaven und Feldherren statt der in älteren Inszenierungen stets ägyptisch gekleideten Dramenfiguren – den »Reiz der Vorstellung« erhöhten und zu einer »glänzend geschmackvoll[en] und kritisch richtig[en]« äußeren Ausstattung beitrugen. Sie erwähnten schließlich noch die »sinnige Wahl der Beleuchtung« (»Vossische Zeitung«, 16. September 1818, »Zeitung für die elegante Welt«, 17. Oktober 1818, und »Berlinische Nachrichten«, 20. Oktober 1818; vgl. besonders den Artikel »Dekorationen und Kostüme in der Oper die Vestalin auf dem hiesigen königl. Theater« in der »Vossischen Zeitung« vom 6. und 9. Februar 1819).

48 *Raabe … erfreuliches Wiedersehen* – Der Berliner Maler Karl Joseph Raabe war seit seinem ersten Aufenthalt am Weimarer Hof im Jahr 1811 häufig zu Gast bei Goethe. 1811 entstanden eine Bleistiftzeichnung und seine bekannten Miniaturbildnisse von Goethe, Christiane und August, die im Haus am Frauenplan bzw. im Goethe-Nationalmuseum hängen; vgl. Maul/Oppel, S. 70. 1814 porträtierte Raabe Goethe erneut; vgl. die Abb. in Schaeffer/Göres, S. 129 und 132, und die Anm. zu S. 51 *Rabe … über Weimar … nach Italien.*

50 *zu Wolfs* – Das Schauspielerehepaar Amalie und Pius Alexander Wolff wohnte in der Taubenstraße 34.
Mettings in der letzten Straße – Mettinghs wohnten nicht – wie die Brühls – in der Letztestraße, sondern in der Friedrichstraße 180.

50 *Fuchs* – Berliner Konditorei von Johann Heinrich Ludolf Fuchs, Unter den Linden 8, die spätere Wernersche Konditorei. Durch ihre aufwendigen Dekorationen aus Marzipan und Zucker sowie durch die luxuriöse Ausstattung der Räume war sie über Berlin hinaus bekannt. Vgl. aber Heines kritische Beschreibung in seinen »Briefen aus Berlin« (zit. nach der Erstausgabe von 1822): »Betrachten Sie die schönen Gebäude, die auf beiden Seiten der Linden stehn. Hier wohnt die vornehmste Welt Berlins. Laßt uns eilen. Das große Haus links ist die Konditorei von Fuchs. Wunderschön ist dort alles dekorirt, überall Spiegel, Blumen, Marzipanfiguren, Vergoldungen, kurz, die ausgezeichnetste Eleganz. Aber alles, was man dort genießt, ist am schlechtesten und theuersten in Berlin. Unter den Konditorwaaren ist wenig Auswahl, und das meiste ist alt. Ein Paar alte, verschimmelte Zeitschriften liegen auf dem Tische. Und das lange, aufwartende Fräulein ist nicht mal hübsch. Laßt uns nicht zu Fuchs gehen« (Erster Brief, S. 120).

Mahagoni – Die Handschrift bezeugt, daß August seine legasthenische Schreibschwäche im Gegensatz zu seinen späteren, die Alkoholkrankheit widerspiegelnden Tagebuchaufzeichnungen aus Italien, gelegentlich noch berichtigte. So korrigierte er das ursprünglich geschriebene Wort »Magahoni« in »Mahagoni« (Bl. 8).

zu Staatsrath Schulz – In der Wilhelmsstraße 70a.

10. May 19. – August schickte diesen und den folgenden Brief vom 11. Mai 1819 (S. 52–54) am 11. Mai 1819 an Goethe (vgl. Poststempel); die Anschrift lautet: »Sr. Excellenz dem Herrn Staats-Minister von Goethe Gross- und Comthur Kreuz mehrerer hohen Orden zu *Weimar*«.

neue Hauptwache – Die von Schinkel im klassizistischen Stil erbaute Königs- oder Neue Wache zwischen dem Platz am Opernhaus und dem Zeughausplatz wurde erst ein Jahr vor August und Ottilies Berlin-Aufenthalt (1818) fertiggestellt. Schinkel begründete mit diesem Meisterwerk seinen Ruhm als Landesbaumeister.

51 *Rabe … über Weimar … nach Italien* – Raabe wurde vom preußischen Ministerium im Juni 1819 nach Italien gesandt. Er sollte dort für die Lehre von der Harmonie der Farben zweckmäßige Studien betreiben. Staatsrat Schultz hatte ihm in einer persönlich ausgefertigten Instruktion vom 30. Mai 1819 aufgetragen,

seine Beobachtungen auf der Grundlage von Goethes Propyläen in der Schrift »Winckelmann und sein Jahrhundert« und in dem Werk über die Farbenlehre sowie von Meyers Abhandlung über die Aldobrandinische Hochzeit zu machen (abgedr. in: Düntzer, nach Brief Nr. 33). Raabe fuhr zunächst nach Weimar, wo er am 11. Juni 1819 ankam, »Papiere« aus Berlin mitbrachte und vor allem aber Goethes und Meyers Rat suchte; vgl. Goethes Tagebuch; WA III.7, S. 56. Zwei Tage später reiste er weiter; vgl. Franz Nicolovius' Brief an Ottilie, 10. Juni 1819, S. 145, und Goethe an Staatsrat Schultz, 15. Juni 1819; Düntzer, Nr. 34.

51 *Thierarzneyschule* – In der Nähe von Zelters Wohnung, am Thierarzneischulplatz 5, befand sich die 1789 von Friedrich Wilhelm II. gestiftete Tierarzneischule zur Ausbildung von Tierärzten für die Kavallerie, von Tierärzten 1. Klasse und von tierärztlichen Beamten für das Land. Die Militär-Eleven mußten sich einer dreijährigen theoretischen und praktischen Ausbildung unterziehen, bevor sie z. B. ihren Dienst als Roßarzt in der Armee antreten konnten.

52 *Iffigenie* – Goethes »Iphigenie« wurde seit dem 27. Dezember 1802 in Berlin gelegentlich gespielt; von Goethes Drama sowie von der künstlerischen Leistung der Schauspieler Pius Alexander und Amalie Wolff am 10. Mai 1819, die diese Rollen bereits in Weimar gespielt hatten, waren nicht nur August und Ottilie, sondern auch die anderen Zuschauer und der Rezensent der »Vossischen Zeitung« sehr angetan: »Von jeher ist Goethe's Iphigenia von mir, [...] mit stiller Ehrfurcht, mit einer Art von Verehrung, aufgenommen worden. Das Stück ist mir, wie die einzige umwandelbare Dekkoration, ein heiliger Hain, ein Tempel der Göttin, [...] ich sehe mich in die hohe Einfalt, in die Sitten, die Tugenden, die Sprache des Alterthums versetzt. Wenn man von Göthe sagen kann, er habe den Tasso gemacht, so muß man von ihm sagen, er habe die Iphigenia geschaffen. Sie ist von der ersten Zeile bis zur letzten, eine Eingebung der göttlichen Muse, nach deren Vollendung, der Meister sein eigen Werk anstaunen mußte. Ich kenne in keiner Sprache, in keiner Zeit ein erhabeneres, ein vollkommeneres Werk des Genies. Es verschmäht jedes kleine Mittel der Gefallsucht, der Bestechung; es steht in seinem reinen Lichte da, wie die Sonne, und schaut, wie sie, leuchtend und erwärmend, wohlthätig und belebend herab. – Die Darstellung mußte um so köstlicher seyn, da der Geist und

die Anordnungen des Dichters allenthalben in der Ausführung der Darsteller [...] hervorschienen, da kein Ton, kein Wort, kein Schritt, keine Bewegung gleichgültig und unberechnet war, u. überdieß die lange Vorbereitung sich in eine kunstreiche Uebung verlor, die dem Zuschauer jede Störung in der herrlichen Täuschung unmöglich machte« (Nr. 57, 13. Mai 1819). Wenige Tage später erschien ein weiterer Bericht, der die Begeisterung der Zuschauer zusammenfaßte: »Es waren aber auch alle Zuschauer hingerissen; und empfing das bedeutende Künstlerpaar durch lauten Beifall seinen besten Lohn. So verdient die Direktion wohl unsern herzlichsten Dank, das sie Gelegenheit giebt zur Betrachtung des Schönsten, was Deutschland besitzt« (»Vossische Zeitung«, Nr. 60, 20. Mai 1819). Mit Goethes »Iphigenie« wurde das Schauspielhaus zwei Jahre später am 26. Mai 1821 wiedereröffnet; vgl. Anm. zu S. 54 *Bauplatz*.

52 *MontagsClub* – Der 1749 von Gotthold Ephraim Lessing begründete Literatenverein traf sich montags im Englischen Haus in der Mohrenstraße 49 zu Gesprächen und zum Abendessen. Der Klub verstand sich als ungezwungene gesellige Vereinigung, die nach den »Gesetzen des Montagsklubs« tagte. Die männlichen Mitglieder, zu denen neben den beiden genannten Friedrich Wilken und Rudolphi noch Zelter, Schadow, Rosenstiel, Buttmann und Friedrich Stägemann gehörten, bekleideten verschiedene Ämter. Augusts Besuch ist im »Verzeichnis der Fremden« (1809–1848) festgehalten; vgl. Sachse, S. 11.
Rudolphi – Vgl. Anm. zu S. 61 *nach den Wallfisch*.
Prof. Wilken – August hatte den Historiker und Bibliothekar Friedrich Wilhelm Wilken während seines Studiums in Heidelberg kennengelernt; er besuchte ihn in seiner Dienstwohnung in der Behrenstraße 40/41.
der Kronprinz – Friedrich Wilhelm, Kronprinz von Preußen.

53 *Wolfs ... Wiedersehens* – Amalie und Pius Alexander Wolff gehörten von 1794 bzw. 1803 bis 1816 dem Ensemble des Weimarer Hoftheaters an. Wolff wurde von Goethe zum Schauspieler ausgebildet und entwickelte sich durch gehobene, stilisierte Deklamation und würdevolle Körpersprache zu einem der bedeutendsten Vertreter des Weimarer Bühnenstils. Unter Goethes Intendanz spielte das Ehepaar herausragende Rollen; Amalie Wolff u. a. die Isabella in der Uraufführung von Schillers »Braut von Messina« (1803), die Leonore Sanvitale in der Uraufführung von

Goethes »Torquato Tasso« (1807) und die Titelgestalt in der Wiederaufführung von Goethes »Iphigenie auf Tauris« (1807); Pius Alexander Wolff u. a. den Hamlet von Shakespeare, den Posa in Schillers »Dom Karlos« und die Titelrolle in der Uraufführung von Goethes »Torquato Tasso«.

53 *beschämten Eifersucht* – Vgl. Anm. zu S. 54 *die besch. Eifersucht.*

54 *zu Schadow* – Schadows Atelier befand sich in der Kleinen Wallstraße 11 (heute: Schadowstraße). – Goethe hatte bereits am 28. April 1819 dem Bildhauer die Ankunft seiner Kinder in Berlin angekündigt: »Möchte ich Ew. Wohlgeboren doch in Ihrer lebhaften Werkstatt besuchen dürfen! Wenigstens aber kann ich dieses Glück meinen Kindern versprechen und gönnen, die bei ihrem nächsten Aufenthalt in Berlin wohl zu geneigter Aufnahme empfehlen darf« (WA IV.31, Nr. 141).

Blüchers Statüe – Schadows »Standbild Blüchers« für Rostock, die Geburtsstadt des Heerführers, das am 26. August 1819 enthüllt wurde. Es stellt den Feldherrn in heroischer Tracht dar, in kurzem Leibrock mit Ärmeln, einem langen Beinkleid und Stiefeln; ein Löwenfell bedeckt die Schultern. In der rechten Hand hält er einen Feldherrnstab, in der linken den Säbelgriff. Goethe hatte an der Denkmalsplanung seit 1816 mitgewirkt, Anregungen für das Sockelrelief gegeben sowie die Inschrift auf der Rückseite verfaßt: »In Harren und Krieg In Sturz und Sieg Bewußt und groß So riß er uns vom Feinde los.« Vgl. Goethes Briefe an August Claus von Preen über die mühevolle Entstehung der Inschrift, 19. Februar 1818 und 21. September 1818; WA IV.29, Nr. 7984 und 8170. Auf Wunsch August von Goethes entstand bei Schadows Besuch in Weimar 1816 eine kleine Medaille in Bronze; vgl. die Abb. in Schaeffer/Göres, S. 134. Am 11. März 1819 hatte Goethe gegenüber Schadow sein besonderes Interesse an der Vollendung der Statue in Erinnerung gerufen (vgl. WA IV.31, Nr. 94), und kurz vor Augusts und Ottilies Abreise am 28. April 1819 dann wegen der Hauptinschrift für das Blücher-Denkmal geschrieben (vgl. WA IV.31, Nr. 141). Vgl. die Abb. des Denkmals in Bloch/Grzimek, S. 44 f.

seinem Sohn – Rudolf (Ridolfo) Schadow.

Curzifix – Richtig: Cruzifix. Die Handschrift belegt an einzelnen Stellen Silbenverdoppelungen und Buchstabenumstellungen, die – wie hier – Kennzeichen von Augusts legasthenischer Schreibschwäche sind.

54 *Luther und Wegner* – Das am 15. August 1811 eröffnete Weinlokal (Christoph) Lutter & (August Friedrich) Wegner befand sich in einem von Gontard entworfenen Haus in der Charlottenstraße 49. Wegen seiner Nähe zum Königlichen Schauspielhaus am Gendarmenmarkt wurde es schon bald ein beliebter Treffpunkt für Schauspieler und Intendanten; auch Ludwig Devrient und E. T. A. Hoffmann gehörten zu den Stammgästen.

Bauplatz – An der Stelle des alten, von Langhans gebauten und am 29. Juni 1817 abgebrannten Nationaltheaters am Gendarmenmarkt entstand unter Schinkels Leitung das neue Königliche Schauspielhaus, in dem kleinere Schauspiele, Lustspiele und Operetten ohne größeren Dekorationsaufwand aufgeführt werden sollten. Schinkel hatte schon im April 1818 das Charakteristische der Struktur und der Gestalt des neuen Schauspielhauses festgelegt; nur die bildkünstlerischen Dinge erfuhren noch kleinere Veränderungen. Am 26. April 1818 unterbreitete der Intendant Graf Brühl dem König Friedrich Wilhelm III. fünf Entwurfsblätter Schinkels, die für den Neubau die alten Grundmauern miteinbezogen. Der König nahm Schinkels Plan nur mit geringfügigen Änderungswünschen an. Zu den lang andauernden Verhandlungen vgl. Behr/Hoffmann, S. 59–92, und Schultz an Goethe, 2. Juni 1818; Düntzer, Nr. 29. – August und Ottilie besichtigten die Baustelle noch vor der Grundsteinlegung am 4. Juli 1819. Am 26. Mai 1821 wurde das Schauspielhaus mit Goethes »Prolog zu Eröffnung des Berliner Theaters« und seiner »Iphigenie« mit zwei Bühnendekorationen Schinkels sowie einem Ballett von Georg Abraham Schneider, »Die Rosen-Fee«, wiedereröffnet.

aus den Festgedichten – Vgl. Anm. zu S. 46 *Festgedicht*.

Thiergarten – Damals außerhalb Berlins westlich des Brandenburger Tores gelegener beliebter Lustpark mit Tiergehege, der sich bis nach Charlottenburg ausdehnte. Er wurde 1741 von Knobelsdorff umgestaltet.

Singacademie – Die von Carl Friedrich Fasch 1791 gegründete Singakademie, eine Vereinigung zur Pflege des Chorgesangs. Faschs Nachfolger Zelter leitete den gemischten Chor von 1800 bis zu seinem Tod 1832. 1819 fanden die Proben und Konzerte noch im runden Saal der Akademie der Künste im Marstallgebäude Unter den Linden statt (am Platz der heutigen Staatsbibliothek). Erst acht Jahre später, 1827, erhielt die Singakademie ihr eigenes Haus am Kastanienwäldchen hinter der Neuen Wache. An seiner Stelle befindet sich nun das Maxim-Gorki-Theater am Festungsgraben. – Zelters Singakademie hatte 1810 eine frühe »Faust«-Vertonung des Fürsten Anton Heinrich Radziwill, den Osterchor »Christ ist erstanden« aus der Szene »Nacht«, erstmals aufgeführt; vgl. Anm. zu S. 90 *zu Fürst Radziwil … Probe … Faust.*

54 *Gern* – Vermutlich traf August Johann Georg Gern und nicht dessen Sohn Albert Leopold, der im Mai 1819 ein Engagement am Königlichen Hoftheater in Dresden angenommen hatte.

die besch. Eifersucht – »Die beschämte Eifersucht«, Lustspiel in zwei Akten von Johanna von Weißenthurn, seit dem 25. September 1801 in Berlin oft aufgeführt. Ebenso wie August von Goethe beanstandete der Rezensent in der »Vossischen Zeitung« die mangelhafte Aussprache Denys: »Hr. Deny (vom Weimarischen Hoftheater) trat zum erstenmal als Gastspieler in der Rolle des Lieut. Werthen auf. […] [*Wir können*] nicht umhin, ihm vorläufig den wohlmeinenden Rath zu geben: daß er doch vor allen Dingen sich bestreben möge, wenigstens grammatikalisch richtig zu sprechen, und in Wörtern, in welchen ein i und ü, oder e und ö zusammen vorkommt, diese Laute in der Aussprache nicht zu verwechseln! Dergleichen Fehler pflegen auf der hiesigen Bühne nur von Fremden debütirt zu werden, und sehr nachtheilig auf die Stimmung des Publikums. Hing die Wahl des Stückes von dem Gast ab, so hat sie unglücklicherweise auf ein sehr seichtes Produkt getroffen, dessen Anlage weder, noch dessen Material, den Darsteller zu haben vermag« (Nr. 58, 15. Mai 1819).

die Winterbelustigungen – »Der Maler oder die Wintervergnügungen«, Komisch-pantomimisches Ballett in zwei Abteilungen mit der Choreographie des königlichen Ballettmeisters Telle und der Musik von Gürrlich.

Drysinen – Draisine. Nach seinem Erfinder Karl Friedrich Drais (1785–1851) genannte Laufmaschine (1813), ein Vorläufer des Fahrrads.

55 *Liedertafel* – Erster, 1809 aus fünfundzwanzig Mitgliedern der Singakademie von Zelter gegründeter Männerchor, der weitere Liedertafeln in ganz Deutschland anregte. Schon das erste Bändchen der »Gesänge der Liedertafel« (Berlin 1811) enthält mehrere Vertonungen von Goethe-Gedichten.

55 *Flemmings Becher* – Nicht ermittelt.

Zelter ... sein Liederbuch – Vermutlich hatte August »Zelter's sämmtliche Lieder, Balladen und Romanzen für das Piano-Forte. Ites bis IVtes Heft«, Berlin: Adolph Martin Schlesinger 1811), mitgebracht (GSA 32/1470).

Geschenk ... Blumen ... Frau – Vgl. Ottilies ausführliche Beschreibung von Langermanns Verehrungsbezeugungen in ihrem Brief an Goethe aus Dresden [16. Juni 1819], S. 161 f.

Porzellain Fabrik – Die Königliche Porzellanfabrik befand sich in der Leipziger Straße 4. Johann Ernst Gotzkowski hatte die erste private Porzellanfabrik in Preußen 1761 gegründet; zwei Jahre später wurde sie von Friedrich II. gekauft, – seitdem als Königliche Porzellanmanufaktur (KPM) bekannt –, unter staatliche Verwaltung gestellt und erweitert.

Chrüsopras – Chrysopras, das edelste Mineral unter den Chalcedonen, das durch Einlagerung von wasserhaltigen Nickelsilikaten seine apfel-, smaragd- oder erbsengrüne Färbung erhält. Er gilt als Lieblingsstein Friedrichs II. von Preußen.

Rauch u. Tiek – Christian Daniel Rauch und Christian Friedrich Tieck. Nach Rauchs Rückkehr aus Italien im April 1818 hatten die beiden Bildhauer begonnen, ihre gemeinsame große Werkstatt im alten königlichen Lagerhaus in der Klosterstraße 74–78 »ganz vorzüglich [...] einzurichten«; vgl. Schultz an Goethe, 8. Februar 1819; Düntzer, Nr. 33. Hergestellt wurden zunächst Marmor-, später auch Bronzearbeiten.

Scharnhorst u. Bülow – Die aus Carrara-Marmor von Rauch gefertigten Statuen der Generäle Gerhard von Scharnhorst und Friedrich Wilhelm von Bülow wurden am 28. Juni 1822 zu beiden Seiten der Königswache (Neuen Wache) aufgestellt, rechts: Scharnhorst, links: Bülow; vgl. die Abb. in Simson, S. 133 und 124. Adele Schopenhauer besichtigte das Atelier wenige Wochen nach August und Ottilie im Juni 1819. In ihrem Tagebuch beschreibt sie die Kunstwerke etwas ausführlicher als August: »Große kolossale Statue des Scharnhorst und des Bülow für Berlin in Marmor. Mit bewundernswürdiger Klugheit wußte der Künstler die Uniform anzudeuten und sie dennoch durchaus nicht störend zu machen. Die Unterkleider sind weiter und bezeichnen den Körper genau, die Ärmel, die gleichfalls weiter, doch durchaus nicht auffallend sind, geben der Figur fast etwas Antikes. Ein Mantel deckt den Oberkörper, dieser Mantel nun ist eigentlich sogar modisch; dennoch hat er ihn so wunderlich, wie in der Eile, dem Krieger umgetan, daß er ebenfalls antik aussieht und überaus schöne Falten wirft. Bülow lehnt sich auf sein Schwert. Das Gesicht ist herrlich, lebendig und kraftreich; die Bewegung der einen Hand sehr einfach. Scharnhorst ist fast sprechend, ruhig in einer ihm eigenen Stellung genommen. Beider Charakter spricht sich seltsam verschieden in diesen Bildern aus. Die Modelle sind vollendet; an den Statuen wird gearbeitet« (Tagebücher, Juni 1819, S. 28).

55 *Büste des Königs* – Vermutlich sahen August und Ottilie Rauchs lebensgroße Marmorbüste »Friedrich Wilhelm III.« – 1818 nach einem Modell von 1815 entstanden, unbekleidet, 67 cm hoch –, die er für das Schloß Nassau an der Lahn gearbeitet hatte. Sie befindet sich im Besitz des Grafen von Kanitz; vgl. Simson, Nr. 50.1, S. 96.

Büsten ... Prinzes Charlotte – August und Ottilie sahen zwei Ausführungen der Marmorbüsten, die die russische Großfürstin Alexandra Feodorowna, geb. Prinzessin Charlotte von Preußen, als Braut darstellt. Rauch hatte in Cararra und Berlin zwischen 1816 und 1819 daran gearbeitet. Die erste, »Charlotte, Prinzessin von Preußen, mit Blumenkranz«, die diese als Herme frontal und bekleidet zeigt (65 cm hoch), wurde im Auftrag Friedrich Wilhelms III. angefertigt und am 18. Mai 1819 vollendet. Sie steht heute im Schinkelpavillon des Charlottenburger Schlosses. Die zweite Büste, »Charlotte, Prinzessin von Preußen«, präsentiert diese als Herme, bekleidet, mit seitwärts gewendetem Kopf (61 cm hoch). Sie war ein Geburtstagsgeschenk der königlichen Geschwister für den Kronprinzen und wurde im Oktober 1819 beendet. Die Büste gehört zu den Sammlungen der Stiftung Schlösser und Gärten (Inv.-Nr. 1584); vgl. Simson, Abb. Nr. 60 f., S. 107 f. Adele Schopenhauer hatte während ihres Berlin-Besuches Mitte Juni 1819 nur noch die zweite Büste in Rauchs Werkstatt gesehen, da die erste bereits am 17. Juni 1819 dem König übergeben wurde: »Die Büste der Prinzeß Charlotte, mit großer Sorglichkeit ausgeführt, einen wunderschönen Blumenkranz auf dem Kopfe, herrlich ausgearbeitetes Haar. Ausdruck und Haltung höchst einfach und edel. Vorzüglich schöner Marmor« (Tagebücher, Juni 1819, S. 27). – Nach ihrem Aufenthalt in Weimar versprach Prinzessin Alexandra, Goethe einen Abguß der von Rauch 1816 geschaffenen Büste zu schicken;

vgl. Goethe an Schultz, 14. Juni 1821. Der Gipsabguß steht heute im Majolikazimmer im Goethehaus; vgl. Maul/Oppel, S. 84, und Schuchardt II/II,3: Arbeiten in Marmor, Elfenbein, Holz und Wachs; antike Vasen und Terracotten etc., Nr. 143.

55 *Büste Hardenbergs* – Rauch hatte zwei Marmorfassungen der kolossalen Hardenberg-Büste mit Manteldraperie, breiten Schultern und stark gewendetem Kopfe angefertigt. Die erste wurde 1818 vollendet, die zweite am 8. Juni 1819. Vermutlich sahen August und Ottilie die zweite, eine Auftragsarbeit des Präsidenten Rother zu Glogau in Schlesien. Beide Büsten gehören heute zum Bestand der Nationalgalerie in Berlin; vgl. Simson, S. 114.

Blüchers Modell – Adele Schopenhauer hatte ebenfalls das Modell für das Blücher-Denkmal in Breslau in Rauchs und Tiecks Atelier gesehen und in ihrem Tagebuch festgehalten: »Modell von der nach Breslau hin bestimmten Statue Blüchers, einfach als Krieger, mit wunderbarem Mantel, der in der Luft flattert; kühne, bedeutende, aber sehr natürliche Stellung. Ottilie liefert mir die schönste Beschreibung dieses Kunstwerkes« (Tagebücher, Juni 1819, S. 27). Ottilies Aufzeichnungen darüber sind nicht bekannt. Am 16. Juni 1819 brachte Friedrich von Stein einen Abguß der von Rauch in Carrara 1818 angefertigten Modellskizze nach Weimar; vgl. Goethes Tagebuch (WA III.7, S. 58). Zwei Tage später unterhielt sich Goethe mit dem jungen Stein über die vorzunehmenden Restaurierungsarbeiten (vgl. Eggers, S. 5). – An dem bedeutenden Modell, das später im Berliner Zeughaus ausgestellt wurde, arbeitete Rauch erst seit dem 11. Juli 1819, also knapp zwei Monate nachdem August und Ottilie die Bildhauerwerkstatt gesehen hatten. Das Bronzedenkmal des Fürsten Blücher wurde 1822 im Guß vollendet und am 26. August 1827 auf dem Salzring in Breslau aufgestellt. Es wurde im Zweiten Weltkrieg zerstört; vgl. Simson, S. 15 ff.

Model ... Greif ... neue Schauspielhaus ... Apoll – Schinkel hatte für die plastischen Arbeiten des Außenbaus des neuen Schauspielhauses Bildprogramme und -werke entworfen, die Rauch und Tieck als Vorlage für die Modellierung u. a. der auf dem First des Hauptgebäudes des neuen Theaters plazierten Bronzegruppe »Apollon Musagetes mit Greifengespann« dienten. August und Ottilie sahen die erst wenige Wochen zuvor hergestellten Modelle, die die Bronzegruppe noch nicht als Gesamtkunstwerk zeigen. Vgl. Adele Schopenhauers Beschreibung in ihrem Tagebuch: »Zum neuen Theater gehörend, ein sehr schöner Greif und Basreliefs, die in Kupfer gearbeitet werden sollen, die Tieck macht – ebenfalls leichte, schöne Gewänder. Große Kupferstatue, Apoll mit der Lyra, ist erst im kleinen Modell vollendet, scheint sehr schön werden zu wollen« (Tagebücher, Juni 1819, S. 28).

55 *Mon Bijou ... Gypsabgüsse* – Seit 1815 wohnte Herzog Karl von Mecklenburg-Strelitz in einem Flügel des von Johann Friedrich Eosander von Göthe 1706 gebauten, von Knobelsdorff 1740 bis 1742 und C. L. Hildebrand 1753/54 umgebauten und von einem englischen Garten umgebenen königlichen Lust- und Sommerschlosses Monbijou an der Oranienburger Straße. Die Sammlung der Gipsabgüsse antiker Skulpturen, die Ende 1817 »mit Relief's von Phigalis und Elgin'schen Sachen« »bereichert« wurde (Schultz an Goethe, 13. Dezember 1817; Düntzer, Nr. 26), wurde 1830 in das von Schinkel erbaute Königliche Museum auf der Spreeinsel (heute: Altes Museum auf der Museumsinsel) integriert. August sah die Abgüsse des Tempels Apollon Epikurion in der Nähe von Phigalia sowie die Abgüsse der Parthenon-Skulpturen von der Akropolis in Athen (um 435 v. Chr.), die nach dem Engländer Thomas Bruce, Earl of Elgin (1766–1841) auch »Elgin Marbles« genannt wurden. Bruce brachte große Teile davon auf illegalem Weg in das Britische Museum nach London. Während seines Aufenthalts in Rom hatte Goethe 1787 zum ersten Mal Zeichnungen der »Elgin Marbles« gesehen; vgl. »Italienische Reise«, 23. August 1787 (FA I,15.1, S. 414). Einige Teilabgüsse besichtigte Goethe dann 1814 im Großherzoglichen Museum in Darmstadt; vgl. Goethe an Christiane Goethe, 12. Oktober 1814; Gräf II, Nr. 573, und Mitte 1817 entstanden Goethes Gutachten über den Parthenonschmuck, »Elgin Marbles« und »Elginische Marmore« (vgl. FA I,20, S. 607 f.). Eine weitere Beschäftigung mit den antiken Abgüssen ist ein Jahr später belegt; vgl. »Tag- und Jahres-Hefte 1818« (FA I,17, S. 296 f.). Am 28. April 1819 hatte Goethe schließlich aus der Herzoglichen Bibliothek (heute: Herzogin Anna Amalia Bibliothek) die beiden Werke ausgeliehen: »The Elgin Marbles from the temple of Minerva at Athens on 61 plates« (London 1816) und E. J. Burrows »The Elgin Marbles. With an abridged historical and typographical account of Athens«. Vol. 1 (London 1817); vgl. Keudell/Bulling, Nr. 1240

und 1242. – Monbijou wurde im Zweiten Weltkrieg weitgehend zerstört und zwischen 1958 und 1960 abgetragen.

56 *Minerva* – Ein Abguß der griechischen Pallas Velletri, dessen Original zu den »Elgin Marbles« gehört. Goethe hatte einen Abguß 1814 im Großherzoglichen Museum in Darmstadt gesehen; vgl. Goethes Brief an Christiane Goethe, 12. Oktober 1814; Gräf II, Nr. 573.

Silen – Vermutlich ein Abguß des Lysippos (4. Jh. v. Chr.) zugeschriebenen Silen mit dem Dionysosknaben im Arm, der sich im Vatikanischen Museum in Rom befindet.

Pferdekopf von Athen – Eine Kopie des Pferdekopfs vom Ostgiebel des Parthenons, das ein Gespann der Mondgöttin Selene zeigt. Goethe hatte, veranlaßt durch Elgins Veröffentlichung der Kupferstiche von den Parthenon-Skulpturen, am 2. Oktober 1818 an den Jenaer Professor der Tierarzneikunde, Theobald Renner, geschrieben und die Bestellung der Gipsabgüsse zweier Pferdeköpfe in Auftrag gegeben; vgl. WA IV.29, Nr. 8178. Der kleinere, von der Markuskirche in Venedig (»venetianische«), traf noch im Dezember 1818 ein, der »athenische«, den Goethe am 22. Januar 1819 bestellt hatte (WA IV.31, Nr. 67), kam während August von Goethes Abwesenheit im Juni 1819 an; vgl. Goethe an August, 14. Juni 1819, S. 151. Goethe beabsichtigte vergleichende Studien darüber; eine erste Bemerkung ist in den »Tag- und Jahres-Heften 1818« belegt: »Von den in Paris bestellten zwey Pferdeköpfen, einem Venezianischen [*von der Markuskirche*] und Athenischen [*»Elgin Marbles«*], kam jener zuerst und ließ uns seine Vorzüge empfinden, ehe uns der andere durch überschwengliche Großheit dafür unempfänglich gemacht hätte« (FA I,17, S. 298). Vgl. auch Meyers Aufsatz »Vergleichung zweier antiker Pferdeköpfe«, in: »Über Kunst und Alterthum« II (1820), 2. Heft, S. 88–98, sowie Goethes Aufsatz »Über die Anforderungen an naturhistorische Abbildungen im allgemeinen und an osteologische insbesondere«, in »Zur Morphologie«, II (1823), 1. Heft, S. 52–61.

Ilissus … Theseus – Der »Ilissus« entstammt dem Westgiebel, der »Theseus«, heute als Dionysos identifizierte Figur, dem Ostgiebel des Parthenons. 1817 trafen erste Zeichnungen der Skulpturengruppe aus Paris in Weimar ein. Im Januar 1819 folgten weitere Reproduktionen von dem englischen Kupferstecher Thomas Landseer und dem Holzschneider William Bewick; am

5. September 1829 wurden sie im Treppenhaus im Goethehaus aufgehängt; vgl. Maul/Oppel, S. 32. Heute befindet sich noch Bewicks Kreidezeichnung »Flußgott Ilissos oder Kephissos« (der auch als Herkules oder Theseus bezeichnet wurde) dort. August kannte die in Schloß Monbijou ausgestellten Gipsabgüsse aus dem Parthenon offenbar durch diese Zeichnungen, wie er in seinem Brief an den Vater vom 15. Mai 1819 versicherte. Vgl. Meyers Beitrag »Reliefs von der Celle des Parthenon«; in: »Über Kunst und Alterthum« III (1821), 1. Heft, S. 109 ff.

56 *Die Phygalischen Abgüsse* – Die im 5. Jh. v. Chr. entstandenen und 1811 gefundenen Abgüsse des Innenfrieses in der Cella des Tempels Apollon Epikurion zu Bassai bei Phigalia in Griechenland. Der Fries zeigt Szenen der Zentauren- und Amazonenkämpfe. Lord Elgin hatte die Originale im November 1817 nach London gebracht. August erinnerte sich beim Anblick der Abgüsse in Monbijou an Louise Seidlers Kreidezeichnungen der ersten Abgüsse, die in die Akademie nach München gekommen waren und dort »die ganze Künstlerwelt in Bewegung setzte[n]«. Seidler hatte den Fries in Originalgröße auf blauem Papier gezeichnet und die Arbeit am 3. Februar 1818 an Goethe geschickt; vgl. Seidler, S. 138, und die Abb. der Kreidezeichnung dort auf S. 137. Seidlers »Der Kampf von Herakles mit der Amazonenkönigin Hippolyte aus dem Fries von Phigalia« gehört zu den Beständen der Klassik Stiftung Weimar, Goethe-Nationalmuseum; vgl. Schuchardt I/IIb: Handzeichnungen, Von Deutschen, Nr. 676. Vgl. Meyers Beitrag »Abgüsse des Frieses vom Tempel zu Phigalia«, in: »Über Kunst und Alterthum« III (1821), 1. Heft, S. 107 ff.

Gallerie auserlesener Abgüsse antiker Büsten – Im Säulengang des Schlosses Monbijou.

Brief meines Großvater – Vermutlich Johann Caspar Goethes Brief an seinen Freund, den dänischen Konsulatssekretär in Algier, Gottlob Friedrich Ernst Schönborn, vom 24. Juli 1776, in dem die Schlossersche Verwandtschaft erwähnt und auf Schönborns Besuch in Frankfurt im Jahr 1773 Bezug genommen wird. Der Brief wurde erst nach Schönborns Tod 1817 in einer Kiste aus dem Nachlaß gefunden. Goethes Vater bezieht sich in diesem Schreiben auf einen Brief Schönborns an seinen Sohn vom 28. Oktober 1775, den er erst ein dreiviertel Jahr später im Auftrag seines Sohnes Johann Wolfgang beantwortete. Alfred Nicolovius hatte Johann Caspar Goethes Brief in seinen Erinnerungen »Ueber Goethe« 1828 erstmals veröffentlicht (vgl. S. 438 f.).

56 *Die Jungfrau* – Schillers »Die Jungfrau von Orleans«, romantische Tragödie in fünf Akten. Die Neuinszenierung unter Brühls Leitung mit Schinkels Bühnenbildentwürfen wurde am 18. Januar 1818 erstmals aufgeführt.

Decor. von Rheims – Schinkel hatte 1817 drei Bühnenbildentwürfe angefertigt: »Das brennende Lager der Engländer« (Entwurf zur IV. Dekoration; 2. Akt), »Ein festlich ausgeschmückter Saal« (Entwurf zur VIII. Dekoration; 4. Akt) und »Freier Platz vor der Kathedralkirche« (Entwurf zur IX. Dekoration; 4. Akt). Die Bühnenbilder galten als Meisterwerke, da sie eine strikte Beziehung zum Dramengeschehen, teilweise sogar in symbolischer Ausdeutung, aufweisen. Die Resonanz war durchgehend positiv. Wie August von Goethe bewunderte man vor allem die aufwendig und prachtvolle Gestaltung der Kostüme und der Dekorationen (vgl. »Zeitung für die elegante Welt«, 28. Januar 1818), die historische Korrektheit, für die ein intensives Quellenstudium erforderlich war, sowie die naturgetreue Wiedergabe der Kathedrale von Reims (vgl. »Vossische Zeitung«, 22. Januar 1818). Die Hervorhebung der Bühnendekorationen in den Rezensionen ist hier erstmals in dieser Form belegt; sie zeigt die Besonderheit der Aufführung, die auch August erkannte. Abb. 6 zeigt die Aquatintaradierung von Jügel nach Schinkels berühmtem Bühnenbildentwurf zum 4. Akt, die in der »Sammlung von Theaterdecorationen. Erfunden von Friedrich Schinkel«, 2. Heft (1820), veröffentlicht wurde; vgl. Harten, S. 250–264, dort auch zur Überlieferung der Originalentwürfe.

58 *zu Herrn Erich* – Nicht ermittelt; vgl. Franz Nicolovius' Brief an Ottilie von Goethe, 11. Juni 1819, S. 147.

59 *Wagner* – Vgl. Anm. zu S. 30 *Anleihe von 200 rth.*

Tieck wiedergesehen: Auf seiner Rückreise von Carrara nach Berlin besuchte Christian Friedrich Tieck am 24. und 25. April 1819 Goethe in Weimar; vgl. Tagebuch; WA III.7, S. 41 f.

HerzensAngelegenheit – Zur Taufe von Ottilie Sophie Schultz vgl. Augusts Berichte auf S. 78 und 80. Schultz hatte den Brief adressiert »An Frau von Goethe Hochwohlgebohren. Bei H. Professor Zelter. Friedrichstraße No. 129.«.

61 *ins Schloß* – Das Berliner Königliche Schloß, aus einer Burg Kurfürst Friedrichs II. 1451 hervorgegangen und über mehrere Jahr-

hunderte hinweg von Caspar Theiss, Johann Arnold Nering, Schlüter und Eosander von Göthe umgestaltet und erst 1848 durch Stüler und Schadow fertiggestellt. Es stand auf dem Grundstück zwischen dem östlichen Spreearm und der Schloßfreiheit, bildete ein Rechteck von etwa 200 m Länge und 117 m Breite und hatte 1250 Zimmer. Nach seiner Zerstörung im Zweiten Weltkrieg wurde der gesamte Schloßkomplex 1950 gesprengt. In den 1990er Jahren wurden einige Kellerbereiche (die Schloßküche) freigelegt.

61 *Bildergallerie* – Die Bildergalerie im Berliner Königlichen Schloß befand sich im dritten Stock und beherbergte 104 Gemälde flämischer, deutscher, niederländischer und italienische Künstler. Der Saal war mit Eichenholz getäfelt, mit goldenen Leisten eingefaßt und in Perlenfarbe gestrichen. Er bestand aus einem hohen Gewölbe; die Stukkaturarbeiten am Hauptsims stammten von Schlüter; vgl. Rumpf I, S. 240.

die Hölle von Pregel – »Die Hölle« von Pieter Brueghel (d. J.) (Rumpf I, S. 253, Nr. 43).

Leda – Domenichinos »Leda, Amor und Jupiter als Schwan« (Rumpf I, S. 266, Nr. 104).

Bild der Duchesse: de Mazarin – Nicht ermittelt.

schöne Famil. Gemälde – Vielleicht Giorgiones »Ein Familiengemälde« (Rumpf I, S. 246, Nr. 13).

antike Bronze ... Abguß auf unserer Treppe – Der von Martin Gottlieb Klauer angefertigte und im Zweiten Weltkrieg zerstörte Gipsabuß des betenden Knaben nach einer griechischen Bronzestatue (um 300 v. Chr.), der im Treppenhaus des Goethehauses am Frauenplan stand, von Klauer als »Ganymed. Antik. 4 Fuß, 3 Zoll« beschrieben; vgl. Maul/Oppel, S. 30. Friedrich II. hatte das Original, das sich heute im Pergamonmuseum in Berlin befindet, 1747 erworben.

letzt verstorbene König – Die Königskammern, 19 Gemächer Friedrich Wilhelms II. (Corps de Logis Friedrich Wilhelms II.), im zweiten Stock des Berliner Schlosses.

Audienz Saal – Der Thronsaal, in dem ein reiches, in Augsburg 1698 gefertigtes Buffet mit massiv silbernem und stark vergoldetem Tischgeschirr stand.

Troschke – Seit 1815 gab es etwa 30 Mietsdroschken in Berlin. Vgl. Heines Beschreibung in seinen »Briefen aus Berlin« (1822): »Wollen Sie fahren? Hier gleich am Thore stehen Droschken.

So heißen unsere hiesigen Fiaker. Man zahlt 4 Groschen Courant für eine Person und 6 Gr. C. für zwei Personen, und der Kutscher fährt wohin man will. Die Wagen sind alle gleich, und die Kutscher tragen alle graue Mäntel mit gelben Aufschlägen. Wenn man just pressirt ist, oder wenn es entsetzlich regnet, so ist keine einzige von allen Droschken aufzutreiben. Doch wenn es schönes Wetter ist, wie heute, oder wenn man sie nicht sonderlich nöthig hat, sieht man die Droschken haufenweis beisammenstehen. Laßt uns einsteigen. Schnell, Kutscher. Wie das unter den Linden wogt!« (Erster Brief, S. 121)

61 *nach den Wallfisch* – Rudolphi hatte einen Artikel über das sensationelle Ereignis geschrieben, der am 20. Mai 1819 sowohl in der »Haude und Spenerschen Zeitung« als auch in der »Vossischen Zeitung« veröffentlicht wurde: »Der für das hiesige Königl. anatomische Museum erkaufte W a l l f i s ch ist den 21sten Februar d. J. an der Hollsteinschen Küste bei dem Flecken Grömitz gestrandet; dann von einem Bürger in Lübeck gekauft und in Hamburg für Geld gezeigt; von da am 23sten April hieher gesandt, wo er am 13ten Mai (für die Länge der Zeit nach seinem Tode) wohlerhalten ankam, und der warmen Witterung wegen mit möglichster Eile zergliedert worden ist. Wie er gefangen ward, schätzte man sein Gewicht auf achttausend Pfund; seine Länge betrug nach hiesigem Maaß 31 Fuß 1 Zoll. Er gehört nicht zu den größesten Arten, sondern steht nach den sehr mangelhaften Beschreibungen und Abbildungen zwischen Balzena Boops Linn. und Balzena rostrata Fab. in der Mitte welche aber Cuvier, und wohl mit Recht, für eine und dieselbe Art hält. Dem gemäß würde er etwa noch einmal so groß haben werden können, doch findet man ihn mehrentheils kleiner, und auf sein Alter läßt sich nicht mit Wahrscheinlichkeit schließen. Ein ganz vollständiges Skelett eines Wallfisches, desgleichen von diesem erhalten werden wird, existirt in keinem anatomischen Kabinet, und es wird sich manches dadurch berichtigen lassen. Aber auch die Anatomie des Auges, des Gehörorgans und mehrerer andern Theile wird gewinnen« (Nr. 60).

Rosette – In den Zeitungen angekündigt als »Rosette, das Schweizer-Hirtenmädchen«, Singspiel in zwei Abteilungen, mit dem Text von Christoph Friedrich Bretzner und der Musik von Gottlob Benedikt Bierey. Bader trat als Simon auf, Frau Beutler als Röschen, Frau Schultz als Hannchen und Weizmann als Ja-

kob Buschmann. Der Rezensent der »Vossischen Zeitung« lobte
besonders Herrn Baders »Spiel« und seine »vortreffliche Brust-
stimme, welche der vollkommensten Ausbildung fähig ist«.
Über die Komposition urteilte er: »Die Musik hat viel Melodi-
sches, ist freilich hie und da – wie das Stück, etwas veraltet und
mehr auf Effekt, als Charakter berechnet. Im Ganzen ist dies
Singspiel doch zu den besseren seiner Gattung zu zählen und
erinnert an die, zu ihrer Zeit so ungemein günstig aufgenommenen Dittersdorffschen Operetten« (Nr. 58, 15. Mai 1819).

62 *der Gräfl. Brühl* – August vergleicht das Anwesen der Königlichen Tierarzneischule mit der an der Elbe gelegenen Brühlschen Garten- und Terrassenanlage in Dresden; vgl. Anm. zu
S. 136 *brühlischen Garten.*
Anatom. Theater – Das von Langhans gebaute Anatomiege-
bäude, ein Rondell mit vier Vorsprüngen und einer Kuppel ohne
Dachstuhl, bestand aus einem Hörsaal und sechs Zimmern, in
denen die Präparate der Königlichen Tierarzneischule aufbewahrt wurden.
Große Maneuver – Am 11. Juli 1819 berichtete Goethe dem
Großherzog Carl August von dem »überraschenden Manövre«,
bei dem seine Kinder »Zeuge« waren. Er schrieb weiter, daß das
Militär »die Bürger nicht wenig in Verwunderung setzte, als
ihre, die königlichen und prinzlichen Fenster vor dem Kano-
nendonner in Stücke sprangen«, und daß die »einige Tage darauf
erfolgte Parade […] sehr imposant gewesen seyn« soll (WA
IV.31, Nr. 215).
L. u. W. – Die Weinstube Lutter & Wegner.
Jagor – Unter den Linden 26, das spätere Café National.
königl. Pallais – Das Palais Sr. Majestät des Königs, Unter den
Linden, gegenüber dem Zeughaus, auch Kronprinzenpalais genannt. Seine letzte Gestalt erhielt es 1732 durch Philipp Gerlach,
der es aus dem 1663 errichteten Haus des Geheimen Kammer-
sekretärs Martitz als Sitz für die königliche Familie umgebaut
und erweitert hat.
Gebr. – Mit fremder Hand wurde auf dem Tagebuchblatt ergänzt:
»Henschel«. Die Gebrüder Henschel arbeiteten an acht Farb-
lithographien für das Buch »Scenen aus Goethe's Leben; bildlich
dargestellt. Zum ersten Bande ›Aus meinem Leben. Dichtung
und Wahrheit.‹ Ein Geschenk für die deutsche Jugend«; 1821 erschienen sie als Taschenbuch mit den entsprechenden Goethe-

Texten und einem Vorwort von Franz Horn. Die Originale befinden sich in den Weimarer Kunstsammlungen, in der Herzogin Anna Amalia Bibliothek wird ein Exemplar des Buches aufbewahrt, das aber durch den Brand im Jahre 2004 stark beschädigt wurde (Goe QU 103/Scha Pa 00487). – August von Goethe übernahm die Verhandlungen mit den Gebrüdern Henschel in Berlin, die ihm einzelne Proben vorlegten. Am 20. Mai 1819 wurde August der Vertrag zugeschickt, der im Goethe- und Schiller-Archiv aufbewahrt wird (GSA 57/X,11,7). Zu Goethes 70. Geburtstag brachte Ludwig Nicolovius die Lithographien mit einem Glückwunschschreiben der Gebrüder Henschel mit. Da Goethe in Karlsbad weilte, bedankte sich August am 29. August 1819 für die Lieferung (vgl. Freies Deutsches Hochstift, Frankfurter Goethe-Museum II 14317–18). Goethe beauftragte daraufhin Meyer, eine Anzeige der Lithographien in »Über Kunst und Alterthum« zu setzen; sie erschien 1820 (II, 2. Heft, S. 73).

63 *Berlin den 15. May 19.* – August schrieb diesen Brief vermutlich in vier Abschnitten, am 15., 16., 17. und 18. Mai 1819, worüber er im Tagebuch detailliert informiert; die Blätter schickte er am 18. Mai 1819 nach Weimar.
   amönen – lieblichen.

64 *Grund- und Aufriß* – Schinkel hatte im April 1818 König Friedrich Wilhelm III. insgesamt fünf Entwurfsblätter für den Neubau des Schauspielhauses vorgelegt. Goethe besaß drei Blätter der damals verbreiteten Aquatintaradierung des Neuen Schauspielhauses von Friedrich Jügel (1820) nach einer lavierten Federzeichnung von Schinkel (1818) sowie einen Abdruck des »bloßen Umrisses«; vgl. Schuchardt I/Ib, Nr. 334. Zur Neugestaltung des Berliner Schauspielhauses und die öffentliche Kontroverse vgl. Behr/Hoffmann, S. 59–91, und Anm. zu S. 54 *Bauplatz.*
   Rosenstiel … Straßburg – Über Goethes Beziehung zu Friedrich Philipp Rosenstiel, seinem Straßburger Kommilitonen, ist nichts bekannt; Knod verzeichnet einen Studenten Philipp Rosenstiel, der einen Tag nach Goethe immatrikuliert wurde: »Matricula generalis maior 1770 Apr. 19 Friedericus Philippus Rosenstile, Mietesheimensis Alsata, logé chez Monseur Stahl« (Bd. 2, S. 85); in die Matricula Studiosorum philosophiae wurde er schon am 18. April 1770 eingetragen (Bd. I, S. 446); zit. nach Geiger, S. 48.

65 *Sie ... erwarten ... Ihre Zeichnungen* – Vgl. Goethe an August,
    14. Juni 1819, S. 151, und Anm. zu S. 56 *Ilissus ... Theseus.*
    Gruppe ... Seidler kopirt – Vgl. Anm. zu S. 56 *Die Phygalischen
    Abgüsse.*

67 *Gesetzlosen Gesellschaft* – Von Philipp Karl Buttmann, dem
    »Witzboldkönig« (Schleiermacher), am 4. November 1809 ge-
    gründete patriotische Gesellschaft, die sich aus männlichen Mit-
    gliedern unterschiedlicher Berufsgruppen zusammensetzte: Wis-
    senschaftlern, Künstlern, hohen Verwaltungsbeamten und Han-
    delsvertretern. Sie verstand sich als Trägerin der Tradition, Kultur
    und Wissenschaft. Jeden zweiten Samstag im Monat traf man sich
    um 15 Uhr zu geselligen Unterhaltungen und Tafelfreuden im
    Kemperschen Gartenlokal/Kemperplatz am Rande des Tiergar-
    tens. Nach den »Pragmatischen Statuten« von Buttmann wurde
    eine »Gesetzmäßigkeit der Gesetzlosigkeit« gepflegt, wobei ver-
    schiedene Rituale die Zusammenkunft bestimmten: die Regel-
    mäßigkeit der Versammlung, der festgelegte Beitrag für das Es-
    sen, das Anmeldeverfahren, die Protokollführung sowie die Wahl
    neuer Mitglieder. Sowohl Staatsrat Nicolovius (seit April 1810)
    als auch Zelter (vor April 1810) waren Mitglied der Vereinigung.

68 *Don Juan* – »Don Giovanni«, Oper in zwei Abteilungen mit
    Tanz; Musik von Mozart, Text von Lorenzo da Ponte. Der Re-
    zensent in der »Vossischen Zeitung« berichtete über die »Licht-
    Punkte im Gesang« des Gastsängers Bader, der die Rolle des
    Octavio übernommen hatte, und begeisterte sich für den »vol-
    len Ton seines schönen Tenors«. Über Deny als Leporello äu-
    ßerte er sich nicht (Nr. 59, 18. Mai 1819).
    Don Juan in Weimar – Goethes Tagebuch hält die beiden Auf-
    führungen im Januar und am 3. April 1819 fest; vgl. WA III.7,
    S. 32.

69 *11er* – Der berühmte und von Goethe geschätzte »Eilfer«-Rhein-
    wein, ein Weißwein des »Schloß-Johannisberger«-Weins (Jahr-
    gang 1811).
    Nuits – Nuits-Saint-Georges, französischer Edelrotwein der Pi-
    not-noir-Traube von der Côte de Nuits südlich von Dijon.
    sogenannten Zelten – Im Tiergarten, damals außerhalb Berlins an
    der Spree gelegene Kaffe- und Bierhäuser. Seit 1760 trank die
    bessere Gesellschaft Berlins unter leinenen Zelten Kaffee, seit
    1786 wurden die Häuser Am Platz vor den Zelten errichtet
    (heute: Zeltenplatz, am Haus der Kulturen der Welt).

70 *Bellevüe* – Das 1785 erbaute Sommerpalais des Prinzen August
Ferdinand, des jüngsten Bruders Friedrichs II.; der Garten war
öffentlich zugänglich. Heute befindet sich dort der Sitz des
Bundespräsidenten. – August hatte den Altphilologen Friedrich
August Wolf, der bis 1810 in Halle Professor war, dort während
einer Reise mit seinem Vater (1805) kennengelernt.
zu Savignis – Savignys wohnten am Pariser Platz 3.
Gneisenau – August und Ottilie wurden durch Julie von Egloffstein an General Gneisenau empfohlen; vgl. Egloffstein, S. 148.
Kozebus Todtenfeyer in Königsberg – Von 1813 bis 1817 lebte Kotzebue in Königsberg, wo er die Leitung des Theaters übernommen hatte. Über die Trauerfeierlichkeiten an seiner ehemaligen
Wirkungsstätte schreibt die »Vossische Zeitung«: »Am 2. sollte
auf der Königsberger Bühne Kotzebue's Todtenfeier begangen
werden. Das Haus war nur mäßig gefüllt. Der Ober-Forstmei-
ster Jester hatte eine Klage Thaliens um einen ihrer Lieblinge
gedichtet. Kaum aber war der Vorhang aufgezogen, als ein Theil
des Publikums begehrte, daß er wieder herabgelassen werde und
die Todtenfeier nicht stattfinden solle, welches, da sich von Seiten des andern Theils kein Widerspruch regte, geschah. Das
Stück des Tages selbst wurde ohne die mindeste Stoerung gespielt. Während seines letzten Aufenthalts in K. hatte sich K.
die Zuneigung der Einwohner nicht erworben« (Nr. 59, 18. Mai
1819). Vgl. Anm. zu S. 29 *Sand ... National Ehre.*
72 *Wallfisch ... zerlegt* – Vgl. Anm. zu S. 61 *nach den Wallfisch.*
Skelett des Wallfisches – Es war im Anatomischen Institut der
Universität ausgestellt.
Friedrich-Stiftes – Die 1808 gegründete Anstalt zur »Erziehung
armer Kinder beider Geschlechter« am Halleschen Tor.
Teigmann – Die Hofkonditorei Teichmann, Unter den Linden 29,
war bekannt für ihre vortrefflichen figürlichen und floralen
Dragautarbeiten. Vgl. Heines kritische Bemerkungen in seinen
»Briefen aus Berlin« (1822): »Die gefüllten Bonbons sind hier
die besten Berlins; aber in den Kuchen ist zu viel Butter« (Erster
Brief, S. 119).
74 *die gefährl. Nachbarschaft* – Kotzebues Lustspiel »Die gefähr-
liche Nachbarschaft«, seit 1813 in Berlin ein oft gespieltes
Stück.
die Gouvernante – Vermutlich das Lustspiel »Die Gouvernante«
von Theodor Körner.

74 *Das dritte Stük* – Nicht ermittelt.
Brief an den Vater ... Ab. 7 Uhr – Von fremder Hand ergänzt: »eingetroffen am 23. Mai«.

75 *Geh. Rath Nagler ... Kunstschätze* – In der Leipziger Straße befand sich die von Carl Ferdinand Friedrich Nagler angelegte bedeutendste und umfassendste private Kunstsammlung Berlins. Mit Augusts Besuch in Berlin begann eine persönliche Beziehung zwischen Goethe und Nagler, der in der Folgezeigt mehrfach zu Gast bei Goethe in Weimar war; vgl. Kettig, S. 114. Ein Teil der Sammlung wurde 1835 von Friedrich Wilhelm III. angekauft und in die Kunstkammern eingegliedert; vgl. Anm. zu S. 96 *Kunstkammer*. Die Gemäldesammlung wurde versteigert und verstreut. Die Graphiksammlung gehört heute zum Kernbestand des Kupferstichkabinetts in Berlin, die Büchersammlung wurde in die Bestände der Staatsbibliothek zu Berlin – Preußischer Kulturbesitz integriert. Vgl. Samuel Heinrich Spikers Nachruf in der »Vossischen Zeitung«, Nr. 141, 20. Juni 1846, sowie Juchhoff, S. 201–208.

76 *Antike Victorie wie unsere* – Vgl. Anm. zu S. 210 *antike bronzene Victoria*.

77 *Adele* – Adele Schopenhauer.
Mit Nutzen zu reisen – Im Handschriftenkonvolut des Tagebuchs befindet sich Augusts Zeichnung »Die Reise mit Nutzen«. Ottilie hält darauf ein Heft und einen Stift in den Händen, und August – etwas kleiner dargestellt – einen Wanderstab und eine Laterne (GSA 37/XII,4, Bl. 87).
Großes Credo von Cherubini – Nicht ermittelt.
Dopelpapa – »Der Doppelpapa«, Posse in drei Abteilungen nach dem Lustspiel »Crispin als Kammerdiener, Schwager und Schwiegervater« von Karl Franz Romanus, bearbeitet von Friedrich Gustav Hagemann; Erstaufführung am 9. November 1815.
Kinder Ballet – Divertissement des königlichen Solotänzers Étienne Lauchery, ausgeführt von den Zöglingen der königlichen Tanzschule (vgl. »Haude und Spenersche Zeitung«, Nr. 59, 18. Mai 1819).

78 *zu Schulzens ... Frau Gevatter stand* – In Stellvertretung Goethes übernahm Ottilie die Patenschaft für die jüngste Tochter der Schultzes; Goethe schenkte seine in grünem Maroquin gebundene zwanzigbändige Werkausgabe (Cotta: 1815–1819); vgl. Schultzes im Mai 1819 geschriebenen Einladungsbrief an Ottilie, S. 59–61.

78 *Sollische GemäldeSammlung* – In der Wilhelmsstraße 67, gegen-über der Wohnung des Staatsrats Schultz, befand sich die Samm-lung des englischen Kaufmanns und Kunstmäzens Eduard Solly, die bis 1821 an die 3000 Gemälde, vor allem der italienischen Frührenaissance, aber auch niederländische und altdeutsche Werke, umfaßte. Schultz hatte dem Freund bei der Ordnung nach den Schulen der großen Meister geholfen. In Sollys Ab-wesenheit übernahm er die Aufsicht über die Sammlung, die er wie seine eigenen Kunstschätze »betrachtete« (Schultz an Goe-the, 8. Februar 1819; Düntzer, Nr. 33). Staatsrat Schultz, Alois Hirt und Schinkel sowie Kultusminister Stein vom Altenstein unterstützten den Ankauf der bedeutendsten privaten Gemälde-sammlung Berlins durch den Kronprinzen und späteren König Friedrich Wilhelm IV. im Jahr 1821. Auch Goethe und Meyer be-fürworteten den Ankauf durch den preußischen Staat. Die Sammlung bildete neben der Giustinianischen Kunstsammlung und den Beständen der Berliner Schlösser den Grundstock für das 1830 fertiggestellte, von Schinkel erbaute Königliche Mu-seum. Es sind noch etwa 80 Gemälde überliefert. Vgl. Schultz an Goethe, 1. November 1817: »Schätzbarer als die Königliche Ge-mäldesammlung ist aber in der That schon jetzt die Sammlung meines Freundes Solly, und sie wird es täglich mehr. Es ist zum Erschrecken, was man zu sehen bekommt an Werken der alten Schulen vor 1500; aus diesen Sachen begreift man erst, wie die Kunst in jener Zeit einen so plötzlichen Aufschwung nahm, und mit Raphael gleichsam zu Grabe gehen mußte. Da wir hier von jenen älteren Sachen bisher nichts zu sehen bekamen, werden wir durch diese Sammlung erst zu einem Studium der Ge-schichte der Kunst in den Stand gesetzt, und man lernt nun erst Raphael und seine Epoche auf die würdige Weise verstehen und hochschätzen. Sie werden hier mit Vergnügen und Muße Ge-mälde aus den Florentinischen und Venetianischen Schulen des 14. und 15. Jahrhunderts sehen können, auf die der Reisende in Italien wegen der Menge vorzüglicherer späterer Werke weniger aufmerksam wird, und die doch die späteren Sachen beinahe ver-nichten. Auch von den früheren Deutschen und Niederländern sammeln sich bei Solly köstliche Sachen« (Düntzer, Nr. 24). Vgl. auch Meyers zweiteiligen Aufsatz »Königliches Museum zu Berlin«, in – »Über Kunst und Alterthum« III. (1821), 2. Heft, S. 173–185, und III (1821), 3. Heft, S. 58–90.

78 *Schloßgarten* – Der von Siméon Godeau 1797 als französischer Garten angelegte, am Anfang des 19. Jahrhunderts von Lenné weitgehend in einen englischen Garten umgestaltete Park des Schlosses Charlottenburg.

Nees von Esenbeck ... über Weimar abgeht – Bevor der Botaniker und Naturphilosoph Christian Gottfried Nees von Esenbeck nach Bonn reiste, um seine Professur anzutreten, machte er in Weimar Station. Er speiste mit Goethe am 31. Mai 1819; vgl. Goethes Tagebuch: »Über Berliner Zustände gesprochen, wissenschaftliche und politische. Über Naturwissenschaften, vorzüglich über die Leopoldinische Gesellschaft.« Nees von Esenbeck war der Präsident der Kaiserlich Leopoldinisch-Carolinischen Akademie der Naturforscher, deren Ehrenmitglied Goethe im Jahr 1818 wurde; WA III.7, S. 52. Mit ihm hatte Goethe einen intensiven Austausch u. a. über naturwissenschaftlich-morphologische Fragen.

Brief mitgegeben – Entweder Ottilies und Augusts Brief an Henriette von Pogwisch vom 17. und 18. Mai 1819 oder Zelters Brief an Goethe vom 20. Mai 1819.

79 *18. May. 1819* – August schrieb diesen Tagebuch-Brief, der die Erlebnisse vom 18. bis zum 21. Mai zusammenfaßt, am 20. und 21. Mai, worüber sein Reisetagebuch Auskunft gibt; in Ulm Sanford ist er auf den 18. bis 21. Mai datiert (Nr. 347).

80 *Schulz nach den Schulen geordnet* – Vgl. Anm. zu S. 78 *Sollische GemäldeSammlung.*

81 *Capellmeister* – In der Handschrift von fremder Hand notiert: »Röcher« (Bl. 20).

Hr. von Kleist – Vermutlich der Potsdamer Regimentskapitän und Major Friedrich Wilhelm Christian von Kleist.

Stegmanns – Donnerstags oder freitags trafen sich Berliner Prominente und auswärtige Gäste im Salon der Elisabeth von Stägemann in der Charlottenstraße 68 zu geselligen kulturellen und literarischen Gesprächen, zum Kartenspiel und zum Musizieren. Beliebt waren die Vorlesungen aus Friedrich de la Motte Fouqués Werken. Zu den Stammgästen gehörten Achim und Bettina von Arnim, Clemens Brentano, Luise und Wilhelm Hensel sowie Amalie Helvig, General Gneisenau, Karl August und Rahel Varnhagen von Ense; gelegentlich kamen auch Alexander und Wilhelm von Humboldt, Staatsrat Nicolovius und Ottilies Cousin Goswin von Brederlow; vgl. Wilhelmy-Dollinger, S. 128–132, und Brederlows Brief an Ottilie, 10. Juni 1819, S. 181.

81 *Helbig* – Amalie Helvig unterhielt in ihrer Wohnung in der Lindenstraße 48 einen der bedeutendsten literarischen Salons in Berlin, in dem sich die politische und künstlerische Prominenz zu literarisch-kulturellen Unterhaltungen, Vorlesungen aus Goethes und Schillers Werken und Kunsttees versammelte. Bevor sie 1815 nach Berlin gekommen war, hatte die Nichte Charlotte von Steins als Hofdame der Herzoginwitwe Anna Amalia in Weimar gelebt und mit Goethe und Schiller in engem Kontakt gestanden, die ihre literarischen Versuche förderten. Zu ihren Gästen zählten vor allem die Anhänger der Weimarer Klassik und Vertreter der Spätromantik; durch die berufliche Verbindung ihres Mannes kamen gelegentlich auch Künstler und Dichter aus Schweden. General Gneisenau, Ludwig und Leopold von Gerlach, Clemens Brentano, Ludwig Tieck, der Verleger Georg Andreas Reimer sowie Ernst Moritz Arndt, Fouqué, Chamisso und Achim und Bettina von Arnim zählten zu den bekanntesten Gästen; vgl. Wilhelmy-Dollinger, S. 132–136. *Lebewohl Ottilie!* – Unter dem 7. Mai 1819 hatte Adele Schopenhauer in ihrem Tagebuch festgehalten: »Das Leben wogt so auf und ab in mir, nirgends ein fester Halt. Erst riß der Schmerz mich fast auseinander, wie sie ging, und dennoch glaubte ich selbst nicht daran, daß sie ginge, ich aber bleiben müßte – daß wir, immer moitié in allem, nun wieder [...] dies Glück einzeln genießen sollten! Dann machte michs wieder ungemein glücklich, daß sie mich brauchte zu tausend Dingen – dann nahm ich nicht Abschied, weil mich die Empfindung übermannte, tausend Möglichkeiten mich verwirrten, ich sagte also ganz ruhig ›gute Nacht.‹ Und nun kamen die andern und hatten alle viel einzuwenden pro und contra, und ich weinte den ganzen Abend, und es war mir, als trüge ichs nicht« (Tagebücher, S. 20 f.). *an Arthur* – Arthur Schopenhauer hatte seiner Schwester Adele u. a. von der unglücklichen Geburt seines Kindes geschrieben, das er zusammen mit einer Geliebten aus Dresden gezeugt hatte; vgl. Adele an Arthur, 12./22. Mai 1819; Lütkehaus, Nr. 100. Das Kind starb bereits wenige Monate später; vgl. Adele an Arthur, 8. September 1819; Lütkehaus, Nr. 105.

82 *Seit vorigen Sonnabend* – Seit dem 8. Mai 1819.
   Hans in Wiehe – Nicht ermittelt.

82 *Fr. v. W. ... meiner freundlichen Lu* – Frau von Werthern und ihre
Tochter Luise Klara in Groß Neuhausen. Vgl. Adele Schopenhauers Brief an ihren Bruder Arthur, 12./22. Mai 1819: »Fr. von
Werther hat eine sehr liebe Tochter, die in geistiger wie in ge-
müthlicher Hinsicht mir lieb und werth ist, und deren Einladung zufolge ich hierher kam« (Lütkehaus, Nr. 100).

83 *Nachrichten* – Informationen über den Konkurs des Danziger
Handels- und Bankhauses Muhl und den Verlust des Schopen-
hauerschen Vermögens; vgl. Adele Schopenhauers Brief an Ottilie, 1. Juni 1819, S. 129 f., und Anmerkungen.
Deinen Brief an die Mutter – Vgl. Ottilie von Goethe an Henriette von Pogwisch, 6. und 7. Mai 1819, S. 39–44.
Eduard – Eduard Graf von Waldersee in Dessau.

84 *bis Sonntag hier* – Bis zum 23. Mai 1819.
Kotzebues kurzen Auffenthalt – Am 10. Mai 1819 berichtete Caroline von Egloffstein ihrer Mutter Henriette von Boilieu-Marconny, daß die Familie des Dichters Kotzebue auf ihrer Reise
nach Estland, wo Kotzebue bis 1795 das Amt des Gouverne-
mentsmagistrats innehatte, in Weimar angekommen sei. Dort
wurden die in Jena begonnenen Verhöre unter Könneritz gegen
den Kotzebue-Attentäter weitergeführt; vgl. Egloffstein, S. 148.
Die »Vossische Zeitung« schrieb: »Die verwitwete Staatsrätin
von Kotzebue traf den 12. Mai auf ihrer Reise nach Reval in
Leipzig ein. Sie hatte sich drei Tage in Weimar aufgehalten, wo
Freunde und Verwandte, so wie der Ort selbst, Gefühle in ihr
aufregten, welche die tief gebeugte höchst unglückliche Frau
sehr erschütterten. Sie reist über Dresden und Warschau, mit
Vermeidung von Berlin, Königsberg und Riga, um nicht mit
Schmerz an die Vergangenheit erinnert zu werden« (Nr. 62,
25. Mai 1819). Vgl. Anm. zu S. 29 *Sand ... National Ehre.*
Peuzers schlechte Oper – Der Direktor des Oberkonsistoriums in
Weimar, Heinrich Karl Friedrich Peucer, hatte vermutlich den
Text zu einer Oper geschrieben; Näheres nicht ermittelt.
Line und Julie – Die Komponistin und Hofdame der Maria
Pawlowna, Caroline, und ihre Schwester, die Malerin Julie von
Egloffstein. Sie verkehrten in Goethes Haus und waren mit Ot-
tilie befreundet.

85 *meine Wolffs* – Adele Schopenhauer war mit dem Schauspielerehepaar befreundet, das vor seinem Engagement an den Königlichen Theatern in Berlin (1816) in Weimar gelebt hatte. Adele

hatte bei der fünfzehn Jahre älteren Amalie Wolff Schauspiel-
unterricht genommen; vgl. Büch, S. 40.

85 *Mihla* – Ort im Wartburgkreis (Thüringen).
    der künftige Begleiter – Am 26. Januar 1819 hatte Adele Schopen-
    hauer in ihrem Tagebuch festgehalten: »Line Harstall macht eine
    Konvenienzheirat – sie ist mit ihrem Vetter verlobt« (Tage-
    bücher, S. 10).

86 *Eisengießerey ... Oranienburger Thor* – Die Produkte der König-
    lichen Eisengießerei in der Invalidenstraße erfreuten sich großer
    Beliebtheit. Zunächst als Privatbetrieb begonnen, wurde sie 1804
    unter staatlich-königliche Verwaltung gestellt. Hergestellt wur-
    den verschiedene Gußeisenwaren: Uhrenständer, Leuchter, fili-
    graner Schmuck und Gemmen, aber auch Statuen, Denkmäler
    und eiserne Brückenkonstruktionen. Kleinere Waren wurden in
    einem der Gießerei angeschlossenen Geschäft verkauft. Heute
    befinden sich noch etwa 800 Exponate in der Eisenkunstguß-
    Sammlung der Stiftung Stadtmuseum Berlin.

87 *Büsten* – Nicht ermittelt, da zu viele Büsten der genannten
    Personen gegossen wurden; vgl. die Abb. in Bartel, S. 54–59 und
    86–92.
    Monument ... Theile – Nach Schinkels Entwurf gegossener
    Obelisk im schlesischen Bunzlau (heute: Bolesławiec), das
    Ehrenmal für den russischen Feldmarschall Michail Illariono-
    witsch Fürst Kutusow (gestorben 1813), das sich auch heute
    noch dort befindet. Der Geehrte wird von vier Löwen nach
    Modellen von Schadow flankiert; vgl. Teltow, S. 48 f.
    *Monument in gothischen Styl ... Schinkels Zeichnung ... Hall-
    schen Thore* – August meint das Nationaldenkmal zur Erinne-
    rung an die Befreiungskriege von 1813 bis 1815, dessen Grund-
    stein am 19. September 1818 auf der höchsten Stelle des vor dem
    Halleschen Tor gelegenen Tempelhofer Berges gelegt wurde.
    Das Monument – das erste Nationaldenkmal Deutschlands –
    wurde am 30. März 1821 eingeweiht; der Berg heißt seitdem
    »Kreuzberg«. Schinkel lieferte den Entwurf für das in gotischer
    Form ausgeführte, fialenartig aufstrebende Denkmal mit seinem
    dem Eisernen Kreuz angenäherten Grundriß. Bis 1823 dauerte
    die Arbeit an den zwölf allegorischen Schlachtdarstellungen, die
    von Rauch, Tieck und Wichmann stammten; vgl. Teltow, S. 44 ff.
    Zeu[g]hause – Das Königliche Zeughaus, die Rüstkammer des
    preußischen Heeres, an der Schloßbrücke, 1694 nach Nerings

Plan begonnen, 1698/99 von Schlüter fortgeführt und 1706 von Jean de Bodt beendet (heute: Deutsches Historisches Museum).

87 *von Schlüter an[g]efertigten Köpfe* – Im Hof des Zeughauses befinden sich über den 21 Fenstern die »Schlüterschen Masken«, die Köpfe sterbender Krieger darstellen.

Trophäen … französischen … Fahnen – Nach dem endgültigen Sieg der britisch-preußischen Truppen über Napoleon in der Schlacht bei Belle-Alliance (18. Juni 1815) wurden über tausend französische Regiments- und Legionsfahnen sowie Waffen aus dem Musée d'Artillerie und den Zeughäusern zu Paris nach Berlin gebracht und im Zeughaus ausgestellt.

Bilder … Napoleon … Josephine – Die zwischen 1806 und 1810 entstandenen, prunkvoll inszenierten Repräsentationsporträts von François Gérard: »Napoleon I. Kaiser der Franzosen im Krönungsornat« (255×151 cm) und »Kaiserin Joséphine im Krönungsornat« (215×160 cm); sie hängen heute in Fontainebleau. 1990 wurde eine der 20 Ausfertigungen des Napoleon-Gemäldes aus der Werkstatt Gérards dem Deutschen Historischen Museum geschenkt (Inv.-Nr. 1990/3083).

Schlesischen Thor … Modelle der Franz. Festungen – 1773 wurde das Modell-Haus (auch Montirungs-Magazin genannt) in der Köpenicker Straße 11 am Schlesischen Tor von Friedrich II. durch Boumann d. Ä. erbaut. Die französischen, aus Pappmaché getreu nachgebauten Festungsmodelle wurden nach der Schlacht bei Belle-Alliance (18. Juni 1815) aus dem Hôtel des Invalides zu Paris nach Berlin gebracht und in diesem Gebäude ausgestellt, wo sie von zahlreichen Besuchern besichtigt wurden; vgl. Zedlitz, S. 490.

88 *Straßburg … dortigen Anwesenheit* – Während seines Studiums in Heidelberg hatte August vom 23. bis 30. Juli 1809 mit einigen Kommilitonen eine Reise unternommen, die ihn in den Schwarzwald und ins Elsaß führte. In Straßburg bestiegen die Freunde zweimal das Münster und besichtigten die alte Thomaskirche; vgl. Bojarzin, S. 52.

89 *um Johanistag* – Um den 24. Juni; zu Augusts und Ottilies Reiseverlauf vgl. S. 125 und Anmerkungen.

90 *zu Fürst Radziwil … Probe … Faust* – Anton Heinrich Radziwill wohnte in der Wilhelmsstraße 77 (ab 1878: Reichskanzlerpalais). Seit 1808/09 hatte er begonnen, einige Partien von Goethes »Faust« zu vertonen. Zu den frühen Kompositionen gehörten

auch drei der Stücke, bei deren Probe August und Ottilie anwesend waren: »Der Soldatenchor« aus der Szene »Vor dem Tor«, Gretchens Gebet vor der Mater dolorosa und Gretchens Lied am Spinnrad. Während eines Weimar-Aufenthalts sang und spielte Radziwill am 1. April 1814 Goethe eine »fortreißende Composition zu ›Faust‹« auf dem Cello vor (»Tag- und Jahres-Hefte 1814«; FA, I,17, S. 257). Am 1. Mai 1815 äußerte sich Goethe gegenüber Brühl wohlwollend über eine erste größere musikalische Aufführung in Berlin, er unterstützte seitdem Radziwills Vorhaben und steuerte auch Zwischentexte bei; vgl. Kettig, S. 103 f., und Steiniger/Henke, S. 316–319. August und Ottilie besuchten nicht nur eine Probe, sondern nahmen an der Uraufführung ausgewählter Szenen teil, die am 24. Mai 1819 zu Ehren des Geburtstags der Fürstin Radziwill im kleinen Theater von Schloß Monbijou unter Brühls Gesamtleitung gespielt wurden; am 10. Juni 1819 folgte eine zweite Vorstellung; vgl. Anm. zu S. 244 *das Schauspiel … Brustbild*. In seinem Brief an den Großherzog Carl August vom 11. Juli 1819 erwähnt Goethe diese Aufführung; vgl. WA IV.31, Nr. 215. Am 24. Mai 1820 wurden weitere Szenen aufgeführt; diesmal hatte Wolff die Regie übernommen und Schinkel die Dekorationen entworfen. In seinen Briefen vom 21. und 25. Mai 1820 berichtete Zelter Goethe von den »Faust«-Proben und der Aufführung; vgl. MA 20.1, Nr. 342 und 345, und Anm. in Bd. 20.3, S. 512 f. und 515 ff. Goethe hatte die Chorstücke gedichtet und diese am 4. Juli 1819 Pius Alexander Wolff nach Berlin geschickt; vgl. WA IV.31, Nr. 207.

90 *Bahnfabrik von Schumann* – In der Kreuzgasse 5 befand sich die Fabrik des Stellmachers G. F. Schumann.

Freund – Der 26jährige Georg Christian Freund, der in Kopenhagen bei einem Onkel eine Ausbildung zum Mechaniker absolviert hatte und nach seiner Rückkehr die erste Dampfmaschinenfabrik Berlins in der Krautstraße betrieb.

Deutschen Hause – Vermutlich das Deutsche Kaffeehaus in der Breiten Straße 22.

Pochhammerische Badeanstalt – Nach ihrem Gründer Pochhammer benanntes Mineralienbad in der Neuen Friedrichsstraße, das spätere Mariannenbad.

91 *Spinnerey … Kokerill* – Der junge Unternehmer John Cockerill hatte 1813 die Leitung der Spinnerei- und Maschinenfabriken seines Vaters in Belgien und England übernommen. Unter sei-

ner Direktion expandierte das bedeutende Unternehmen; es kam zu zahlreichen Niederlassungen in Europa. Die Berliner Wollspinnerei befand sich in der Neuen Friedrichsstraße 76.

91 *Josti* – Die seit 1793 bestehende Konditorei des Schweizers Johann Josty, An der Stechbahn 1.

die Mendelsohnschen Kinder – Fanny und Felix Mendelsohn-Bartholdy wurden seit 1813 von Zelter in Musiktheorie unterrichtet. Sie wirkten auch an den von Zelter geleiteten und bekannten »Freitagsmusiken« mit, wo vorwiegend Bach und Händel vorgespielt wurden; vgl. MA 30.3, Anm. zu Brief Nr. 240, S. 375. Am 20. August 1821 lobte Zelter seinen »jungen Schüler«, der »fleißig aus Drang zur Sache« sei und »ein gesundes Talent« habe. Felix war mit »seiner 3ten komischen Oper« beschäftigt, und Zelter wollte ihm »etwas Ernsthaftes aufgeben« (an Goethe; MA 20.1, Nr. 372); vgl. auch Zelter an Goethe, 17. bis 23. März 1822; MA 20.1, Nr. 388.

92 *Eiks … Achen … 25000 rth.* – 1818 konnte Solly für 100000 Francs sechs der insgesamt 12 Tafeln des Genter Altars »Die Anbetung des Lammes« der Brüder Hubert und Jan van Eyck von einem holländischen Händler ankaufen; vgl. Herrmann, S. 153, und Schultz an Goethe, 8. Februar 1818; Düntzer, Nr. 33, sowie Anm. zu S. 78 *Sollische GemäldeSammlung*.

Altenstein – Der Kultusminister Stein zum Altenstein wohnte am Pariser Platz 5 (heute: Grundstück der französischen Botschaft).

Theater Figaro – »Die Hochzeit des Figaro«, Singspiel, Musik von Mozart, Text von Lorenzo da Ponte nach einer Komödie von Pierre Augustin Caron de Beaumarchais; Rebenstein als Graf Almaviva, Blume als Figaro, Anna Milder als Susanne, Frau Schultz als Gräfin und Johanna Eunicke als Cherubino. Über Milders Auftritt urteilte der Rezensent in der »Vossischen Zeitung«: »Susanne ist zu oft mit innigem Vergnügen von der herrlichen Metall-Stimme der Mad. Milder gehört worden, um noch ein weiteres erwähnen zu dürfen […]. Bey ihrer beabsichtigten Reise konnte die verehrte Künstlerin uns nicht leicht eine angenehmere Erinnerung ihrer seelenvollen Töne, als einzigen Ersatz für längeres Entbehren derselben zurücklassen.« Insgesamt aber wünschte er der Aufführung, besonders ihren mehrstimmigen Gesängen, »noch etwas lebendigere Bewegung« (Nr. 62, 25. Mai 1819).

92 *Meiner Frauen Fuß* – Vgl. Zelters Brief an Goethe, 20. Mai 1819:
»Unsre Kinder lassen sich Berlin gefallen wie sie müssen da sie
nun einmal hier sind. Wenn sie einige Zolle kürzer wieder nach
Weimar kommen, so gebt Ihr jedoch mir und meiner geliebten
Vaterstadt nicht Schuld denn es wohnen zwei Lohnkutscher
dicht an bei uns. Bis heut haben sie sich die Füße durch Schuh
und Strümpfe bis ins Fleisch durch gelaufen und wenn sie sich
nicht belehren lassen wollen so haben wir reine Hände wie die
Wallensteiner. Heut ist Himmelfahrtstag und Sie – *laufen* nach
dem Tiergarten. Wir Berliner sind schon müde wenn wir davon
reden hören« (MA, Bd. 20.1, Nr. 323).

94 *Salataroni* – Sala Tarone, bekannte, bei Offizieren und der Berliner Hautevolee beliebte italienische Wein- und Delikatessen-
handlung mit Weinstube, von Baptist Peter Sala, an der Ecke
Unter den Linden 32/Charlottenstraße.

95 *Cruikschank … Wallstraße 4* – Die Wohnung des weimarischen
Kammerherrn und Gesandten am Berliner Hof, Jakob Ignaz
von Cruickshank, befand sich in der Kleinen Wallstraße 4.
das Schauspiel … Brustbild – Unter Brühls Regie wurden Radziwills »Faust«-Kompositionen am 24. Mai 1819 im kleinen Theater im Schloß Monbijou – begleitet von Goethes Texten – ur-
aufgeführt. Herzog Karl von Mecklenburg spielte den Mephi-
sto, Wolff sprach den Prolog und übernahm die Rolle des Faust,
Friedrich und Johann Eunicke sangen das Duett von Faust und
Gretchen, Anna Milder Gretchens Lied »O neige du Schmerzensreiche«, Graf Voß spielte den Wagner und Ernst von Wil-
denbruch den Schüler; vgl. Zelter an Goethe, 25. Mai 1819; MA
20.1, Nr. 234. Zelters Singakademie trug den 1810 erstmals öffentlich aufgeführten Chor »Christ ist erstanden« erneut vor.
Fürst Radziwill hatte angeregt, »die Erscheinung des Erdgeistes
durch Phantasmagorie zu bewirken«, und ließ »den Erdgeist unter [*Goethes*] Gesichtszügen« darstellen. Zum Bühnenbild, an
dem Schinkel als Berater mitgewirkt hatte, und zur Inszenierung vgl. Brühls Brief an Goethe, 26. Mai 1819: »Es sind gar
keine Kulissen gemacht worden, sondern das Theater ist durch
fünf mehr oder weniger breite oder schmale Wände abgeschlossen und gleichfalls mit einem verschlossenen Plafond versehen,
so daß also das Ganze vollkommen einem Zimmer ähnlich ist.
Durch das hintere Fenster, welches transparent gemalt ist, zeigt
sich nicht allein der vorgeschriebene Mondschein, sondern auch

die Erscheinung des Erdgeistes, von dem man aber nur den kolossalen Kopf sah, welcher eine Höhe von vier Fuß einnahm«
(HA, Briefe an Goethe II, Nr. 491). Goethe hatte bereits 1810
oder erst 1819 eine Bleistiftzeichnung des Erdgeistes angefertigt
(Corpus IVb, Nr. 224; Goethe-Nationalmuseum Weimar, Inv.-
Nr. 1367). Vor der zweiten Aufführung am 10. Juni 1819 wandte
sich Brühl an Goethe und trug seine Befürchtungen vor, daß die
Erscheinung Goethes mit den Worten Fausts (»Schreckliches
Gesicht«) in Zusammenhang gebracht worden sei. Er legte »die
Zeichnung der Dekoration« seinem Brief bei, um »eine anschauliche Idee von der kleinen Bühne selbst« zu geben. Goethe
teilte einerseits Brühls Bedenken wegen der Schwierigkeit, sich
dem »modernen gespensterhaften Begriff« künstlerisch »einigermaßen zu nähern«, stimmte andererseits aber der Berliner Darstellung des Erdgeistes grundsätzlich zu; vgl. Goethe an Brühl,
2. Juni 1819; WA IV.31, Nr. 164.

95 *Gallerie ... Büsten* – Die Sammlung antiker Büsten befand sich
im Säulengang von Schloß Monbijou.
Heil dir im Siegerkranz – Text von Heinrich Harries (1762 bis
1802), nach der Melodie der englischen Nationalhymne.

96 *Taubstummen Institut* – In der Linienstraße 110; 1788 von Dr.
Ernst Adolf Eschke (1766–1811) als Privatinstitut gegründet und
1798 von Friedrich Wilhelm III. zur öffentlichen Anstalt erhoben. Die Zöglinge lernten Lesen, Schreiben und Rechnen und
erhielten Unterricht in Morallehre und Religion.
Kunstkammer – Ursprünglich von Kurfürst Joachim II. gegründet, entstand die neue Kunstkammer unter Friedrich Wilhelm
von Brandenburg. Friedrich Wilhelm III. vermehrte die vielfältigen Sammlungen u. a. durch den Ankauf der Naglerschen
Sammlung. Bis 1856 war sie im vierten Stock des Stadtschlosses
untergebracht und zog dann in das von Schinkel gebaute Königliche Museum.
Stossischen Sammlung – Die Sammlung des Diplomaten Philipp
Baron von Stosch (1691–1757). Goethe besaß aus der Stoschischen Sammlung der geschnittenen Steine von Reinhardt in
Berlin gefertigte Gipsabdrücke; vgl. Schuchardt II/II,3: Arbeiten in Marmor, Elfenbein, Holz und Wachs; antike Vasen und
Terracotten etc., Nr. 270. Am 10. Juli 1827 hatte sich Goethe
Notizen über die Stoschische Gemmensammlung gemacht; vgl.
WA I.49.2, S. 266 ff., und Bolzenthal/Winckelmann. Die Samm-

lung wurde 1830 in das von Schinkel erbaute Königliche Museum integriert.

96 *Hirschkopf mit Geweih* – »Unter den Naturseltenheiten nahm damals ein in Litthauen gefundenes Geweih eines Hirsches, um dessen Kopf der Stamme eines Eichbaums gewachsen ist, so daß der Kopf im Holze feststeckt, und die Geweihe auf allen Seiten hervorragen, die besondere Aufmerksamkeit des Publikums auf sich« (Zedlitz, S. 526).

Napoleons … sämtli. Orden – Nach der Schlacht von Belle-Alliance (Waterloo) am 18. Juni 1815 hatte der preußische Major von Keller Napoleons Orden im Reisewagen des französischen Kaisers vorgefunden; sie wurden als Trophäen nach Berlin gebracht und in der Kunstkammer ausgestellt.

Kunstschrank … Herzog von Pommern – Der Pommersche Kunstschrank, der im Auftrag des Herzogs Philipp II. von Pommern von Ph. Hainhofer und anderen Augsburger Künstlern größtenteils in Ebenholz, mit Verzierungen von Silber und Edelsteinen Anfang des 17. Jahrhunderts ausgeführt wurde. Der Schrank ruht auf vier silbernen Greifen, den Wappentieren Pommerns, und endet oben pyramidenförmig mit einer Göttergruppe des Parnasses.

Figuren des Großen Churfürsten und ersten Königs – August erwähnt das holzgeschnitzte Standbild Friedrich Wilhelms von Brandenburg und das Sitzbild Friedrichs I.

98 *Theater die Zauberflöte* – »Die Zauberflöte«. Große Oper in zwei Abteilungen, Musik von Mozart, Text von Emanuel Schikaneder. In der Aufführung am 25. Mai 1819 traten Bader als Tamino und Henriette Reinwald als Pamina auf (»Haude und Spenersche Zeitung«, Nr. 62, 25. Mai 1819).

Decorationen … Schinkel – Unter Brühls Intendanz wurde Mozarts »Zauberflöte« seit dem 18. Januar 1816 in einer Neuinszenierung gespielt. Es war die erste und zugleich großartigste Bühnenarbeit Schinkels, der alle 12 Dekorationen in ägyptischer Architektur angefertigt hatte. In der Zusammenarbeit mit Schinkel konnte Brühl sein Ideal einer stilistischen Einheit von Gestaltung, Kostümen und Dekorationen realisieren. Schinkel führte sein Konzept einer bildkünstlerischen Interpretation des dramatischen Geschehens in dem Zusammenspiel von Text und Musik, exotischer Landschaft und monumentaler Architektur. Das Ergebnis war ein Bühnenraum als Bild, wobei die Illusion durch großzügige Flächen erzeugt wurde. Abb. 9 zeigt Wilhelm Thieles Aquatintaradierung nach Schinkels »Decoration zu der Schluss Scene der Oper Die Zauberflöte«; die 1823 im 4. Heft der »Sammlung von Theaterdecorationen. Erfunden von Friedrich Schinkel« veröffentlicht wurde; vgl. Harten, S. 117–177, dort sind auch alle anderen Bühnenbildentwürfe abgebildet und Informationen über die Überlieferung der Originalentwürfe gegeben.

98 *Blinden Institut* – Die Königliche Blindenanstalt am St. Georgen-Kirchhof 19 wurde 1806 von Professor Zeune gegründet.
gedr. Beschreibung – Nicht ermittelt; in den Beständen der Klassik Stiftung Weimar nicht nachgewiesen.
zu Gneisenau – General Gneisenau wohnte mit seiner Familie in der Oberwallstraße 4.

99 *Dorfsängerinnen* – »Die Dorfsängerinnen«, komisches Singspiel in zwei Abteilungen aus dem Italienischen, Musik von Valentino Fioravanti; die Uraufführung fand am 19. März 1810 statt. Bader übernahm die Rolle des Carvino, Deny spielte den Bucentalo.
Universitätsgebäude – Friedrich II. hatte das Gebäude zwischen 1748 und 1766 als Palais für seinen Bruder, den Prinzen Heinrich, nach Knobelsdorffs Entwürfen von J. Boumann errichten lassen; 1810 stellte es Friedrich Wilhelm III. der von Wilhelm von Humboldt gegründeten Universität Unter den Linden (seit 1828 »Friedrich-Wilhelms-Universität«, seit 1949 »Humboldt-Universität«) zur Verfügung. Im Universitätsgebäude waren das Anatomische Kabinett, das Zoologische, Mineralogische, Geologische und Paläontologische Museum sowie das Christliche Museum untergebracht. Die einzelnen Sammlungen wurden 1889 zum Teil in das neugebaute Museum für Naturkunde (Invalidenstraße) verlegt.
Anatomischen Kabinets – Durch Ankauf der Sammlung des Geheimen Medizinalrats Johann Gottlieb Walter wurde das Museum 1803 von Friedrich Wilhelm III. begründet. Es befand sich im linken Flügel des Universitätsgebäudes und umfaßte neben Skeletten von kleinen Vierfüßlern, Vögeln, Menschen und Missgeburten auch Thierversteinerungen, natürliche menschliche Präparate, Schädel, Knochen und Wachspräparate. Die Sammlung wurde durch Exponate des Geheimen Medizinalrats Rudolphi (z. B. das Walfischskelett) erweitert; vgl. Anm. zu

S. 61 *nach den Wallfisch* und Tagebuch, S. 72. Die Besichtigung
war mit besonderer Genehmigung nur Männern gestattet.

100 *Osteologisch zoologische Sammlung* – Das Geologische und Paläontologische Museum im Hauptportal des Universitätsgebäudes
rechts.

Zoologische Museum – Im rechten Flügel des Universitätsgebäudes war die Zoologische Sammlung untergebracht, mit ihrem
Bestand an Vögeln, Fischen und Insekten eine der größten und
wohlgeordnetsten Europas.

gedruckte Beschreibung – Nicht ermittelt.

Mineralogische Museum – Das Mineralienkabinett im Hauptportal des Universitätsgebäudes rechts.

Conchilien Cabinet – Konchilien: »Schalen der Weichtiere«; die
Konchilien-Sammlung von Tile.

Justinianische Gallerie – Die »Giustinianische Sammlung«, ba-
rocke Gemäldesammlung der Brüder Benedetto (1554–1621) und
Vincenzo (1564–1637) Giustiniani in Rom. 1807 kam die 157 Gemälde umfassende Sammlung in den Besitz des Pariser Kunst-
händlers Bonnemaison, wo sie 1815 von Friedrich Wilhelm III.
angekauft wurde. Die Gemälde wurden erstmals 1816 in der Akademie der Künste ausgestellt, seit 1818 in den Räumen des Universitätsgebäudes, wo sie auch August sah. Neben der Sollyschen
Gemäldesammlung und den Schätzen der Berliner Schlösser bildete sie den Grundstock für das von Schinkel 1830 erbaute Königliche Museum. Im Zweiten Weltkrieg sind große Teile der Sammlung zerstört worden. Vgl. Meyers zweiteiligen Aufsatz »Königliches Museum in Berlin«, in: »Über Kunst und Alterthum« III
(1821), 2. Heft, S. 173–185, und III (1821), 3. Heft, S. 58–90.

gedr. Beschreibung – Am 23. Mai 1816 hatte Zelter an Goethe
zwei Exemplare des Verzeichnisses der Giustinianischen Gemäldesammlung von 1816 geschickt, auf das sich August vermutlich
bezieht: »Die ehemalige Giustinianische Galerie, bestehend: aus
vorzüglichen Gemälden von der Hand der berühmtesten Meister der italiänischen, französischen und niederländisch-deut-
schen Schulen. Ausgestellt nebst vierzehn andern Stücken, vom
12ten Mai an, zum Besten des weiblichen Wohltätigkeits-Ver-
eins, im Akademie-Gebäude unter den Linden« (Berlin 1816);
vgl. MA, Bd. 20.1, Nr. 248, und Anm. in Bd. 20.3, S. 389.

101 *hat der Vater Nachricht* – Augusts Brief vom 28. Mai 1819, der
die Erlebnisse zwischen dem 21. und 28. Mai 1819 zusammen-

faßt, ist in Ulm Sanford auf den 21. bis 28. Mai 1819 datiert (Nr. 348).

103 *mein Tagebuch enthält alle Details* – Vgl. S. 92.

Dämmern – Träumen; vgl. Fischer, S. 139.

104 *Wiener Sammlung* – Nicht ermittelt.

105 *Kunstkammer ... Tagebuch näheres melden* – Vgl. S. 96.

106 *Facheren* – Vermutlich »Fächern« gemeint.

107 *Sägespähnfabrik ... Hr. Menke* – Die »Holzmassen- und Bronce-fabrik« von C. A. Mencke, Letztestraße 5.

Biebliothek – Die Königliche Bibliothek am Opernhausplatz, die gedruckte Bücher und Handschriften, Landkarten und ältere musikalische Werke aufbewahrte. Das Gebäude wurde zwischen 1770 und 1780 unter Friedrich II. von Georg Christian Unger und Boumann d. J. erbaut. Die Bestände gingen zurück auf die Privatbibliothek des Großen Kurfürsten Friedrich Wilhelm von Brandenburg, die seit 1661 einem ausgewählten Publikum zur Verfügung standen und seitdem ständig erweitert wurden. Zu den Kostbarkeiten zählten u. a. auch Cranachs Miniaturbild-nisse. August sah in zwei Schaukästen eine Ausstellung über die Entwicklung der Schrift; vgl. Pertz, S. 13.

Cranachs Stammbuch ... Copie – Ein Blatt aus Lukas Cranachs sogenanntem Stammbuch, das Miniaturbildnisse von Theologen und Fürsten aus der Reformationszeit enthält. Die Blätter befanden sich ursprünglich in Privatbesitz und kamen 1797 durch Ankauf Hardenbergs von Nürnberg nach Berlin, wo sie zunächst in den Besitz Friedrich Wilhelms II. gelangten und nach dessen Tod von Friedrich Wilhelm III. am 12. Januar 1819 der Königlichen Bibliothek übergeben wurden. Das fehlende neunte Blatt kehrte nach einem Zeitungsaufruf am 21. Mai 1819 nach Berlin zurück. In der »Haude und Spenerschen Zeitung« vom 25. Mai 1819 wurde vermutet, daß es sich um eine Darstellung Ulrich von Huttens handelt: »Das vermißte Originalblatt des Cranachschen Stammbuchs, welches angeblich Ulrich von Hutten darstellt, ist an die Königl. Bibliothek zurückgeliefert worden« (Nr. 62). Das Stammbuch galt zunächst als eine Arbeit von Lukas Cranach d. Ä. 1828 ermittelte Hermann Degering, daß Cranachs Sohn bzw. dessen Schule der Urheber ist (vgl. S. 4 f.). Er brachte zudem in Erfahrung, daß das fehlende Miniaturbild nicht Hutten, sondern den Theologen Georg Spa-latin darstellt. Das Stammbuch ging in die Bestände der Staatsbibliothek zu Berlin – Preußischer Kulturbesitz über (Signatur Libri. Pct. A 1) und gehört zu den Verlusten des Zweiten Weltkriegs. – Im November 1812 hatte sich Goethe mit Karl Bertuch über das in Berlin befindliche Cranachsche Stammbuch unterhalten. Am 28. November übersandte Bertuch Goethe eine von Karl August Schwerdgeburth angefertigte Kopie des von Lukas Cranach Vater und Sohn gemalten Altargemäldes in der Weimarer Herderkirche (1553–1555); vgl. GSA 28/59, Bl. 137 f.

107 *Werk über Egypten* – Nicht ermittelt. Noch in den 1840er Jahren war in einem Schaukasten ein Buch über ägyptische Hieroglyphen ausgestellt; vgl. Pertz, S. 13.

Brandenb. Turnirbuch – Nicht ermittelt.

Deine Schreiben – Bis auf die eigenhändige Grußformel wurde Goethes Brief von dem Schreiber Johannes John angefertigt. Goethe hatte bisher sechs Briefe von August erhalten: aus Potsdam, 6. und 7. Mai, Berlin, 8., 10. und 11. Mai, sowie den Brief vom 15. bis 18. Mai 1819, der am 23. Mai 1819 in Weimar eintraf; vgl. Goethes Tagebuch; WA III.7, S. 50. Goethe hatte die Briefe, aus denen er in Abendgesellschaften vorlas, an Familienmitglieder weitergegeben.

Kräuter ... Kinde ... krank – Der Weimarer Bibliothekssekretär und Mitarbeiter Goethes, dessen Kind an Halsbräune (Diphtherie) erkrankt war; vgl. Kräuter an Goethe, 30. April 1819 (GSA 28/82, Bl. 127 f.). Am 19. Mai hatte er Goethe von seiner eigenen allmählichen Genesung geschrieben (vgl. GSA 28/82, Bl. 147).

108 *Dawe ... Portrait ... vier Wochen gearbeitet* – Am 3. Mai 1819 wurde Goethe die Ankunft des englischen Porträtisten George Dawe in Weimar gemeldet; vgl. Tagebuch; WA III.7, S. 44. Einen Tag später begann der Maler mit der Zeichnung Goethes, die er am 24. Mai 1819 beendete. In einem Brief an den Staatsrat Schultz vom 15. Juni 1819 empfahl Goethe Dawe, der auf seiner Reise nach St. Petersburg auch in Berlin Station machen wollte: »So hat mich dieser Tage doch ein englischer Maler, indem er mich abschilderte, sehr angenehm unterhalten. Er war begründeter und unterrichteter, als Künstler zu sein pflegen, praktisch gewandt und auf alles praktisch Brauchbare wie die Katze auf die Maus [...]. Kommt dieser Mann, Dawe genannt, nach Berlin, so gehen Sie ihm freundlich entgegen. Sie werden ihn als Künstler, als Engländer, der freilich um des Gewinstes willen reist, als gebildeten, unterrichteten, eine gewisse eigentümliche

Naivität nicht verleugnenden Mann sogleich beurteilen.« Ebenso schrieb Goethe am 4. Juni 1819 an Friedrich August Wolf; vgl. WA IV.31, Nr. 165. Vgl. Goethes Brief an Seebeck, 30. Dezember 1819, in dem er über Dawes Besuch in Weimar berichtet; WA IV.32, Nr. 104. Das Goethe-Porträt (vgl. Abb. 10) befindet sich heute in der Klassik Stiftung Weimar, Goethe-Nationalmuseum. Dawe hatte es – wie schon 1819 geplant – 1821 von Thomas Wright in Kupfer stechen lassen; vgl. Goethe an Wolff, 4. Juni 1819; WA IV.31, Nr. 165, und Goethe, »Tag- und Jahreshefte 1821« (FA I,17, S. 325).

108 *Dawe ... Erbgroßherzogin ... gemalt* – Vermutlich Dawes Porträt »Erbgroßherzogin Maria Pawlowna«, das bisher auf das Jahr 1822 datiert wurde. Es befindet sich heute in der Ermitage in St. Petersburg.

ein alter Freund Cogswell – Goethes Tagebuch meldet den Besuch Joseph Green Cogswells am 10. Mai 1819; vgl. WA III.7, S. 46. Die beiden hatten sich 1817 kennengelernt und seitdem miteinander korrespondiert. Mit Hofrat Meyer und Kanzler von Müller blieb der amerikanische Professor der Mineralogie und Geologie zum Abendessen bei Goethe. Bei den mitgebrachten Geschenken handelt es sich vermutlich u. a. um Wardens »A statistical, political and historical account of the United States of North America« und Cogswells »Zustand der Litteratur« (vgl. Grumach, S. 36).

triffst Du vielleicht in Dresden – Auf seiner Reise nach Sachsen begegnete August weder Dawe noch Cogswell; vgl. August an Goethe, 13. und 15. Juni 1819, S. 149.

Großherzog – Am 12. Mai 1819 war Carl August zu seinem Sohn, Prinz Bernhard (1792–1862), nach Gent abgereist; die übrigen Mitglieder der großherzoglichen Familie fuhren am 20. Mai 1819 ab.

Garten – Der Botanische Garten in Jena.

zweymal ... Expedition – Während August und Ottilies Abwesenheit hielt sich Goethe vom 14. bis 17. Mai sowie vom 21. bis 23. Mai 1819 in Jena auf.

Rehbein und Braut in forma – Am 23. Mai 1819 speisten Goethes Arzt Rehbein und seine Verlobte Christiane Marie Schmidt bei Goethe; vgl. Goethes Tagebuch; WA III.7, S. 50.

Der Divan – Goethe begann 1814 mit der Arbeit am »West-östlichen Divan«. Seit 1818 war das Manuskript in Satz, die letzten

Überarbeitungen, Korrekturen und Nachträge dauerten bis Juli 1819; vgl. Goethe an August, 20. Juli 1819; WA IV.31, Nr. 226.

108 *Blumenstück von Segers* – Am 16. Mai 1819 traf Daniel Seghers »herrliches Blumengemählde« mit geringen Transportschäden in Weimar ein (Goethe an Schlosser, 20. Mai 1819; WA IV.31, Nr. 153). Es stellt eine Heilige mit einem Blumenkranz dar. Im Auftrag des Großherzogs Carl August wurde das Gemälde am 19. April 1819 »aus der Hinterlassenschaft des Herrn Hohwiesner« aus Frankfurt am Main für 126 Gulden ersteigert (im Katalog unter Nr. 50 aufgelistet; WA IV.31, Anm., S. 344); vgl. Goethes Briefe an Schlosser, 9. April 1819, und an Carl August, 19. April 1819; WA IV.31, Nr. 122 und 132. Am 19. Mai hatte Goethe Adele Schopenhauer das Seghersche Gemälde »zum kopieren gegeben«; während des Abendessens im Goethehaus wurde aus Augusts Briefen aus Berlin vorgelesen (Adele an Arthur Schopenhauer, 12./22. Mai 1819; Lütkehaus, Nr. 100).

110 *Dämmerschaft* – Traumverlorene Stimmung; vgl. Fischer, S. 139.
Zeltern … Leuchtkugel – Vgl. Zelter an Goethe, 20. Mai 1819, sowie Goethes Antwort vom 29. [Mai] 1819; MA 20.1, Nr. 323 f.

111 *der Vater* – Vermutlich Ottilies Vater Wilhelm Julius von Pogwisch.
Rath … nicht nach Carlsbad – Goethe reiste am 26. August ab und traf zwei Tage später in Karlsbad ein. Dort kam er mehrere Male mit Karoline von Brederlows Arzt, dem Medizinalrat Karl August Berends, zusammen; vgl. Anm. zu S. 183 *Besorgniß um Dich*.
Jena – Vgl. Goethe an August, 26. Mai 1819, S. 108, und Anmerkungen.
Mandelsloh … Clementinen – Vgl. Goethe an August, 14. Juni 1819, S. 151.

112 *Helldorf … nach Dresden gegangen* – August traf den ältesten Sohn Karl von Helldorfs am 16. Juni 1819; vgl. S. 155.
Capellmeisterin – Nicht ermittelt.
Julie … Linen – Julie und Caroline von Egloffstein.
negligirt – Negligiren: vernachlässigen.
Canzler – Kanzler Friedrich von Müller.
Oberkammer – Vermutlich Caroline von Egloffstein, geb. von Aufseß, die Tante von Caroline und Julie Egloffstein, die nach dem Titel ihres Mannes Gottlob (1766–1815) »Oberkammerherrin« genannt wurde. Sie war bekannt für ihre Geschwätzigkeit.

113 *meine Fürstin* – Großherzogin Luise von Sachsen-Weimar-Eisenach.
mit ihrer Fürstin – Nicht ermittelt.
Könneritzannalen ... Adonis – Vgl. Adele an Arthur Schopenhauer, 12./22. Mai 1819: »Könneritz allein macht mir trübe Stunden er ist hier Stadt-Adonis und man klatscht wenn ich freundlich mit ihm bin, ich fürchte auch seine Eitelkeit und so fühle ich mich bald angezogen bald zurückgestoßen, mir ist aber ein solches Spiel zuwider. Es liegt mir so klar in der Seele, daß ich ihm gut bin und mich seiner Liebenswürdigkeit freue, aber weiter nichts, daß ich gar nicht begreife wie irgendein Mensch etwas anderes dahinter suchen kan. Indessen muß man dem allgemeinen Urtheil nachgeben und folglich nicht mehr viel mit ihm reden; das geschieht den auch; aber es ist lächerlich denn er weiß recht sehr genau, wie wir miteinander stehen und daß wir uns gewiß nicht ineinander verlieben« (Lütkehaus, Nr. 100).

114 *Brief an den Vater* – Augusts Brief vom 30. Mai und 6. Juni 1819 faßt die Erlebnisse zwischen dem 28. Mai und dem 5. Juni 1819 zusammen. Ulm Sanford datiert den Brief auf den 28. Mai bis 6. Juni 1819 (Nr. 349).

115 *in die Kirche* – Schleiermacher predigte seit 1809 in der Berliner Dreifaltigkeitskirche an der Mauer- und Kanonierstraße; die Kirche wurde im Zweiten Weltkrieg zerstört und später abgetragen.
Carl Egloffstein ... ihn wieder zu sehen – Bevor Carl Egloffstein als Prinzenerzieher nach Berlin gegangen war, lebte er in Weimar und gehörte zu August von Goethes engsten Vertrauten.
Ferdinand Cortez – »Fernand Cortez oder die Eroberung Mexiko's«, Oper in drei Abteilungen nach dem Libretto von de Jouy und der Musik von Spontini. Am 20. Mai 1818 wurde die zweite Fassung der Oper erstmals unter Brühls Leitung – in Mays Neuübersetzung – mit Schinkels Bühnendekorationen und einer Ballettchoreographie von Telle aufgeführt; vgl. Harten, S. 264 bis 280, dort auch zur Überlieferung der Originalentwürfe Schinkels.
Decorationen ... Costüms ... natürl. – Schinkel hatte insgesamt drei Entwürfe geliefert: »Ein großer Tempel«, auch als »Indischer Feuertempel« und als »Peruanischer Feuertempel« bezeichnet (Entwurf zur I. Dekoration; 1. Akt), »Aussicht auf Mexiko«, auch unter dem Titel »Aussicht auf Mexiko und das

Zeltlager der Spanier« (Entwurf zur II. Dekoration; 2. Akt) und »Anordnung der Gräber, desgl.« (Entwurf zur 3. Dekoration; 3. Akt). Das Urteil über das Bühnenbild fiel durchwachsen aus. Im Unterschied zu August von Goethes Eindruck lobten die Rezensenten vor allem die als neuartig empfundene Musik, die »treffliche Aufführung«, die »Dekorationen, besonders die Nachtszene des ersten Akts« und die »schön[en] und angenehm[en] Kostüme«, bemängelten aber das »Verbrennen der Flotte«, das als zu »verfehlt« erschien, da es »zu kleinlich« ist, obwohl es eigentlich »nicht imposant genug sein [könnte], denn hier ist einer von den seltenen Fällen, wo die Dekoration Hauptsache wird« (»Berlinische Nachrichten«, 26. Mai 1818). Besonders begeisterte man sich – ebenso wie August – für die aufwendige Inszenierung, die »Spectaceleien«, mit Pferden, Kanonen, Brand-, Zerstörungs- und Opferszenen, Chor- und Tanzeinlagen und Märschen.

116 *Humboldts Nachrichten* – Die Inszenierung von Spontinis Oper »Fernand Cortez« gestaltete sich besonders schwierig. Brühl und Schinkel wollten auch hier dem Anspruch einer möglichst exakten Wiedergabe historischer Details treu bleiben. Für die Arbeit an Spontinis Oper konnten sie jedoch nicht auf genaue Abbildungen »der Mexikaner, ihrer Kleidung und ihres Putzes aus den Zeiten der Eroberung von Mexico« zurückgreifen (vgl. Brühl, Kostümwerk; zit. nach Harten, S. 266). Sie orientierten sich daher an Alexander von Humboldts Reisebeschreibung »Vues des Cordillères, et Monuments des Peuples indigènes de l'Amérique«, die anschauliche Bildtafeln – etwa einer Büste eines Azteken (Bd. 1, nach S. 50), enthielt. Die Folioausgabe von Humboldts Forschungen erschienen zwischen 1810 und 1813 in Paris in Fortsetzungen; die Quartausgabe wurde 1816 veröffentlicht und gehörte vermutlich zu den Beständen der Königlichen Bibliothek.
zu Gräfin Neel – Gräfin Pauline Neale, die Hofdame der Fürstin Radziwill, wohnte in der Wilhelmsstraße 77.
Don Carlos – »Dom Karlos, Infant von Spanien«. Trauerspiel in fünf Abteilungen von Friedrich Schiller. Am 6. Januar 1819 wurde die Neuinszenierung unter Brühls Leitung und mit vier Bühnenbildentwürfen Schinkels erstmals gespielt. Neben den beiden von August genannten Dekorationen führte Schinkel noch »Ein Vorsaal vor dem Zimmer der Königin« (Entwurf zur IV. Dekoration; 2. Akt) und »Saal des Königs« (Entwurf zur

VIII. Dekoration; 3. Akt) aus; vgl. Harten, S. 309–319, dort auch zur Überlieferung der Originalentwürfe Schinkels.

117 *Zimmers der Evoli* – Schinkels Entwurf zur V. Dekoration (»Zimmer der Eboli«). Die »Berlinischen Nachrichten« kritisierten – im Unterschied zu August – besonders das »ganz verfehlte« Bühnenbild: Es »soll ein ›Kabinett‹ der Eboli sein, und was erblickt man? Durchbrochene Wände, schweres hängendes Getäfel, Massen von Polstern und Vorhängen, mächtige brennende Girandolen und überhaupt ein so überladenes Ameublement, daß man eine prachtvolle Tapezierwerkstätte zu sehen glaubt und die gute Eboli aus alledem, trefflich gemalten Wust, kaum herausfinden kann. Nun nehme man Schillers ›Kabinett‹ und das Zarte und Erotische der ganzen Anlage, die ›idealische‹ Kleidung der Eboli, die Laute usw. und bringe es in Einklang mit dieser schwerfälligen Dekoration. Ich verlange kein Boudoir einer Pariserin; aber ein gemächlich zierliches, traulich-dämmerndes Frauengemach. Soviel kann man dem Geschmack und der Wahl einer Eboli zutrauen.« Wie August, der am 6. Juni 1819 seinem Vater schrieb, daß eine überladene Bühnendekoration die Leistung der Schauspieler und vor allem des Dichters verdränge, forderte der Rezensent ein dezenteres Bühnenbild: »Ich verlange überhaupt: daß der Dekorationsmaler sich bescheide, daß er zum Bühnengemälde nur den anspruchslosen, eher zu einfachen als zu bunten Hintergrund gebe und daß er den Dichter nicht verdränge. Wenn wir aber wie bisher fortfahren, Talente, Mühe, Zeit und Geld für einen, mehrentheils verkehrten, Zweck in Anspruch zu nehmen, wenn wir was der Dichter fatalisiert und idealisiert, lokalisieren und portraitieren, dann kann unsere Bühne, trotz aller Bemühungen einer wackeren Regie, höchstens eine Musterkarte einer bunten Garderobe und glänzender Bildwerke werden, aber nicht eine dramatische Kunstanstalt im höheren Sinne!« (»Berlinische Nachrichten«, 12. Januar 1819).

Garten von Aranjuez nach der Natur – Schinkel hatte seinen Entwurf zur II. Dekoration (1. Akt) »nach einer an Ort und Stelle aufgenommenen Original Zeichnung« angefertigt (»Theaterzettel, 6. Januar 1819; zit. nach Harten, S. 309). Die »Zeitung für die elegante Welt« berichtete am 13. November 1820, daß viele Zuschauer die Vorstellung gerade wegen der detailgenauen Rekonstruktion des Gartens von Aranjuez besucht hätten.

117 *Raabe … Ottiliens Profil* – Raabes Profilzeichnung der Ottilie ist bisher in den Sammlungen nicht nachgewiesen.

Die beyden anl. Blätter – Langermann hatte offensichtlich diesen Brief an August von Goethe kurz vor dessen Abreise geschrieben und ihm vermutlich noch persönlich übergeben. Die eine Beilage für Goethes Autographensammlung, Mursinnas Zeugnis über die wissenschaftliche Tätigkeit von Caspar Friedrich Wolf für Goethe, ist bei Schreckenbach verzeichnet (Nr. 1154), es fehlt aber dort der Hinweis, daß dieses Autograph von Langermann über August nach Weimar gelangte. Goethe veröffentlichte die zweite, hier nicht überlieferte Beilage, den ausführlicheren Bericht Mursinnas über seinen Lehrer, »Caspar Friedrich Wolfs erneuertes Andenken« vom 3. März 1819, im zweiten Heft des ersten Bandes »Zur Naturwissenschaft überhaupt, besonders zur Morphologie. Erfahrung, Betrachtung, Folgerung, durch Lebensereignisse verbunden« (Stuttgart und Tübingen: Cotta 1820). Vgl. Goethes Dank an Langermann vom 8. Juli 1819: »Und so will ich denn auch für die gesendeten Beyträge zu des trefflichen Petersburger Wolfs bescheidener Lebensgeschichte den besten Dank sagen. Empfehlen Sie mich Herrn von Mursinna auf das angelegentlichste […]. Es ist mir eine angenehme Empfindung daß jener Mann, der so ganz im Stillen gelebt, daß seine Collegen, als er starb, gar nichts von ihm zu sagen wußten, doch endlich wieder zur Evidenz des Tages gelangt und zwar in dem Sinne, wie er seiner Zeit voraus gewesen und eine nächst vorbereitete« (WA IV.31, Nr. 213).

119 *Lustgarten* – Der Schloßgarten in Dessau.

Wall – Vermutlich spazierten August und Ottilie auf den Resten der Dessauer Stadtbefestigungsanlage.

120 *Silitzer Berg* – Der Sieglitzer Berg mit seiner Gartenanlage am befestigten Hochufer der Elbe, von dem man einen weiten Blick über die Elblandschaft hat. Augusts Schreibweise bevorzugten auch Zeitgenossen; vgl. z. B. die Bildlegende »Sielitzer Berg« zur Abbildung von Christian Haldenwang und Heinrich Theodor Wehle (Abb. 11, S. 121).

artiges Gebäude … wie das römische Haus – Augusts Blick fällt auf das einstige Zentrum der Garten- und Parkanlage, den von Erdmannsdorff geschaffenen dorischen Tempelbau, der ihn an das von Herzog Carl August und Goethe 1792–1797 nach dem Entwurf von Johann August Arens angelegte Römische Haus im Weimarer Park an der Ilm erinnert. Fürst Leopold III. Friedrich Franz nutzte das Schlößchen Solitüde gelegentlich für Kuraufenthalte. Es öffnete sich zur Elbe mit einer Freitreppe und einem weißen Säulenportikus, hinter dem sich ein kleiner Saal verbarg. Heute existieren nur noch die Ruinen des dazugehörigen Küchenbaus. Anfang der 1990er Jahre wurden der historische Wanderweg und das Wegenetz mit der Freilegung der Sichtachsen wiederhergestellt.

122 *Loen … alte Geschichten* – Während seines Besuches in Dessau im Januar 1797 hatte Goethe auch Frankfurter Verwandte getroffen; vgl. »Tag- und Jahres-Hefte 1797«: »In Dessau ergötzte uns die Erinnerung früherer Zeiten, die Familie *von Loen* zeigte sich als eine angenehme, zutrauliche Verwandtschaft, und man konnte sich der frühsten Frankfurter Tage und Stunden zusammen erinnern« (FA I,17, S. 58). August und Ottilie trafen die Nachkommen von Johann Jost von Loen, einem Sohn der Schwester von Goethes mütterlicher Großmutter Anna Margarethe Textor, geb. Lindheimer (1711–1783).

124 *Gneisenau … Lebewohl zu sagen* – Vgl. Gneisenaus Brief an Goethe, 1. Juni 1819, S. 164 f.

125 *Sonntag* – Richtig: Sonnabend, den 5. Juni 1819.
Sie … so viel bey getragen haben – In Begleitung des Herzogs Carl August besuchte Goethe insgesamt achtmal Dessau. Der zweite Aufenthalt (Mai 1778) blieb mit zahlreichen Hofvisiten, Theater- und Konzertbesuchen und der Besichtigung des Wörlitzer Parks in eindrucksvoller Erinnerung; vgl. Goethe an Charlotte von Stein, 14. Mai 1778; WA IV.3, Nr. 703.
Torgau … Sonntag den 13. zu bleiben – Der Reiseplan wurde kurzfristig geändert: Ursprünglich beabsichtigten August und Ottilie, schon am 12. Juni von Torgau nach Dresden abzureisen. Da Ottilies Tante Friederike Henckel von Donnersmarck schwer erkrankt war, fuhren sie einen Tag früher ab und kamen am Abend des 12. Juni in Dresden an; vgl. August an Goethe, 8. Juni 1819, S. 131, und Tagebuch, S. 134.

126 *Nienburg* – August lernte den als »der tolle Hagen« bekannten Rittergutsbesitzer Karl Ernst von Hagen kennen, als er mit seinem Vater auf der Reise nach Halle, Magdeburg, Helmstedt und Halberstadt auch in dem nahe gelegenen Nienburg Station machte. Er spielt auf die Begegnung am 19. August 1805 an; vgl. Goethes »Tag- und Jahres-Hefte 1805« (FA I,17, S. 170 ff.).

126　*Wörrlitz* – Der Wörlitzer Park wurde 1764/65–1808 als erster großer Landschaftsgarten in Europa im englischen Stil von Fürst Leopold III. Friedrich Franz und Erdmannsdorff angelegt. Er war Vorbild für den Weimarer Park an der Ilm, dessen Ausbau nach Goethes zweitem Aufenthalt in Dessau und Wörlitz begann.

gothischen Haus – Das zwischen 1773 und 1813 nach Plänen Erdmannsdorffs erbaute Gotische Haus birgt die durch Lavater 1783 angeregte und von Fürst Leopold III. Friedrich Franz aufgebaute Sammlung Altdeutscher Gemälde (Lukas Cranach d. Ä., seine Werkstatt sowie Meister der Reformationszeit) und über zweihundert farbige Glasmalereien vom ausgehenden 15. bis zur zweiten Hälfte des 17. Jahrhunderts aus der Schweiz, Deutschland, Flandern und Frankreich. Dargestellt sind hauptsächlich Schweizer Wappen, Standesscheiben, Szenen aus dem Alten und Neuen Testament und aus der Schweizer Geschichte. Die Wörlitzer Sammlung zählte zu den hervorragendsten außerhalb der Schweiz. August und Ottilie sahen die Ausstellung schon in dem Anbau (1813 vollendet). Einzelne Objekte befinden sich heute im Museum für Anhaltische Kunst. – Das Gothische Haus diente als Privatwohnung des Fürsten, der hier mit seiner Mätresse, der Gärtnerstochter Luise Schoch (1767–1813), lebte. Mit ihr hatte er mehrere Kinder. August spielt mit seiner Bemerkung über die »gemüthl: Wohnung« vermutlich darauf an; vgl. seinen Brief an Goethe, 13./15. Juni 1819, S. 140. Noch heute ist die Schweizer Glasmalerei-Sammlung des 16./17. Jahrhunderts im Gotischen Haus zu besichtigen.

kleines Kabinet im Felsen – Ein Felsenbauwerk mit einer fünf Meter hohen Granitsäule.

sogenannte Monument – Eine aus Granitblöcken errichtete Felspartie im Wörlitzer Park.

Pantheon – Rundbau mit einer aus vier korinthischen Säulen bedeckten Säulenhalle, in der antike Skulpturen aufgestellt waren. Die Sammlung wurde 1796 von Fürst Leopold III. Friedrich Franz in Rom gekauft, traf aber aus politischen Gründen erst 1802 in Wörlitz ein.

128　*bronzener Stier wie unser* – Goethe besaß zwei nach antiken Vorbildern gegossene Bronzestatuetten eines schreitenden Stieres auf schwarzem Marmorpostament. 1810 hatte er die erste für 20 Taler, 1811 die zweite, besonders schöne Ausführung aus der

Quintus Iciliusschen Sammlung im März 1811 durch Zelters Vermittlung im Tausch gegen Medaillen von David Friedlaender erhalten; vgl. Schuchardt II/I,IIb: Bronze-Figuren und Reliefs, Nr. 67 und 68, und Zelter an Goethe, 16. bis 20. Februar 1811; MA 20.1, Nr. 158. Beide Stierstatuetten stehen im Großen Sammlungszimmer im Goethehaus am Frauenplan; vgl. Maul/Oppel, S. 75, und die Abb. S. 77.

128 *nach dem Stein … alles besehen* – Die Insel »Stein«, 1788–1796 zusammen mit der Villa Hamilton, der Grotte der Egeria und einem antiken Theater künstlich angelegt; vgl. Abb. 12, Goethes Zeichnung des Wörlitzer Steins, S. 127 (vgl. Corpus IVa, Nr. 322, Goethe-Nationalmuseum Weimar, Inv.-Nr. 12105). Zur Würdigung des Wörlitzer Parks ließ Herzog Karl August 1782 eine Kopie des »Dessauer Steins« im Weimarer Park an der Ilm anlegen.

Kirche – St. Petri, ursprünglich eine romanische Kirche, 1804 bis 1809 von Fürst Leopold III. Friedrich Franz im neugotischen Stil umgebaut.

Michaeli – Der 29. September, der Gedenktag des Erzengels Michael. Er gilt u. a. als Stichtag für Kündigungen oder den Neubeginn für Arbeitsverhältnisse.

129 *5 Tagen … M.* – Vgl. Adele Schopenhauers Tagebuchaufzeichnungen aus Leipzig, 5. Juni 1819; dort heißt es über den finanziellen Ruin des Bankhauses Muhl in Danzig, dem die Familie Schopenhauer ihr Vermögen anvertraut hatte: »Mit Grausen setze ich die Feder an, guter Gott, was liegt zwischen diesen Zeilen! Mein ganzes Schicksal wendete sich seit jenen freundlich holden Tagen […]! Am Donnerstag vor acht Tagen, den 27. Mai, traf der zerschmetternde Schlag. Muhl hat falliert. Anfangs bedachte ich nur die Hälfte des Übels, dann aber das Scheiden von allem. Eine eisige, resignierte Verzweiflung ließ mich Kraft und Besonnenheit finden, zu tun, was not war. Unzählige Beweise von Liebe kommen mir überall entgegen; ich ward weicher, milder, zuweilen spielte die Hoffnung um mich, ich vergaß stundenweise mein Unglück. Louise, die Pogwisch und meine Line wußtens. Niemand sonst. In der Mutter wechselten die Extreme, Verzweiflung und Leichtsinn, Selbsttäuschung und Hoffnung mit Heldenmut und Ruhe, zuweilen Kälte. Ottilien schrieb ich, als ich ruhiger war; damals glaubte ich gewiß, daß wir Michaeli wiederkämen – jetzt! Am letzten Tag ließ ich mir

Ottiliens Kind bringen. Unsere Reise war geheimgehalten, ich brachte noch eine gelassene, fast heitere Stunde mit der Pogwisch zu – endlich nahm ich von den andern Abschied, die Mutter nahm nur gleichgültige Besuche an. Abends um zehn Uhr, als ich mit Packen fertig, kam Könneritz. Er war früher, ehe er zu den Eltern reiste, dagewesen – ich hoffte nicht mehr, ihn zu sehen, aber wie er ankam, lief er her. Ich machte noch das Kunststück, eine ordentliche, ruhige Stube, ein Abendessen bereitzuhalten, und wir gewannen Mut, am Rande des Abgrunds die Blüten des Moments zu brechen, wir spielten noch sehr freundlich zusammen, und der tiefe Ernst blickte nur durch, wir lebten noch eine schöne Stunde, dann wars aus. Woher ich die Kraft nahm oder nehme! Vielleicht, weil ich mein Unglück noch nicht kenne, vielleicht, weil ich so glücklich war – jetzt sinkt die Kraft, weil der Körper zusammenbricht, von Minute zu Minute fühle ich mich matter und kränker, möchte ich sagen, aber ich habe keinen bestimmten Schmerz, nur Ottilie, Ottilie« (Tagebücher, S. 21 f.). Vgl. auch Adeles Brief an Arthur Schopenhauer, 28. Mai 1819; Lütkehaus, Nr. 101. Mit dem Bankrott des Danziger Bankhauses verloren Johanna und Adele Schopenhauer 70% ihres Vermögens; ihnen blieb neben der Jahrespacht aus dem Gut in Ohra bei Danzig eine jährliche Rente von 300 Talern, die nach Johanna Schopenhauers Tod ihrer Tochter Adele zufallen sollte. Arthur hatte im Gegensatz zu seiner Mutter und Schwester einen Vergleich abgelehnt und nach Androhung einer Klage sein Kapital zurückerhalten; vgl. Büch, S. 123 f.

130 *einen Freund* – Vermutlich Ferdinand Heintze.
Linen … Ulle – Karoline von Egloffstein und Ulrike von Pogwisch.

131 *Georgen Garten* – Damals außerhalb Dessaus im südlichen Teil des Georgiums gelegener Landschaftspark, im Auftrag des Fürsten Leopold III. Friedrich Franz von Erdmannsdorff zwischen 1780 und 1800 angelegt.
2 Kisten – Nicht ermittelt. – Der Brief trägt den Poststempel: »Dessau 11. Juni« und die Anschrift: »Sr. Excellenz dem Herrn Geheimen Rath von Goethe zu Weimar Nebst Zwey Kistchen Sign. H. G. v. G.«

132 *Anker* – Das Hotel Goldener Anker am Markt in Torgau.
Der Grade Weg der beste – »Der gerade Weg der beste«, Lustspiel in einem Akt von Kotzebue (1817). Das Stück wurde von

einer kleinen Schauspieltruppe im Rathaussaal aufgeführt; vgl. Augusts Bemerkungen in seinem Brief an Goethe, 13. und 15. Juni 1819, S. 142.

132 *der Schiffskapitain* – »Der Schiffskapitän oder Die Unbefangenen«, frei nach dem französischen Original bearbeitet von Carl Ludwig Blum (um 1818).

Minette – Vermutlich Minette von Brederlow.

133 *alte Schloß* – Schloß Hartenfels, das bedeutendste deutsche Schloß der Frührenaissance in Torgau, das im Zuge des Festungsbaus 1811/12 als Festung, später als Kaserne genutzt wurde.

Logenrede über Voigt – Am 22. März 1819 starb Goethes Freund und Kollege, der Minister Christian Gottlob von Voigt. Wie Goethe war er Mitglied der Weimarer Freimaurerloge »Anna Amalia zu den drei Rosen«. Am 16. April fand die Gedenkveranstaltung statt, die »Denkrede auf Christian Gottlob von Voigt« hielt Kanzler Friedrich von Müller; sie wurde noch im selben Jahr gedruckt; vgl. Goethes Tagebuch, 14. April 1819; WA III.7, S. 37, und Ruppert, Nr. 251.

Schwesternlied von Molke – Goethe besaß ein Exemplar des alten Freimaurerliedes »Schwestern-Lied zur Feier der Vermählung der Durchl. Prinzessin Caroline von Sachsen-Weimar am 1. Julius 1810 gesungen in der Loge Amalia zu Weimar« (Weimar 1810); Näheres nicht ermittelt.

das Schloß – Die Albrechtsburg in Meißen, 1471–1500 von Arnold von Westfalen errichtet und um 1520 von Jakob Heilmann erweitert.

Dohm ... 800 Jahre alt – Augusts Beschreibung des Meißener Domes ist ungenau: Der Bau des gotischen Domes begann im Jahr 1260; die Erweiterungen dauerten bis 1410; er war also »nur« 600 Jahre alt. Unter Friedrich dem Streitbaren wurde 1425 eine Begräbniskapelle errichtet, die das ursprüngliche Westportal zum Innenportal machte. Zwischen 1470 und 1477 ließ Arnold von Westfalen ein drittes Geschoß aufsetzen. – August und Ottilie von Goethe sahen den Dom ohne die beiden hohen Türme, die nach einem Blitzschlag 1413 mit der gesamten Westfront eingestützt waren und erst von 1903 bis 1908 wieder aufgebaut wurden.

Buschbad – Bad und Kurort bei Meißen, heute ein Stadtteil von Meißen.

134 *am Thor* – August und Ottilie kamen von Nordwesten durch die Neustadt, passierten den Zoll am Blockhaus der Neustädter

Wache und fuhren weiter über die Augustusbrücke in die Dresdner Altstadt hinein.

134 *Goldnen Engel* – Das erstklassige und beliebte »Hotel zum goldenen Engel« in der Wilsdruffer Straße 7 lag am linken Elbufer in der Altstadt. Im Handschriftenkonvolut des Reisetagebuchs befinden sich zwei Hotelquittungen für Kost und Logis über 32 Taler 21 Groschen und über 31 Taler 4 Groschen (GSA 37/XII,4). Während seines dritten Aufenthalts in Dresden war Goethe in diesem Hotel abgestiegen.

Engländer – Arthur Gregory.

136 *brühlischen Garten* – Die etwa 500 m lange und 200 m breite Brühlsche Terrasse, ein ursprünglich an der Elbe sich hinziehender Wall, auf dessen Plattform 1738 Heinrich Graf von Brühl einen Garten vor seinem Palais durch Johann Christoph Knöffel anlegen ließ. 1814 ließ der russische Gouverneur Nicolai Fürst Repnin Wolkonski (1747–1817) eine große Freitreppe von Gottlob Friedrich Thormeyer errichten und machte die Brühlsche Terrasse für die Öffentlichkeit zugänglich. Sie ist bis heute ein beliebter Spazierweg und eine Hauptattraktion für Touristen.

herrliche Aussicht – Der Blick auf die Lößnitzer Höhen.

nach der Brüke – Die damals 402 m lange, 18 m breite und aus 17 Bogen und 18 Pfeilern bestehende Augustusbrücke, die älteste Sandsteinbrücke Dresdens, die Alt- und Neustadt miteinander verband.

Local ... Doubletten Gallerie – Die ehemalige Brühlsche Galerie am Brühlschen Palais am Platz des heutigen Ständehauses. Sie wurde 1846 von Knöffel für Brühls bedeutende private Gemäldesammlung gebaut. Das langgestreckte einstöckige Gebäude auf der Brühlschen Terrasse war 87,5 m lang und 11,4 m breit und erinnerte August durch seine äußere Form an die Gemäldegalerie Sanssouci. Nach dem Ankauf der Brühlschen Sammlung durch Katharina II. im Jahre 1786 (heute in der Ermitage in St. Petersburg) wurden die Räume für akademische Kunstausstellungen genutzt. Im »Doublettensaal« war zeitweise Canalettos Prospektsammlung ausgestellt. Das Gebäude wurde 1887 abgerissen.

Ital. Oper ... Johann von Paris – »Gianni di Parigi« (»Johann von Paris«), komisches Melodrama, Musik von Francesco Morlacchi, Text von Felice Romani (Uraufführung Mailand, 29. Mai 1818). Die Aufführung der Königlichen Italienischen Oper fand

im Morettischen Theater statt, das sich im italienischen Dörf-
chen (heute: Theaterplatz) befand, 1754/55 von Julius Heinrich
Schwarze als »kleines Hoftheater« gebaut wurde und als Wirkungsstätte Morlacchis und Webers galt. Es umfaßte nach einem
Umbau etwa 800 Zuschauerplätze.

136   *den Linden* – Die zwischen 1687 und 1732 entstandene Neustädter Hauptstraße, die sich 400 m vom Neustädter Markt bis hin
zum Schwarzen Tor am Albertplatz erstreckt. Da am Ende der
Bauzeit zwischen den beiden Fahrbahnen Linden gepflanzt
wurden, wurde die Straße im Volksmund »Allee« oder »Linden«
genannt.

Cosakensprache – Anspielung auf August von Goethes man-
gelnde Französischkenntnisse. In Verehrung des auf Korsika ge-
borenen Napoleons I. hatte August dieses Wortspiel erfunden,
wobei er aber die russischen Don-Kosaken mit den Einwohnern
der französischen Insel (Korsen) verwechselte. In seinem Tagebuch »Auf einer Reise nach Süden« ist dieser Ausdruck ebenfalls belegt; vgl. Beyer/Radecke, S. 60.

137   *Chathol: Kirche* – Sachsens größte Kirche, die von dem römischen Architekten Gaetano Chiaveri und Julius Heinrich
Schwarze im Auftrag des Kurfürsten Friedrich August II. zwischen 1739 und 1754 gebaute ehemalige Katholische Hofkirche
(heute: Kathedrale St. Trinitatis).

Gang ... Schloß – Am linken Seitenschiff führt ein brückenarti-
ger Gang direkt zum Residenzschloß.

Princeß – Prinzessin Josepha von Sachsen, die im Sommer 1819
König Ferdinand VII. von Spanien heiratete.

mein Schicksal – Durch Wilhelm von Humboldts Vermittlung
hatte August von Goethes Freund Ernst von Schiller eine Stelle
als Assessor am Kreisgericht in Köln erhalten; Goethe erfuhr
davon am 29. Mai 1819; vgl. Goethes Tagebuch; WA III.7, S. 52.

138   *Hrn. Kanzler* – Kanzler Friedrich von Müller.

Linkischen Bade – Das seit 1734 betriebene Freiluftbad an der
Prießnitzmündung am rechten Elbufer wurde von dem Akzise-
rat Karl Christian Lincke (1728–1799) gekauft, der die vorhande-
nen Badehäuser ausbaute, den Garten in einen Lustpark verwan-
delte und 1775 einen Fachwerkbau als Sommertheater für etwa
500 Zuschauer errichten ließ. Seitdem galt das in der Neustadt
gelegene Etablissement als Inbegriff des Dresdener Geistes- und
Vergnügungslebens. Die Königliche Hofbühne hatte das Theater

seit 1817 für eigene Vorstellungen in Pacht genommen. Im Zweiten Weltkrieg wurde die Anlage vollständig zerstört und nur der älteste Teil – die Drachenschänke – wieder aufgebaut.

138 *T. d. h.* – Table d'hôte, Gemeinschaftstafel in einem Restaurant.

140 *Cosakensprache* – Vgl. Anm. zu S. 136 *Cosakensprache*.

den Brief – August schrieb seinen Brief an Goethe, der die Erlebnisse zwischen dem 6. und dem 13. Juni 1819 zusammenfaßt, am 13. und 15. Juni 1819; in Ulm Sanford ist er auf den 6. und 13. Juni 1819 datiert (Nr. 351).

gemüthl: Wohnung – Vgl. Augusts Tagebuch, S. 126, und Anm. zu S. 126 *gothischen Haus*.

141 *Glaphey ... Ulrike* – Nicht ermittelt.

143 *Gallerie* – Eine der bedeutendsten Sammlungen von Meisterwerken der europäischen Malerei des 15. bis 18. Jahrhunderts. Durch den Ankauf von niederländischen und italienischen Werken gelang August dem Starken eine systematische Erweiterung; 1756 umfaßte die Sammlung bereits 4700 Gemälde. Sie zeichnete sich durch große Geschlossenheit aus und bildete den Grundstock der heutigen Gemäldegalerie Alte Meister. Die Königliche Gemäldegalerie befand sich seit dem 16. Jahrhundert zunächst als kleine Sammlung in der Kunstkammer, seit 1722 im Johanneum, einem ehemaligen Stallgebäude, das als Ausstellungsort der königlichen Kunstsammlungen genutzt und in den Jahren 1722–1729 und 1744–1746 von Georg Maximilian von Fürstenhoff und Johann Christoph Knöffel zur zweigeschossigen Gemäldegalerie ausgebaut wurde. 1855 zog die Sammlung in die neue, repräsentative Sempergalerie am Zwinger, wo sie sich seit 1960 wieder befindet.

144 *Großen Meisterwerke* – August und Ottilie sahen u. a. die bedeutenden Gemälde, die mit den Ankäufen im 18. Jahrhundert aus der Wallensteinschen Sammlung (Dux), aus Amsterdam und Den Haag, aus der Kaiserlichen Galerie in Prag und aus der Sammlung des Herzogs Francesco III. von Modena nach Dresden gekommen waren: Tizians »Zinsgroschen«, vier Altartafeln von Correggio, Werke von Veronese, Holbein, Rubens und Velázquez. Hinzu kamen Raffaels »Sixtinische Madonna«, 1754 von der Klosterkirche San Sisto zu Piacenza erworben, Canalettos Stadtveduten und die Gemälde von Rembrandt und Giorgione.

Rüstkammer – Zwischen dem 16. und 18. Jahrhundert sammelten die sächsischen Kurfürsten Prunkwaffen, Harnische sowie

Jagd- und Reitzeug aus Europa und dem Orient und trugen eine der größten und wertvollsten Prunkwaffensammlungen im Schloß zusammen.

144 *Ihrer Frau Tante* – Wilhelmine von Treskow.

145 *Raabe ... Reise* – Vgl. Anm. zu S. 51 *Rabe ... über Weimar ... nach Italien.*
Ihr Herr Onkel – August von Treskow.

146 *Zelter schreibt mir* – Johanna und Adele Schopenhauer trafen am 6. Juni in Berlin ein; vgl. Schopenhauer, Tagebücher (S. 22). Franz Nicolovius besuchte sie demnach am 9. Juni 1819. Über das Treffen notierte Adele nur: »Visiten von Zelter, Nicolovius usw. usw.«

147 *Adele ... Bericht abstatten* – Während ihres Berlin-Aufenthaltes besichtigte Adele wie August und Ottilie von Goethe die Bildhauerwerkstatt von Rauch und Tieck, traf mit dem Ehepaar Wolff und Seebeck zusammen, ging mit Franz Nicolovius zu Ottilies Tante Wilhelmine von Treskow, sah Goswin von Brederlow, besuchte zusammen mit Schadow das Stadtschloß, hörte ein Konzert in Zelters Singakademie (»Judas Makkabäus«) und machte die nähere Bekanntschaft mit dem Dichter Ludwig Tieck; vgl. Adele Schopenhauers Tagebuch, 11. Juni 1819: »Atelier von Schadow, Blüchers Grabmal [*richtig: das Denkmal für Breslau*], Luthers Denkmal gesehen. Eine erfreuliche Stunde mit seiner Familie durchlebt. In einer kleinen Kirche unfern seiner Wohnung sahen wir sein Größtes, vielleicht schönstes Werk, ein Denkmal des verstorbenen Sohns des Grafen Lichtenberg, Grafen von der Mark, – das auf Helm und Schild schlafende Kind auf dem Sarkophag, oben die alten Parzen« (Tagebücher, S. 24). Über die gemeinsame Besichtigung von Sollys Gemäldesammlung äußerte sich Adele nicht.
Ihr Stammbuch – Ottilie von Goethes Stammbuch wird im Goethe-Museum Düsseldorf, Anton- und Katharina-Kippenberg-Stiftung, aufbewahrt (NW 1162/1969). Zahlreiche Berliner Bekannte, Freunde und Verwandte erinnerten mit ihren Versen an die gemeinsame Zeit in Berlin. Das Stammbuch kehrte offenbar erst im Frühjahr 1820 nach Weimar zurück, denn es findet sich noch ein letzter Eintrag am 20. Februar 1820. – Gneisenau hatte den folgenden Spruch geschrieben: »Stets zwischen zwei Disteln reift die Ananas. Aber stets zwischen zwei Ananassen reift unsere stechende Gegenwart, zwischen der Erinnerung und der Hoffnung. Genieße stets der süssen Frucht ohne die Nachbar-

disteln«. Neben Goswin von Brederlow (vgl. Anm. zu S. 181 *17 April*) und Gneisenau trugen sich u. a. Langermann, Staatsrat Nicolovius, Doris Zelter, Henriette von Bardeleben, Staatsrat Schultz (12. Juli 1819), Henriette Schadow (4. September 1819), Schadow (31. Oktober 1819) und schließlich Amalie von Helvig (12. Februar 1820) ein.

147 *Vetter … wiederzuerhalten* – Vgl. Goswin von Brederlows Brief an Ottilie, 16. Juni 1819, S. 181.

Hr. Erich – Vgl. Ottilies Tagebuch, 10. Mai 1819, S. 58; Näheres nicht ermittelt.

148 *Engländer u. Italiener* – Arthur Gregory und Chiari.

149 *Pilnitz* – Schloß Pillnitz, das am rechten Elbufer oberhalb von Dresden gelegene Lustschloß Augusts des Starken und seiner Mätresse Gräfin Anna Constanze von Cosel (1680–1765) und Sommerresidenz des sächsischen Königshauses, zwischen 1720 und 1792 von Matthias Daniel Pöppelmann, Zacharias Longuelune, Johann Daniel Schacht und Christian Traugott Weiling mehrfach umgebaut und erweitert.

erfreul: Nachricht … Franz Nicolovius – Vgl. Nicolovius an Ottilie von Goethe, 11. Juni 1819, S. 144–147. Schopenhauers reisten dennoch nach Danzig; vgl. Adele Schopenhauers Brief an Ottilie, 15. Juni 1819, S. 176.

ihrem alten Plan gemäß – Adele Schopenhauer hatte beabsichtigt, im Frühsommer 1819 zusammen mit ihrer Mutter für drei Monate nach Dresden zu reisen. Sie wollte dort bei dem Blumenmaler Moritz Tettelbach (1794–1870) »malen« lernen und bei der Mutter von Johann Gottlob von Quandt wohnen; vgl. Adele Schopenhauer an Arthur, 12./22. Mai 1819; Lütkehaus, Nr. 100.

150 *nach den Catalog* – August benutzte offenbar einen Katalog der Königlichen Gemäldegalerie, den Karl Friedrich Demiani seit 1812 in mehreren Auflagen herausgegeben hatte; Näheres nicht ermittelt. Das Reise-Exemplar ist in den Beständen der Klassik Stiftung Weimar nicht nachgewiesen. August besichtigte zunächst die obere erste (äußere) Galerie, die in acht Unterabteilungen französische, niederländische, flämische, deutsche, italienische und spanische Meisterwerke präsentierte.

Mengsischen Gypsabgüsse – Im Stallgebäude befand sich die Sammlung von 870 Abgüssen von Anton Raphael Mengs, die Kurfürst August III. 1783 erworben hatte. Sie befindet sich heute im Zwinger.

150 *Brief von Vater d. d. 14. Jun.* – Goethe hatte den Brief an seinen Sohn durch Einschluß zu seinem Brief an Heinrich Ludwig Verlohren vom 14. Juni 1819 mitgeschickt; vgl. Verlohren an Goethe, 17. Juni 1819 (GSA 28/394).

151 *Deine fortgesetzten Relationen* – Dieser Brief ist bis auf die eigenhändige Grußformel von Kräuter geschrieben worden. Goethe hatte bis zum 14. Juni vier weitere Briefe aus Berlin und Dessau erhalten: aus Berlin, 20./21. Mai (Eingang: 27. Mai; WA III.7, S. 51), Berlin, 28. Mai (Eingang: 31. Mai; WA III.7, S. 52), Dessau, 30. Mai/6. Juni, sowie Dessau, 8. Juni 1819.

Eindruck ... Anzeigen – Am 2. Juni 1819 hatte z. B. Zelter dem Freund u. a. geschrieben: »Die *Kinder haben übrigens ihr Glück gemacht:* dem Könige hat die Frau gefallen und August würde als Chargé d'affaires nicht übel bei uns angestellt sein« (MA 20.1, Nr. 325).

Wilhelmsthal – Die großherzogliche Sommerresidenz in der Nähe von Eisenach.

Rehbein ... Braut zu Tische – Goethe hatte August bereits in seinem Brief vom 26. Mai 1819 von dem gemeinsamen Essen am 23. Mai 1819 mit Rehbein und seiner Braut Christine Marie Schmidt berichtet; vgl. S. 108.

Lina – Karoline von Egloffstein.

Atheniensische Pferdekopf – Vgl. August an Goethe, 15. Mai 1819, S. 65, und Schadow an Goethe, 27. März 1819 (GSA 28/82).

ich schreibe ... Herrn von Verloren – Goethe hatte am 14. Juni 1819 u. a. geschrieben: »Mein Sohn mit seiner kleinen jungen Frau werden sich in diesen Tagen Ihnen vorstellen und um geneigte Aufnahme, auch gefällige Mitwirkung bitten, daß sie sich des kurzen Aufenthalts in Dresden nützlich erfreuen mögen. Sollten sie einiges Geldes bedürfen, so ersuche damit auszuhelfen, die Wiedererstattung erfolgt sogleich durch Herrn Frege in Leipzig. Meinen Wunsch Ew. Hochwohlgeboren in Dresden zu begrüßen und mich dort an Natur und Kunst wieder einmal recht gründlich zu erfreuen, muß ich nun auf meine Kinder übertragen, die mir denn bei ihrer Rückkunft durch ihren jugendlichen Genuß frühere Zeiten gewiß erfreulich vergegenwärtigen sollen« (WA IV.31, Nr. 181). Am 17. Juni folgte Verlohrens Antwort an Goethe: »[...] gütiges Schreiben nebst Beilage an den Herrn Sohn habe zu erhalten die Ehre gehabt und leztere sogleich abgegeben. Der Herr Sohn nebst Frau Gemahlin genie-

ßen des besten Wohlseyns und sind unermüdet die hiesigen
Kunst-Gallerien in Augenschein zu nehmen. Beide finden großen Genuß an diesen Kunstsachen und verwenden die mehrigste
Zeit dazu. Morgen werden selbige in die so genannte Sächs.
Schweitz reisen und einige Tage daselbst bleiben, wozu das an-
haltende schöne Wetter sehr günstig ist. Es würde mich außerordentlich gefreut haben, wenn ich bei dieser so erwünschten Gelegenheit das Glück gehabt hätte, Ew. Excellenz Hier zu sehen
und meine Ehrfurcht zu bezeugen. Ich denke noch an die stür-
mische Zeit wo dieselben bei uns waren. Was hat sich seit dieser
Zeit nicht geändert. Ew. Excellenz würden die Gegend um Dresden nicht mehr kennen, man beeifert sich, die umliegende Gegend so schön als möglich herzustellen, kein Wall, keine Mauer
ist mehr zu sehen kaum kan ich mich mehr erinnern wie es vor
einigen Jahren gewesen ist. Mich verlangt recht sehr mich nach
Weimar zu begeben, allein meine reichhaltigen Geschäfte, welche einer Gegenwart unumgänglich erfordern, haben es bei be-
fristeten Wunsch bis jetzo unmöglich gemacht, ich denke es zu
Mitt. d. J. möglich zu machen, wenn mir nicht die bevorstehende
Vermählung der Prinzessin Josepha mit dem König von Spanien
hinderten im Weg leget. Es ist mir recht hertzlich leid, daß ich so
wenig im stand bin, dem Herrn Sohn und Frau Tochter gefällig
zu seyn, allein der Herr Sohn ist in allem so unterrichtet und
orientirt, daß er meiner Hülfe nicht bedarf. Sollte selbiger Geld
benöthiget seyn, so werde ich ihm soviel als er braucht, mit vielen Vergnügen vorschießen, welches ich ihm auch gestern bei
Ueberreichung des Schreibens zu erkennen gegeben habe. Es ist
hier wie es im Sommer gewöhnlich ist, sehr stille, da die meisten
Herrschaften sich auf ihre Lands Güter begeben haben. Wir haben hier große Hitze und Trockenheit gehabt, jedoch ist an
nichts Mangel, da es in der umliegenden Gegend geregnet hat.
Indem ich mich in der ferneres gütiges Wohlwollen gantz erge-
benst empfehle, gebe ich mir die Ehre mich der ausgezeichensten
Verehrung zu seyn Ew. Excellenz gantz gehorsamster Diener
Heinrich Ludwig Verlohren« (GSA 28/934; unveröff.).

152 *fatale Nachricht* – Betrifft den Konkurs des Bank- und Handels-
hauses Muhl in Danzig; vgl. Adele Schopenhauers Brief an Ottilie, 1. Juni 1819, S. 129 f., und Anmerkungen.

zu thun ist. – Das Briefkonzept enthält einen erweiterten
Schlußteil von Kräuters Hand, der deutlicher als die letzte, ab-

geschickte Fassung Goethes zum Ausdruck bringt, daß und wie Goethe die Reise seiner Kinder mitgestaltet: »Von Böttchern nimm so wenig als möglich Freundlichkeit an, lehne seine Zudringlichkeit ab, und wenn du in Gefahr liefest, grob seyn zu müssen; es ist einer von den Menschen mit denen man sich nie versöhnen muß. In Leipzig dagegen wünschte ich, daß du mehrern Personen freundlich wärest und wie in Berlin manches Freundliche genössest, was man mir von langer Zeit her zugedacht hat. So wäre denn erstlich der H. Theaterunternehmer Hofrath Küstner zu begrüßen, sodann Hofrath B., Hofrath Rochlitz besonders, Keils und Löhrs und wen du sonst meiner gedenkend antriffst. Frege's mit denen ich so lange in Verhältniß stehe, mußt du nothwendig begrüßen. Mein Rath und Wille daher ist, daß du nicht etwa Leipzig zum Schluß als eine Schnurre ablaufen lassest, sondern daß du daselbst auch dein bescheiden Theil dahin nimmst, weil ich sowohl das Theater als anderes durch dein Medium erkennen möchte. Damit du aber siehst daß es damit Ernst sey, so habe ich dich durch Genasten anmelden lassen. Richtet euch also anständig und ordentlich ein und eilt mir ja nicht nach Hause. Bey Rochlitz findest du Briefe von mir wo das Weitere zu vernehmen seyn wird« (WA IV.31, S. 366).

152 *Antiken Gallerie im Japan. Pallais* – Das Japanische Palais, 1715 auf Veranlassung Augusts des Starken aus einem holländischen Palais gebaut; zwischen 1727 und 1737 erhielt es unter den Baumeistern Pöppelmann, Knöffel, Longuelune und de Bodt sein heutiges Aussehen. Neben der Dresdner Antikensammlung, der frühesten Antikensammlung außerhalb Italiens (zwischen 1717 und 1728 angelegt, ab 1785 im Japanischen Palais untergebracht, heute Skulpturensammlung im Albertinum), und der Sächsischen Landesbibliothek (seit 1786) beherbergte es die Münz- und seit 1717 die Porzellansammlung Augusts des Starken. Im barocken Palaisgarten auf der Elbseite hat man den berühmten »Canaletto-Blick« auf die Stadtsilhouette. Heute befinden sich im sogenannten Porzellanschloß das Landesmuseum für Vorgeschichte und das Staatliche Museum für Völkerkunde.

153 *Löwen des Hrn: Sarastro* – Anspielung auf Mozarts Oper »Die Zauberflöte«.

Porzellain – Die Porzellansammlung Augusts des Starken hat den größten Bestand japanischen Porzellans außerhalb Japans;

daneben enthält sie chinesisches und Meißner Porzellan. Heute befindet sich die Sammlung im Südwestpavillion des Zwinger.

153 *Bötchersche Braune Porcellain* – Bevor Böttger 1709 das weiße Porzellan erfand, hatte er 1704 braunrotes Steinzeug hergestellt; in der Porzellansammlung im Japanischen Palais befand sich auch eine Sammlung von Böttger-Erzeugnissen.

Neben Gebäude ... Feder Tapeten – Das mit indianischen Vogelfedern tapezierte Federzimmer, seit 1830 in Schloß Moritzburg bei Dresden ausgestellt.

Tapeten nach Raphael: Mustern – Fünf große farbige Wandteppiche nach Zeichnungen Raffaels schmückten das Federzimmer im Japanischen Palais. Sie befinden sich heute in der Gemäldegalerie Alte Meister.

154 *eine Eisbude unter den Linden* – Vermutlich die sogenannte Grüne Bude des Konditors Wazau in Dresden Neustadt an der Hauptstraße (auch Neustädter Allee oder Linden genannt).

ins Theater – August und Ottilie sahen im Morettischen Theater die erste Dresdner Aufführung von »Don Gutierre oder Der Arzt seiner eignen Ehre«. Tragödie in fünf Aufzügen nach Pedro Calderón de la Barca, übersetzt und bearbeitet von Carl August West.

Menzia – Richtig: Donna Mancia.

Werdy ... alter Frankfurther Bekannter – Der Schauspieler Friedrich August Werdy spielte vor seinem Engagement in Dresden zwischen 1798 und 1817 am Theater in Frankfurt am Main; ein erster Besuch bei Goethe in Weimar ist am 16. September 1817 belegt; vgl. WA III.6, S. 108.

Zwinger Garten – Der Innenhof des Dresdner Zwingers, der zwischen 1710 und 1732 in mehreren Bauphasen nach den Plänen von Pöppelmann und Balthasar Permoser entstand. August und Ottilie sahen die Anlage noch ohne die von Gottfried Semper entworfene Gemäldegalerie Alte Meister, die die Lücke zur Elbseite hin erst 1854 schloß.

T. d. h. – Table d'hôte.

Engländer ... Italiener – Gregory und Chiari.

150 rth – August verzeichnete neben allen Ausgaben auch die Einnahmen der Reise; für Dresden notierte er: »An Einer Anweisung nach Dresden 150 rth.« (GSA 37/XII,4)

Del. – Henriette Solmar, Sängerin und spätere Salonière aus Berlin.

154 *Gr. S. u. Hrn. v. H.* – Nicht ermittelt.

Catalog – Demianis Katalog der Königlichen Gemäldegalerie. August besichtigte die obere erste (äußere) und zweite (innere) Abteilung mit italienischen, florentinischen und römischen Werken sowie das untere Stallzimmer mit seinen insgesamt 16 Unterabteilungen.

Thiere … Rhinoceros – Bevor der Dresdner Zoo 1861 gebaut wurde, hielten sich die Kurfürsten im Ausland erworbene oder als Gastgeschenke mitgebrachte Wildtiere wie Löwen, Affen, Leoparden und Bären. Wenn keine Jagd veranstaltet wurde, waren die Tiere in Menagerien im Jägerhof untergebracht, einer ehemaligen Gebäudeanlage in der inneren Neustadt. Dorthin fuhren August und Ottilie.

155 *engl: Reitern und Seiltänzern* – August und Ottilie besuchten den Zirkus der Kunstreiter- und Seiltänzertruppe des Herrn Tourniere. Elf Jahre später, am 24. August 1830, sah August die Artisten in veränderter Besetzung in Florenz wieder. In seinem Italien-Reisetagebuch »Auf einer Reise nach Süden« erinnert er sich an die erste Begegnung in Dresden: »Nach Tisch ging ich in den Circus des Herrn Tourniere, doch er ist *todt* und *Madam* dirigirt. Im Jahr 19 sah ich dieße Gesellschaft mit Ottilien zuerst in Dresden, wo auch ein Rhinoceros dabei zu sehen war. Von der ganzen Gesellschaft war niemand mehr als besagtes Rhinoceros geblieben, doch hatte es in den 11 Jahren nicht mehr Falten im Gesicht bekommen« (Beyer/Radecke, S. 142).

Helldorf getroffen – Vgl. Henriette von Pogwisch an Ottilie von Goethe, 26. Mai 1819, S. 112.

der Vater Nachricht – August schrieb seinen Brief an Goethe am 16. Juni 1819; in Ulm Sanford ist er auf den 14. bis 16. Juni 1819 datiert (Nr. 353).

158 *Brief vom 14. Juny* – Vgl. den Abdruck auf S. 151 f.

Urlaub von 7 Wochen – Kurz nachdem Augusts Brief in Weimar eingetroffen war, schrieb Goethe u. a. am 21. Juni 1819 an Minister Ernst Christian August von Gersdorff: »Meines Sohnes siebenwöchentlicher Urlaub geht morgen zu Ende, er bat mich ihm noch eine Woche Verlängerung zu verschaffen; da aber der ungewöhnlich verspätete Brief erst heute anlangt so bleibt mir nichts übrig als Hochdieselben auf das freundlichste zu ersuchen, wenn er solchen Urlaub, den er bey seiner Rückkehr aus der Sächsischen Schweiz vorzufinden hoffte, als stillschweigend gegeben ansehn und einige Zeit länger verweilen sollte, solches günstig nachzusehen und ihn bei seiner Rückkunft, wo er die Geschäfte gewiß mit erneutem Eifer angreifen wird, günstig und wohlwollend zu empfangen.« Das Gesuch wurde noch am 21. Juni 1819 bewilligt: »Ew. Excellenz beehre ich mich gehorsamst zu erwiedern daß ich mit Vergnügen Dero Herrn Sohn den gewünschten verlängerten Urlaub ertheile« (GSA 28/82, Bl. 182); vgl. Goethe an August, 22. Juni 1819, S. 189 f.

160 *Handschrift von Baczko* – Der blinde Schriftsteller Ludwig von Baczko hatte den Entwurf des Gedichtes »Wer sich des Lebens freue« eigenhändig auf der linken Seite mit unruhigem Duktus niedergeschrieben; der Text wurde von Schreiberhand in lateinischen Buchstaben rechts daneben abgeschrieben. Goethe notierte schließlich mit roter Tinte: »v. Baczko« sowie »(Der blinde preußische Geschichtsschreiber) im Jahre 1802.« (Vgl. Schreckenbach, Nr. 62)

seinem Stammbuch – Nicht ermittelt; Brederlows Stammbuch ist nicht nachgewiesen.

Facsimile – Nicht ermittelt.

General Gneisenau – Vermutlich handelt es sich um Gneisenaus Brief an Goethe vom 1. Juni 1819, den Gneisenau über Ottilie nach Weimar gelangen ließ; eine weitere Handschrift Gneisenaus befindet sich nicht in Goethes Autographensammlung.

161 *Zelter schon lange so kennen* – Ein erster Kontakt zwischen Goethe und Zelter ist durch Zelters Brief an Goethe vom 11. August 1799 belegt, wobei indirekte Begegnungen bis 1796 zurückverfolgt werden können; zu der mehr als dreißig Jahre währenden Freundschaft vgl. Norbert Miller, Endliches, unendliches Gespräch, in: MA 20.3, S. 7–93.

ihren Vater zu begleiten – Doris Zelter reiste im Juni 1819 nicht mit ihrem Vater nach Weimar; vgl. Goethe an August, 22. Juni 1819, S. 190.

163 *Plätzchen auf der Leuchtenburg* – Die Leuchtenburg, ein altes Schloß bei Kahla, wo sich eine Straf- und Irrenanstalt befand.

Nikolovius … Reise nach Duisseldorf … über Weimar – Staatsrat Nicolovius traf am 27. August 1819 mit seinen Töchtern Florentine und Cornelia in Weimar ein; vgl. Ottilie an Goethe, 28. August 1819; Oettingen I, S. 367. In einem Brief an Ottilie bedankte er sich am 31. Oktober aus Berlin für die herzliche Aufnahme; vgl. Oettingen I, S. 369.

163 *Clementinen* – Clementine von Milkau, verheiratete Mandelsloh.

165 *Antiquaren* – Gemeint sind nicht nur im engeren Sinne Antiquariatsbuchhändler, sondern auch Antiquitätenhändler.

166 *sächsischen Schweiz* – Volkstümliche Bezeichnung für das an beiden Elbuferseiten von der böhmischen Grenze bis nach Pirna auf 360 km² sich erstreckende Elbsandsteingebirge, seit dem 12. September 1990 offiziell als »Nationalpark Sächsische Schweiz« bezeichnet. Der charakteristische Elbsandstein war ein begehrtes Baumaterial und wurde auch in andere Städte transportiert, so z. B. von Pirna nach Berlin für den Bau des neuen Schauspielhauses; vgl. Augusts Tagebuch, S. 54 und 64.
Lochmühle – Ein Gasthaus im Liebetaler Grund.
Bastey – Der 305 m hohe Basteifelsen mit Blick auf die 190 m tiefer fließende Elbe, den Kurort Rathen und den Lilienstein (415 m), der bekannteste und schönste Aussichtspunkt in der Sächsischen Schweiz.

168 *Badehause* – Das Kurbad von Schandau mit einem Hotel- und Restaurantbetrieb.
großen Fußparthie – August und Ottilie wählten eine der beliebtesten Tagestouren durch die Sächsische Schweiz: den Weg von Schandau über den Kuhstall, den großen Winterberg nach Böhmen, wo sie bis zum Prebischtor und nach Herrnskretschen gelangten.
bedekten Holsteiner Wagen – Leiterwagen mit Sitzbrettern.
felsiges und romantisches Thal – Das Kirnitzschtal.
Kuhstalls – Ein 309 m hohes offenes Felsentor mit einem 5 m hohen und 9 m breiten Eingang; dort gab es einen Restaurantbetrieb.
Felsen Thäler betrachtet – Tritt man durch das Felsentor bis an den Rand des Felsen, sieht man auf die waldige Tiefe des Habichtsgrundes.

170 *eigentl: Felsen* – 80 Stufen führen hinauf zum Plateau (336 m hoch), von dort steigt man an der Westseite an einem dreieckig eingefaßten Vorsprung, der Kanzel, die im Dreißigjährigen Krieg dem Lichtenhainer Geistlichen als Predigtplatz diente.
Aussicht auf die nächsten Thäler – Habichtsgrund, Lorenzsteine, Raubschloß, Kleiner Winterberg, Speichenhörner, Lausche, Tannenberg und Wolfsberg.
stiegen wir den Berg herab – August und Ottilie nahmen den steilen Pfad, der nahe beim Eingang des Kuhstalls über 199 Stu-

fen durch die Nasse Schlucht hinab zum Habichtsgrund entlang dem Fremdenweg zur Dietrichsgrundstraße hin zum Plateau des Kleinen Winterbergs führt.

170 *kleinen Pavillon* – Das 50 m hoch gelegene Winterhäuschen, das 1818 aus einem ehemaligen Jagdhäuschen neu gebaut wurde.

171 *Brebischtor* – Das 16 m hohe Prebischtor (heute: Pravcická Brúna), die »Eingangspforte« nach Böhmen. Es gilt als der kühnste und imposanteste Felsenbau Europas; ein durchbrochener Felsenvorsprung, von oben wie eine Brücke, von unten wie ein riesiges Tor aussehend.

gegenüberstehendes Lied – Der hier im folgenden abgedruckte Text steht im Original auf der linken Seite (Bl. 67).

172 *Hirnisgrätschen* – Das 124 m hoch gelegene böhmische Grenzdorf Herrnskretschen an der Mündung des Kammnitzbaches in die Elbe (heute: Hřensko).

Nachtquartier ... Schandau – Im Handschriftenkonvolut des Reisetagebuchs befindet sich eine Hotelquittung für Kost und Logis für alle fünf Teilnehmer der Reise in die Sächsische Schweiz über 22 Taler 21 Groschen und 6 Pfennige (GSA 37/XII,4).

174 *Bad* – Vermutlich in der Schwimm- und Badeanstalt an der Elbe nahe der Villa Quisisana in Schandau.

Gondel ... Pirna ... Dresden – Für die Rückreise nach Dresden wählten August und Ottilie den beliebten Wasserweg mit der Gondel, den Carl Heinrich Nicolai schon 1801 Reisenden empfohlen hatte: »Wer nun aber auf seiner Rückreise noch eine rechte Augenweide genießen will, miete sich in Schandau einen Kahn und fahre auf der Elbe bis Wehlstädtchen oder Pirna, so weit es ihm beliebt. Diese Wasserreise an einem heiteren Tag zu machen, ist etwas ungemein Ergötzendes« (Nicolai, S. 54).

T. d. h. – Table d'hôte.

Frau von Brederlow – Goswins Mutter Karoline Ernestine von Brederlow.

176 *Dir ... einige Zeilen* – Adele Schopenhauers Brief an Ottilie ist nicht überliefert; vgl. Tagebuch, S. 152.

Arthur ... nach Dresden zurück – Adeles Bruder Arthur Schopenhauer hatte sich seit September 1818 in Italien aufgehalten; er kehrte im Juli 1819 nach Dresden zurück.

außergerichtlichem Wege von Muhle – Zum Konkurs des Bankhauses Muhls in Danzig vgl. die Anm. zu S. 129 *5 Tagen ... M.*

177 *Freund Heinke* – Ottilie hatte sich in den in preußischen Dien-
sten stehenden Leutnant Ferdinand Heinke verliebt, als dieser
nach der Völkerschlacht bei Leipzig nach Weimar gekommen
war. Nach ihrer ersten Begegnung am 16. November 1813 bei Johanna Schopenhauer trafen sich die beiden bis zu Heinkes Abfahrt am 28. Dezember 1813 bei gesellschaftlichen und privaten
Anlässen, worunter auch August und Ottilies Beziehung gelitten hatte; vgl. Hecker, S. 261–269. Ottilie und Heinke standen
noch bis drei Monate vor Heinkes Tod im Jahre 1856 in brief-
lichem Kontakt; vgl. Bluhm, S. 117f., und Rahmeyer, S. 83–98.
Charlottens Vetter – Vermutlich Charlotte und Heinrich von
Egloffstein.
Stein … in W. – Der Generallandschaftspräsentant in Breslau,
Friedrich (Fritz) von Stein, der jüngste Sohn Charlotte von
Steins; vgl. Goethes Tagebuch, 19. und 20. Juni 1819; WA III.7,
S. 59.
Wolffs … unglücklich – In ihrem Tagebuch äußert sich Adele
Schopenhauer am 14. Juni 1819 etwas offener über die unglück-
liche Schauspieler-Ehe und die zumindest zu diesem Zeitpunkt
beabsichtigte Trennung: »[…] die Wolff hat mir alles geklagt,
arme, unselige Frau – und Er. Ich kanns nicht glauben, er liebt
die Stich, und sie werden sich trennen, eben war er bei mir. Ich
hatte ihr versprochen, so zu sein wie sonst, und ich konnte nur
den schönen geliebten Augen glauben, als er so neben mir saß.
Ich war freundlich, sagte ihm aber, wie eitel er sei – und wie
krank seine Frau, aber er war gleich wieder ruhig, als ich endete,
die Rührung flog nur wie ein Blitz durch sein Gesicht. Ich
sprach viel von ihrer Liebe, er schwieg, aber ich konnte das nicht
unterlassen – o, ich fühlte es ja gleich! Ich nannte ihn mit allen
Namen jener Zeit, und er konnte nicht *gehen* – wie sonst! Ich
konnte nicht an eine solche Verirrung seiner Phantasie glauben,
denn, mein Gott, ich kenne ja das edle Herz! Warum sprach sie
erst heute davon, meine Bitten, mein Flehen halfen ja nichts
mehr, und sie hat ja recht! Sie kanns ja nicht aushalten, und er
sieht ihre Tränen, ihre Leiden ohne Gefühl. – Sie wird sich übereilen, und ich bin nicht bei ihr – schreiben darf und kann ich
ihr nicht, Vernunftgründe helfen nicht! Entfernung allein
könnte alles lösen, und er kommt früher als seine Frau, vielleicht
um ganz frei zu sein, hierher nach Berlin: wo sie ist. – Drei Jahre
sah er sie ruhig, seit drei Wochen liebt er sie, er ein Mann von

achtunddreißig Jahren, in einer Ehe von dreizehn Jahren! Wie Möller hier war, nahm er sich herrlich, und nun! ach, es bricht mir das Herz wie den Glauben. Gute Ottilie, wenn dich diese Blätter in diesem Leben erreichen, so tröste mich und halte mich in dem Schwanken der Zweifel an Herzen, die so edel waren und so sanken – gib du mir wieder feste, ruhige, vertrauende Hoffnung. Mir fehlt alle Kraft im Glauben!« (Tagebücher, S. 24 f.)

179 *Deiner Kindheit* – Vgl. das Vorwort, S. 21.

das Buch – Nicht ermittelt.

Minette – Vermutlich Minette von Brederlow, Goswins Schwester.

Selters – Niederselters, ein Kurort im Taunus; das berühmte Mineralwasser wurde empfohlen bei chronischen Erkrankungen, Entzündungen der Schleimhäute und Fieber.

180 *Die Mutter ... ihr Befinden* – Vgl. Goswin von Brederlows Brief an Henriette von Pogwisch, 10. Juni 1819 (GSA 40/XXXIV,1,6; unveröff.).

Karlsbad – Heute: Karlovy Vary. Berühmter Kurort und Stadt in Westböhmen; die Quellen werden zu Trink- und Badekuren gegen Magen-, Darm-, Gallen-, Nieren- und Leberleiden empfohlen sowie gegen Gicht, Zuckerkrankheit und Fettsucht.

Töplitz – Heute: Teplice. Nordböhmischer Kurort mit alkalisch-salinisch-radioaktiven Quellen.

Hensel ... Ottilien – Der Berliner Maler Wilhelm Hensel hielt sich seit Mai 1819 in Dresden auf, um an einem Porträt der Sängerin Catharina Sigl, die ein Engagement an der Königlichen Hofoper angenommen hatte, weiterzuarbeiten. Ob er auch eine Zeichnung von Ottilie von Goethe angefertigt hat, ist nicht bekannt; vgl. Lowenthal-Hensel/Arnold, S. 58.

Arnim und ihrem Bruder Clemens – Hensel verkehrte in Elisabeth von Stägemanns Salon und hatte verschiedene Bleistiftporträts von Personen aus diesem Kreis angefertigt; vgl. Anm. zu S. 81 *Stegmanns*. Von Clemens Brentano sind mehrere Zeichnungen überliefert, u. a. die Bleistiftzeichnung »Clemens Brentano Dichter« (Berlin 1817; 172x147 mm); vgl. Lowenthal-Hensel/Arnold, S. 46.

181 *Raabe ... dargestellt* – Raabes Profilzeichnung Ottilie von Goethes ist in den Kunstsammlungen in Weimar, Düsseldorf und Franfurt nicht nachgewiesen.

181 *Staegemann* – Vgl. Anm. zu S. 81 *Stegmanns.*

Das Stammbuch – Vgl. Franz Nicolovius an Ottilie, 11. Juni 1819, S. 147, und Anm. zu S. 147 *Ihr Stammbuch.*

17 April – Unter dem 17. April hatte Karoline von Egloffstein anonym geschrieben: »Träume sind des Lebens schönste Stunden / Selten wird die Erdennacht erhellt – / Weil es ernsten Mächten so gefällt – / Unter Dornen wird das Ziel gefunden!« Darunter erwiderte Goswin von Brederlow: »Unter Dornen wird das Ziel gefunden! Doch es giebt noch eine beßre Welt, die vereint was Hier getrennt gefällt, wo das Herz denn endlich mag gesunden! GB.«

182 *Deine Adele ... hier gewesen* – Über das Treffen mit Goswin von Brederlow schreibt Adele Schopenhauer in ihr Tagebuch: »Eine große Freude stand mir noch in den letzten Stunden bevor: Goswin kam, weil er von mir gehört hatte. Ich hatte zwei Tage heftiges Kopfweh gehabt und war in einer wehmütig gereizten Stimmung, unaussprechlich tröstend war mir seine Erscheinung gerade jetzt – von Ottilien ging doch diese letzte Freude aus, wie ein Gruß war mir sein Kommen. Sehr schnell waren wir bekannt, herzlich zusammen wie Verwandte, wir berührten offenherzig Freude und Schmerz, die uns getroffen. Ottilie war der Punkt, um den sich fast alle unsere Gespräche drehten. Er blieb mehrere Stunden. Beim Abschied war er förmlich; die Mutter sagte ihm etwas von Freude über seine Bekanntschaft; ich fragte, ob ich das auch sagen müßte oder ob ers schon wüßte? Unwillkürlich hingerissen, bot er mir die Hand, unbewußt gab ich sie, und wir schieden schmerzlich bewegt wie nach langer Bekanntschaft – –« (Tagebücher, S. 29 f.)

183 *Besorgniß um Dich* – Adele und Goswin sorgten sich – wie alle andern – um Ottilies Gesundheit, worüber bei dem Treffen wohl auch gesprochen wurde; vgl. Schopenhauer, Tagebücher, 11. Juli 1819, S. 33. Demnach wollten sich die beiden um ein Gespräch zwischen dem Hausarzt von Goswins Mutter – Berends – und Goethe bemühen. Am 10. Juni 1819 hatte Goswin seiner Tante Henriette von Pogwisch, Ottilies Mutter, besorgt geschrieben: »Berends geht auch im August nach Karlsbad, und da ich weiß daß Ottiliens Schwiegervater auch in dieser Zeit dort eintrifft, so würde es vielleicht möglich sein daß beide, die gewiß miteinander bekannt sein werden, auch dort über Ottilien sprechen und Berends bestimmt wird über Weimar zurück

zu gehen um Sie dort zu sehen. Dadurch würde alles erreicht werden, was ich als Bruder für Ottilie wünschen kann, und ich bin überzeugt daß die Schwester Zutrauen zu Berends erhalten werde, da er, wie man hier behauptet, so viel Uebereinstimmendes in seinem Wesen mit dem geheimen Rath v. Göthe haben soll« (GSA 40/XXXIV,1,6). Am 30. und 31. August 1819 sind erste Treffen zwischen Goethe und Berends in Karlsbad belegt; vgl. WA III.7, S. 87. Bereits im Mai hatte Adele ihrem Bruder Arthur Schopenhauer anvertraut: »Ihre Kränklichkeit nimt zu, ihre Kräfte schwinden, mit Todesangst sehe ich zu, wie meinem Leben ein Schlag droht, der alles zerstören muß, was mich glücklich macht. Ein unbeugsamer Starrsinn der ihrem Wesen eignet läßt sie nichts ernstlich brauchen, und so bleibt mir nur die Hoffnung auf ihre gute Natur, auf ihre Jugend, die sie vielleicht doch rettet!« (12./22. Mai 1819; Lütkehaus, Nr. 100)

184 *durch Goswins Brief* – Vgl. Goswin von Brederlow an Ottilie von Goethe, 10. Juni 1819, S. 180–182.

 Catalog – Demianis Katalog der Königlichen Gemäldegalerie.

 grüne Gewölbe … Grohs Mogul – Das Grüne Gewölbe ist das prächtigste Schatzkammermuseum Europas. Seit September 2006 befindet es sich als rekonstruiertes Gesamtkunstwerk wieder an seinem Ursprungsort, den zwischen 1723 und 1730 eingerichteten Erdgeschoßräumen im Westflügel des Schlosses. – August meint das von Johann Melchior Dinglinger, dessen Bruder Georg Friedrich und 14 weiteren Gehilfen geschaffene berühmte Tafelprunkstück »Hofstaat zu Delhi am Geburtstag des Großmoguls Aureng-Zeb« (1701–1708), das aus 137 goldenen, farbig emaillierten Figuren und über 3000 Perlen, Smaragden, Rubinen und Diamanten besteht. Zu den kostbaren Beständen gehören die von August aufgezählten verschiedenartigen Edelsteingarnituren im Juwelenzimmer.

186 *zu Hause geschrieben* – August schrieb seinen Brief an Goethe am Morgen und Abend des 23. Juni 1819; in Ulm Sanford ist er auf den 17. bis 23. Juni 1819 datiert (Nr. 354). Die Anschrift lautet: »Sr. Excellenz dem Herrn Geheime Rath und Staats-Minister von Goethe. Gross und Comthur Kreuz mehrerer hohen Orden zu *Jena Durch Gelegenheit*«.

188 *Sonnabend Abend den 26. Juny* – August und Ottilie beendeten ihre Reise erst einen Tag später und kehrten am 27. Juni nach Weimar zurück.

189 *Italienerladen* – Vermutlich das »Café de l'Europe«, die berühmte, von dem Italiener Baldini am Altmarkt errichtete elegante Konditorei.

dieses Brieflein – Von Kräuters Hand; der letzte Satz und die Unterschrift von Goethes Hand.

Gersdorf Deinen Urlaub – Vgl. Anm. zu S. 158 *Urlaub von 7 Wochen.*

190 *Eure letzten Briefblätter* – Augusts und Ottilies Briefe aus Dresden vom 13./15. und 16. Juni 1819.

Brief vom Grafen Gneisenau – Graf Gneisenau an Goethe, 1. Juni 1819; vgl. S. 164.

der übrigen Blätter – Ein Entwurf von Baczkos Gedicht »Wer sich des Lebens freue«; das andere nicht ermittelt.

Johannes – Vgl. Anm. zu S. 191 *Bischoff ... z. G. A.*

Stein aus Breslau – Friedrich (Fritz) von Stein.

Geschenk an Mineralien – Am 20. Juni 1819 war die »Kiste Mineralien von Herrn Ritter von Giesecke« eingetroffen (Goethes Tagebuch; WA III.7, S. 60), am 17. Juli bedankte sich Goethe bei Carl Ludwig von Giesecke für das »unerwartete Vergnügen«. Die Lieferung bestand aus Zinnformationen, einem Kryolithen, der »eine merkliche Lücke« in Goethes Sammlung ausfüllte, und einem »Labrador von großer Schönheit« (WA IV.31, Nr. 222).

Bärenschädel ... Muggendorfer Höhle – Ein Eisbärenschädel aus den Muggendorfer Höhlen bei Streitberg (Oberfranken), den Goethe mit einem Schreiben von Constantin Ludwig Freiherr von Welden am 30. Mai 1819 erhalten hatte (GSA 28/82, Bl. 175). Am 18. Juni 1819 bedankte sich Goethe für die Lieferung und die damit verbundene Förderung der »wissenschaftliche[n] Neigung« (WA IV.31, Nr. 190).

Zelter – Zelter traf am 22. Juni 1819 in Weimar ein und blieb bis zum 27. Juni 1819.

191 *drüben ... Stadt Wien* – Ottilies Verwandte logierten im komfortablen Hotel Stadt Wien am gegenüberliegenden rechten Elbufer an der Augustusbrücke.

T. d. h. – Table d'hôte.

Bischoff ... z. G. A. – August besuchte die 1776 in Wildenfels gegründete Dresdner Johannes-Freimaurerloge »Zum goldenen Apfel im Orient« (»z. G. A.«) in der Rampischen Straße 14. Sie hatte seit 1781 ihren Sitz in Dresden. Der in Weimar geborene Hof- und Justizrat Johann Nicolaus Bischoff war 1806 in die

Loge eingetreten und bekleidete zwischen 1814 und 1821 das Amt des Meisters vom Stuhl (»M.«), seit 1818 hatte er das Ehrenamt eines Großrepräsentanten. Der Logenbruder (»B«) war bekannt, denn er hatte mehrere Schriften über die Freimaurerei verfaßt, z. B. die »Hymne bey Wiederherstellung der älteren Maurerey in der Loge Zum goldenen Apfel am 28. Februar 1897« (Dresden 1807).

192 *Hotel De Saxe* – Im Handschriftenkonvolut des Reisetagebuchs befindet sich eine Hotelquittung für Kost und Logis in Leipzig über 6 Taler und 9 Groschen (GSA 37/XII).

195 *mein letzter Brief* – August an Goethe, Dresden, 23. Juni 1819; vgl. S. 187–191. Goethe hatte am 28. Juni 1819 erfahren, daß seine Kinder von der Reise zurückgekommen waren; vgl. Goethes Tagebuch, 28. Juni 1819; WA III.7, S. 63.

LITERATURVERZEICHNIS

Werkausgaben, Briefe und Tagebücher

FA *Goethe, Johann Wolfgang:* Sämtliche Werke. Briefe, Tagebücher
und Gespräche. Vierzig Bände. Hrsg. von Friedmar Apel u. a.
Frankfurt am Main 1986–1999.
1. Abteilung: Sämtliche Werke
Band 15.1: Italienische Reise Teil 1. Hrsg. von Christoph Michel
und Hans-Georg Dewitz. Frankfurt am Main 1993.
Band 17: Tag- und Jahreshefte. Hrsg. von Irmtraut Schmid.
Frankfurt am Main 1994.
Band 20: Ästhetische Schriften 1816–1820. Über Kunst und Al-
tertum I–II. Hrsg. von Hendrik Birus. Frankfurt am Main 1999.
Band 21: Ästhetische Schriften 1821–1824. Über Kunst und Al-
tertum III–IV. Hrsg. von Stefan Greif und Andrea Ruhlig.
Frankfurt am Main 1998.
GA *Goethe, Johann Wolfgang:* Gedenkausgabe der Werke, Briefe und
Gespräche. 24 Bände. Hrsg. von Wolfgang Pfeiffer-Belli. Zürich
und Stuttgart 1949–1960.
Erster Ergänzungsband: Johann Caspar Goethe, Cornelia Goe-
the, Catharina Elisabeth Goethe: Briefe aus dem Elternhaus.
Hrsg. von Ernst Beutler. Zürich/Stuttgart 1960.
HA *Goethes Werke.* Hamburger Ausgabe in 14 Bänden. Hrsg. von
Erich Trunz. Hamburg 1948–1960. Überarbeitete Neuauflage
1986–1990.
Briefe an Goethe. Band II. Textkritisch durchgesehen und mit
Anmerkungen versehen von Karl Robert Mandelkow. Mit ei-
nem Register für die Bände I–II, bearb. von Hendrike Veldhuis.
Zweite, durchgesehene Auflage München 1982.
MA *Goethe, Johann Wolfgang:* Sämtliche Werke nach Epochen sei-
nes Schaffens. Münchner Ausgabe. Hrsg. von Karl Richter u. a.
München 1986–1998.
Bd. 20.1–3 Briefwechsel zwischen Goethe und Zelter in den Jah-
ren 1799 bis 1832. Text 1828–1832, Dokumente, Register und
Kommentar. Hrsg. von Edith Zehm, Sabine Schäfer u. a. Mün-
chen 1998.

WA *Goethe, Johann Wolfgang von:* Goethes Werke. Hrsg. im Auftrag der Großherzogin Sophie von Sachsen. Weimarer Ausgabe. München 1987. [Reprint der Erstausgabe Weimar 1887–1919]
Abteilung I: Goethes Werke.
Abteilung III: Goethes Tagebücher.
Abteilung IV: Goethes Briefe.

Bluhm, Heinz: August von Goethe und Ottilie von Pogwisch. Briefe aus der Verlobungszeit. Erstausgabe. Mit einem Kommentar von Dorothea Lohmeyer-Hölscher. Weimar 1962.

Briefe an Goethe. Gesamtausgabe in Regestform. Hrsg. von der Stiftung Weimarer Klassik Goethe- und Schiller-Archiv. Weimar 1980ff. Band 6: 1811–1815 Teil 2: Register, bearb. von Manfred Koltes u. a. Weimar 2000.

Düntzer, Heinrich (Hrsg.): Briefwechsel zwischen Goethe und Staatsrath Schultz. Leipzig 1853.

Geiger, Ludwig: Aus Berliner Briefen Augusts von Goethe (19. bis 26. Mai 1819), Ein Brief der Ottilie (undatiert). In: Goethe-Jahrbuch 28 (1907), S. 26–56.

Goethe, August von: Auf einer Reise nach Süden. Tagebuch 1830. Revidierte und erweiterte Taschenbuchausgabe. Hrsg. von Andreas Beyer und Gabriele Radecke. München 2005.

Gräf, Hans Gerhard (Hrsg.): Goethes Briefwechsel mit seiner Frau. Zweiter Band 1807–1816. Frankfurt am Main 1916.

Grumach, Ernst: Kanzler von Müller: Unterhaltungen mit Goethe. Kritische Ausgabe. Weimar 1956.

Heine, Heinrich: Briefe aus Berlin. In: Heinrich Heine: Band 4: Tragödien, Frühe Prosa 1820–1831. Bearb. von Karl Wolfgang Becker. Berlin/Paris 1981 (Heinrich Heine Säkularausgabe), S. 113–160.

Lütkehaus, Ludger (Hrsg.): Die Schopenhauers. Der Familien-Briefwechsel von Adele, Arthur, Heinrich Floris und Johanna Schopenhauer. München 1998.

Oettingen, Wolfgang von (Hrsg.): Aus Ottilie von Goethes Nachlaß. Briefe von ihr und an sie 1806–22 [Bd. 1], bis 1832 [Bd. 2]. Nach den Handschriften des Goethe- und Schiller-Archivs. Weimar 1912 f. (Schriften der Goethe-Gesellschaft, Bd. 27 f.).

Tagebücher der Adele Schopenhauer. Erster Band. Leipzig 1909.

Ulm Sanford, Gerlinde (Hrsg.): Goethes Briefwechsel mit seinem Sohn August. Mit Einleitung, Kommentar und Register. Band 1: Text, Band 2: Kommentar und Register. Köln/Weimar 2005.

Allgemeiner Namen- und Wohnungs-Anzeiger von den Staatsbeamten, Gelehrten, Künstlern, Kaufleuten, Fabrikanten, Handel- und Gewerbetreibenden, Partikuliers, Rentiers in der Königl. Preuß. Haupt- und Residenz-Stadt Berlin. Für das Jahr 1818 und 1819. Nach alphabetischer Ordnung eingerichtet und hrsg. von C. F. W. Wegener. Berlin [1818].

Allgemeines Adreßbuch für Berlin. Hrsg. von J. W. Boicke. Berlin 1820.

Biedrzynski, Effi: Goethes Weimar. Das Lexikon der Personen und Schauplätze. Zweite, überarb. Auflage Zürich 1993.

Corpus der Goethe-Zeichnungen. Band IVa, Nr. 1–348. Nachitalienische Landschaften. Bearb. von Gerhard Femmel. Leipzig 1966 (Goethes Sammlungen zur Kunst, Literatur und Naturwissenschaft).

Corpus der Goethe-Zeichnungen. Band IVb, Nr. 1–271. Nachitalienische Zeichnungen 1788 bis 1829. Antike, Porträt, Figurales, Architektur, Theater. Bearb. von Gerhard Femmel. Leipzig 1968 (Goethes Sammlungen zur Kunst, Literatur und Naturwissenschaft).

Fiedler, Horst und Leitner, Ulrike: Alexander von Humboldts Schriften. Bibliographie der selbständig erschienenen Werke. Berlin 2000 (Beiträge zur Alexander-von-Humboldt-Forschung, Bd. 20).

Fischer, Paul: Goethe-Wortschatz. Ein sprachgeschichtliches Wörterbuch zu Goethes sämtlichen Werken. Leipzig 1984. [Reprint der Erstausgabe Leipzig 1929]

Günther, Gitta, Huschke, Wolfram und Steiner, Walter (Hrsg.): Weimar. Lexikon zur Stadtgeschichte. Weimar 1998.

Keudell, Elise und Bulling, Karl (Bearb.): Goethe als Benutzer der Weimarer Bibliothek. Ein Verzeichnis der von ihm entliehenen Werke. Leipzig 1982. [Reprint der Erstausgabe Weimar 1831]

Klauß, Jochen: Goethes Deutschland. Orte und Stätten von Aachen bis Zwickau aus der Sicht des Dichters. Stuttgart 1998.

Maul, Gisela und Oppel, Margarete: Goethes Wohnhaus. München 1996.

Ruppert, Hans (Bearb.): Goethes Bibliothek. Katalog. Weimar 1958 (Goethes Sammlungen zur Kunst, Literatur und Naturwissenschaft).

Schaeffer, Emil und Göres, Jörn: Goethe. Seine äußere Erscheinung. Literarische und künstlerische Dokumente seiner Zeitgenossen. Frankfurt am Main 1980.

Schreckenbach, Hans-Joachim (Bearb.): Goethes Autographensammlung. Katalog. Weimar 1961 (Goethes Sammlungen zur Kunst, Literatur und Naturwissenschaft).

Schuchardt, Christian: Goethe's Kunstsammlungen. 3 Bände. Hildesheim/New York 1976. [Reprint der Erstausgabe Jena 1848]

Unterberger, Rose: Die Goethe-Chronik. Frankfurt am Main/Leipzig 2002.

Wilpert, Gero von: Goethe-Lexikon. Stuttgart 1998 (Kröners Taschenausgabe, Bd. 407).

Internetquellen
(Stand: 30. November 2006)

http://www.gesetzlose-gesellschaft.de
http://www.klassikberlin.bbaw.de
http://www.dhm.de

Stadtbeschreibungen, Reiseführer,
kulturgeschichtliche Literatur und Tageszeitungen

o. A.: Beschreibung von Sans-Souci und Neuen Palais und Charlottenhof mit Umgebungen, auch aller übrigen Königlichen und Prinzlichen Schlösser, Gärten und Anlagen in und bei Potsdam. Erinnerungsbuch für Besucher dieser Königlichen und Prinzlichen Anlagen, nach den zuverlässigsten Quellen bearbeitet. Zweite Auflage Potsdam 1850.

Bartel, Elisabeth u. a. (Hrsg.): Die Königliche Eisengießerei zu Berlin 1804–1874. Die Sammlung Preußischer Eisenkunstguß in der Stiftung Stadtmuseum Berlin. Berlin 2004.

Bartoschek, Gerd: Die Gemälde in der Bildergalerie und ihre Hängung. In: Die Bildergalerie in Sanssouci. Bauwerk, Sammlung und Restaurierung. Festschrift zur Wiedereröffnung 1996. Berlin 1996, S. 73–88.

Behr, Adalbert und Hoffmann, Alfred: Das Schauspielhaus in Berlin. Berlin 1984.

Berlinische Nachrichten von Staats- und gelehrten Sachen. Mai und Juni 1819. [Haude und Spenersche Zeitung]

Bloch, Peter und Grzimek, Waldemar: Die Berliner Bildhauerschule im neunzehnten Jahrhundert. Das klassische Berlin. Berlin 1994.

Börsch-Supan, Helmut: Karl Friedrich Schinkel: Bühnenentwürfe. 2 Bände. Berlin 1990.

Bolzenthal, Heinrich Eduard und Winckelmann, Johann Joachim (Hrsg.): Verzeichnis der geschnittenen Steine in dem Königlichen Museum der Alterthümer zu Berlin [ehemalige von Stoschische Gemmensammlung]. Berlin 1827.

Calau, August Friedrich: Ansichten von Berlin, Potsdam, Charlottenburg, Paretz, Pfaueninsel Berlin 1823. [Erste Auslieferung in Fortsetzungen 1818/19]

Eisold, Norbert: Das Dessau-Wörlitzer Gartenreich. Der Traum von der Vernunft. Zweite, überarb. Auflage Rostock 2004.

Fambach, Oscar: Das Repertorium des Königlichen Theaters und der Italienischen Oper zu Dresden 1814–1832. Mit einem Vorwort und 4 Registern. Bonn 1985 (Mitteilungen zur Theatergeschichte der Goethezeit, Bd. 8).

Fellmann, Walter: Sachsen Lexikon. München/Berlin 2000.

Freydank, Ruth: Theater in Berlin. Von den Anfängen bis 1945. Berlin 1988.

Giersberg, Hans-Joachim und Schendel, Adelheid: Potsdamer Veduten. Stadt- und Landschaftsansichten vom 17. bis 20. Jahrhundert. Potsdam 1984.

Gülzow, Albrecht und Herrmann, Peter: Der Potsdamer Stadtkanal. Potsdam 1997.

Haenel, Erich und Kalkschmidt, Eugen: Das alte Dresden. Bilder und Dokumente aus zwei Jahrhunderten. Augsburg 2006. [Reprint der Erstausgabe Leipzig 1934]

Harten, Ulrike: Karl Friedrich Schinkels Lebenswerk. Band 17: Die Bühnenentwürfe. Überarbeitet von Helmut Börsch-Supan und Gottfried Riemann. München/Berlin 2000 (Denkmäler deutscher Kunst).

Herrmann, Frank: Edward Solly – Geschäftsmann, Kunstsammler, Kunsthändler. In: Jahrbuch Preußischer Kulturbesitz 7 (1969), S. 149–159.

Hoppe, Willy: Die Gesetzlose Gesellschaft zu Berlin. Gegründet am 4. November 1809. Festschrift zum 150jährigen Bestehen. Berlin 1959.

Hosäus, Wilhelm: Verzeichnis der in den Gebäuden des Herzoglichen Gartens zu Wörlitz aufbewahrten Gegenstände. Dessau 1869.

Jäckel, Günter: Dresden zur Goethezeit. Die Elbestadt von 1760 bis 1815. Zweite Auflage Berlin 1990.

Jäckel, Günter (Hrsg.): Dresden zwischen Wiener Kongreß und Maiaufstand. Die Elbestadt von 1815 bis 1850. Berlin 1989.

Juchhoff, Rudolf: Die Büchersammlung des Generalpostmeisters von Nagler in der Preußischen Staatsbibliothek. In: Gustav Abb (Hrsg.): Von Büchern und Bibliotheken. Ernst Kuhnert als Abschiedsgabe dargebracht. Berlin 1928, S. 201–208.

Königlich Privilegirte Zeitung von Staats- und gelehrten Sachen (Vossische Zeitung), Mai und Juni 1819.

Matschoß, Conrad: Die Entwicklung der Dampfmaschine. Eine Geschichte der ortsfesten Dampfmaschine und der Lokomobile, der Schiffsmaschine und Lokomotive. Einführung zur Neuausgabe von Kurt Manuel und Wolfgang König. Düsseldorf 1997. [Reprint der Erstausgabe Berlin 1908]

Mende, Hans-Jürgen (Hrsg.): Lexikon aller Berliner Straßen und Plätze. Von der Gründerzeit bis zur Gegenwart. 4 Bände. Berlin 1998.

Morin, Friedrich: Berlin und Potsdam im Jahre 1860. Neuester Führer durch Berlin, Potsdam und Umgebungen. Ein Taschenbuch für Fremde und Einheimische. Braunschweig 1980. [Reprint der Erstausgabe Berlin 1860]

Nicolai, Carl Heinrich: Wegweiser durch die Sächsische Schweiz. Mit neuen Abbildungen nach Adrian Zingg und einer Karte. Zweite Auflage Dresden 1991. [Erstausgabe Dresden 1801]

Nicolai, Friedrich: Beschreibung der Königlichen Residenzstädte Berlin und Potsdam, aller daselbst befindlichen Merkwürdigkeiten, und der umliegenden Gegend. Dritte Auflage Berlin 1786.

Pertz, G. H.: Die königliche Bibliothek in Berlin in den Jahren 1846 bis 1850. 1851 bis 1853. Berlin 1851.

Pniower, Otto: Berlin. In: Goethe-Handbuch. Hrsg. von Julius Zeitler. Band 1. Stuttgart 1916, S. 190–194.

Rumpf, Johann Daniel Friedrich: Berlin und Potsdam. Eine vollständige Darstellung der merkwürdigsten Gegenstände. Erstes und Zweites Bändchen. Berlin 1803 f.

Rumpf, Johann Daniel Friedrich: Der Fremdenführer oder wie kann der Fremde in der kürzesten Zeit, alle Merkwürdigkeiten in Berlin, Potsdam, Charlottenburg und deren Umgebungen, sehen und kennenlernen. Berlin 1826.

Sachse, Adolf: Der Montagsklub in Berlin 1749–1899. Fest- und Gedenkschrift zu seiner 150. Jahrfeier. Berlin 1899.

Schäffer, C. und Hartmann, C.: Die königlichen Theater in Berlin. Statistischer Rückblick auf die künstlerische Tätigkeit und die Personalverhältnisse während des Zeitraums vom 5. 12. 1786 bis 31. 12. 1885. Berlin 1886.

Simmel, Folke u. a.: Stadtlexikon Dresden A–Z. Dresden 1998.

Simson, Jutta von: Christian Daniel Rauch. Œuvre-Katalog. Berlin 1996 (Bildhauer des 19. Jahrhunderts).

Stiftung Weimarer Klassik und Kunstsammlungen (Hrsg.): »Ihre Kaiserliche Hoheit«. Maria Pawlowna, Zarentochter am Weimarer Hof. Berlin 2004.

Teltow, Andreas: Das »eiserne« Berlin. Bauen und Gestalten mit Gußeisen. In: Bartel u. a. (Hrsg.), S. 44–52.

Theiselmann, Christiane: Potsdam und Umgebung. Von Preußens Arkadien zur brandenburgischen Landeshauptstadt. Köln 1993.

Verwiebe, Birgit (Hrsg.): Unter den Linden. Berlins Boulevard in Ansichten von Schinkel, Gärtner und Menzel. Berlin 1997.

Weber, Peter: Berlin/Potsdam. In: Goethe-Handbuch in vier Bänden. Hrsg. von Bernd Witte u. a. Band 4/1: Personen, Sachen, Begriffe A–K. Hrsg. von Hans-Dietrich Dahnke und Regine Otto. Stuttgart/Weimar 1998, S. 107 ff.

Wilhelmy-Dollinger, Petra: Die Berliner Salons. Mit historisch-literarischen Spaziergängen. Berlin/New York 2000.

Zastrau, Alfred: Berlin. In: Goethe, seine Welt und Zeit in Werk und Wirkung. Band 1: Aachen–Farbenlehre. Hrsg. von Alfred Zastrau. Zweite Auflage Stuttgart 1961, Spalte 1084–1107.

Zedlitz, L. Freiherr von (Hrsg.): Neuestes Conversations-Handbuch für Berlin und Potsdam zum täglichen Gebrauch der Einheimischen und Fremden aller Stände. Berlin 1979. [Reprint der Erstausgabe Berlin 1834]

Weiterführende Literatur

Arnhold, Erna: Goethes Berliner Beziehungen. Gotha 1925.

Bode, Wilhelm: Goethes Sohn. Biographie. Hrsg. von Gabriele Radecke. Zweite Auflage Berlin 2004 (Aufbau Taschenbuch 1829). [Erste Ausgabe Berlin 1919]

Bojarzin, Otto: August von Goethes Heidelberger Studentenjahre. Hrsg. von Marianne Bojarzin. Wolfenbüttel 1917.

Büch, Gabriele: Alles Leben ist Traum. Adele Schopenhauer. Eine Biographie. Berlin 2002 (Aufbau Taschenbuch 1797).

Eggers, Karl: Rauch und Goethe. Urkundliche Mittheilungen. Berlin 1889.

Egloffstein, Hermann von: Alt-Weimar's Abend. Briefe und Aufzeichnungen aus dem Nachlasse der Gräfinnen Egloffstein. Hrsg. von Hermann Freiherr von Egloffstein. München 1923.

Hecker, Max: Ferdinand Heinke in Weimar. In: Jahrbuch der Goethe-Gesellschaft 13 (1927), S. 251–306.

Hein, Karsten: Ottilie von Goethe (1796–1872) Biographie und literarische Beziehungen der Schwiegertochter Goethes. Frankfurt am Main u. a. 2001 (Europäische Hochschulschriften Reihe I, Bd. 1782).

Kaufmann, Sylke: Henriette von Pogwisch und ihre Französische Lesegesellschaft. Ein Beitrag zur Weimarer Kultur in der ersten Hälfte des 19. Jahrhunderts. Mit einem Exkurs zum Wirken Goethes in der Lesegesellschaft. Marburg 1994.

Kettig, Konrad: Goetheverehrung in Berlin. Ein Besuch von August und Ottilie v. Goethe in der preußischen Residenz 1819. In: Schriften des Vereins für die Geschichte Berlins 61 (1977), S. 83–132.

Lowenthal-Hensel, Cécile und Arnold, Jutta: Wilhelm Hensel. Maler und Porträtist 1794–1861. Ein Beitrag zur Kulturgeschichte des 19. Jahrhunderts. Berlin 2004.

Maltzahn, Hellmuth Freiherr von: August von Goethes Bibliothek. In: Philobiblon 6 (1933), Nr. 5, Beiheft.

Nicolovius, Alfred (Hrsg.): Ueber Goethe. Literarische und artistische Nachrichten. Erster Theil. Leipzig 1828.

Rahmeyer, Ruth: Ottilie von Goethe. Eine Biographie. Frankfurt am Main/Leipzig 2002.

Seidler, Louise: Goethes Malerin. Die Erinnerungen. Hrsg. von Sylke Kaufmann. Berlin 2003 (Aufbau Taschenbuch 1426). [Erste Ausgabe Berlin 1874]

Steininger, Judith und Henke, Silke: Die Handschriften von Goethes szenischer Bearbeitung des »Faust« für Anton Fürst Radziwill im Archiwum Glowne Akt Dawnych in Warschau. In: Goethe-Jahrbuch 122 (2005), S. 316–324.

Stolzenberg, Ingeborg: Ein Stammbuch Ottilie von Goethes. In: Jahrbuch der Sammlung Kippenberg Neue Folge 3 (1974), S. 85–147.

Völker, Werner: Der Sohn August von Goethe. Zweite Auflage Frankfurt am Main/Leipzig 1993.

Weniger, Erich: Goethe und die Generale der Freiheitskriege. Geist, Bildung, Soldatentum. Neue, erweiterte Auflage Stuttgart 1959.

Verzeichnet sind Handschriften (H) und ausgewählte Drucke (D)
der Tagebücher, Briefe und Briefbeilagen, die im Rahmen der Edition
des Reisetagebuchs 1819 von August von Goethe vollständig abgedruckt werden. Angaben zur Überlieferung der für den Stellenkommentar genutzten unveröffentlichten Briefe und Dokumente finden
sich in den Anmerkungen.

Klassik Stiftung Weimar, Goethe- und Schiller-Archiv

August von Goethe: Tagebuch Der Reise von Weimar nach Berlin,
Dessau Torgau, Dresden, die sächs: Schweiz über Leipzig zurük
von 4. May bis 27. Juny 1819 (H: 37/XII,4)
Ottilie von Goethe: Tagebuchfragmente, [Berlin, nach dem 12. Mai
1819] (H: 40/XXIII,3,3)
August von Goethe an Goethe (H: 28/354 c; D: Geiger 1907 und Ulm
Sanford 2005)
Goethe an August von Goethe (H: 37/XII,4; D: WA und Ulm San-
ford 2005)
Ottilie von Goethe an Goethe (H: 28/357,4; D: Geiger 1907)
Ottilie und August von Goethe an Henriette von Pogwisch
(H: 40/XXXIV,2)
Ludwig von Baczko: »Wer sich des Lebens freue« (1802) (H: 33/35)
Goswin von Brederlow an Ottilie von Goethe (H: 40/II,1,16)
Karl Graf von Brühl an August von Goethe (H: 37/XII,4)
August Graf Neidhardt von Gneisenau an Goethe, 1. Juni 1819
(H: 28/349; D: Geiger 1907)
Auguste von Hagen an Ottilie von Goethe (H: 40/VII,1,4)
Caroline von Harstall an Ottilie von Goethe (H: 40/VII,3,4)
Wilhelm Henckel von Donnersmarck an Ottilie von Goethe
(H: 40/VII,8,9)
Johann Gottfried Langermann an August von Goethe, Berlin, 1. Juni
1819 (37/XI,1,9)

Carl Ludwig Mursinna: Zeugnis über die wissenschaftliche Tätigkeit von Caspar Friedrich Wolf (3. März 1819) (33/502)

Franz Nicolovius an Ottilie von Goethe, Berlin, 11. Juni 1819 (H: 40/XII,2,5)

Ernst von Schiller an August von Goethe (H: 37/XI,4,5)

Adele Schopenhauer an Ottilie von Goethe (H: 40/XVI,1)

Christoph Ludwig Friedrich Schultz an Ottilie von Goethe (H: 40/XVII,2,4)

Carl Friedrich Zelter an Ottilie von Goethe (H: 40/XX,6,7; D: Oettingen II 1913)

Frankfurter Goethe-Museum, Freies Deutsches Hochstift

Henriette von Pogwisch an Ottilie von Goethe, 26. Mai 1819 (H: II 7553–65)

Verzeichnis der Briefe

Durch * markierte Briefe sind hier erstmals oder erstmals vollständig nach der Handschrift veröffentlicht.

REGISTER

Das annotierte Personenregister umfaßt alle Personen und Werke, die in August von Goethes Tagebuch, Ottilies Tagebuch sowie in den Briefen und Beilagen genannt werden. Die kursiven Seitenzahlen beziehen sich auf die Lemmata in den Anmerkungen; fettgedruckte Seitenzahlen im Ortsregister verweisen auf Augusts und Ottilies längere Aufenthalte in Berlin, Dessau, Dresden, Potsdam und Torgau. Erschlossene Werktitel sind durch eckige Klammern, unsichere Identifizierungen durch ein »?« gekennzeichnet. Indirekte Erwähnungen werden in den Anmerkungen erläutert und in den Registern unter dem aufgelösten Namen aufgeführt. Eine Ausnahme bilden die im Tagebuch nicht namentlich genannten Architekten und Baumeister; deren Bauwerke findet man im Ortsregister. Anonyma, wie ein Kutscher, eine Köchin oder ein Wirt, wurden nicht aufgenommen. Fehlerhafte Schreibungen sind in den Anmerkungen richtiggestellt; in den Registern wird von der im Tagebuch- oder Brieftext verwendeten Form auf den Haupteintrag mit der korrekten Schreibung verwiesen. Die heterogenen Schreibweisen der Vornamen Kajetan, Karl, Karoline, Luise, Lukas und Viktor wurden vereinheitlicht und die Herrscher unter den entsprechenden Staaten bzw. Herrscherhäusern gruppiert. Tschechische und polnische Städte werden unter ihrem deutschen Namen aufgelistet.

Personenregister

Altenstein siehe *Stein zum Altenstein*

Ambrosius, Franziska, Schauspielerin in Weimar und Dessau; Tochter des Hofmusikers Johann Nikolaus A. *132, 142*

Ancillion siehe *Ancillon*

Ancillon, Johann Peter *Friedrich* (1767–1837), Theologe und preuß. Politiker; seit 1814 Wirklicher Geheimer Legationsrat im Außenministerium, seit 1817 im Staatsrat *99, 105*

Cogswell, Joseph Green (1786–1871), amerikan. Mineraloge, Geologe und Chemiker   108, *251*

Cranach, Lukas d. J. (1515–1586)   107, *249f.*

   Stammbuch (um 1543)   107, *249f.*

Cruicks(c)hank, Jakob Ignaz von, Kammerherr, Legationsrat und weimarischer Geschäftsträger am preuß. Hof in Berlin   95, 99, *244*

Cruikschank   siehe *Cruicks(c)hank*

? *Crusius*, Wilhelm (1790–1858), Rittergutsbesitzer auf Sahlis und Rüdigsdorf in Sachsen   81

Cumberland   siehe *Großbritannien und Hannover*

Van Daubs   siehe ? *van Dyck*

Dawe, George (1781–1829), engl. Porträtmaler   108 f., 149, *250 f.*

   ? Erbgroßherzogin Maria Pawlowna (entstanden: 1819; Ölgemälde)   108 f., *251*

   Porträt Goethes (entstanden: 1819; Ölgemälde)   108 f., *250 f.*

Demiani, Karl Friedrich (1768–1823), Maler; seit 1816 erster Inspektor der Gemäldegalerie in Dresden   143, 155, *266, 271, 278*

   [Katalog der Dresdner Gemäldesammlungen] (1812–1822; hrsg.)   150, 154, 156, 184, *266, 271*

Deny, Johann Friedrich *Wilhelm* (1787–1822), Schauspieler; seit 1805 bis 1822 am Hoftheater in Weimar, seit 1808 als Gast an den Königlichen Theatern in Berlin   53 f., 64, 68, *214, 221, 233, 247*

Dessau   siehe *Anhalt-Dessau*

Devrient, Daniel *Ludwig* (1784–1832), Schauspieler; seit 1819 an den Königlichen Theatern in Berlin   54, 62, 67, 74, 77

Dinglinger, Georg Friedrich (1666–1720), seit 1704 Hofemailleur in Dresden   *278*

   Hofstaat zu Delhi am Geburtstag des Großmoguls Aureng-Zeb (entstanden: 1701–1708)   184, *278*

Dinglinger, Johann Melchior (1664–1731), 1698 Hofgoldschmied des Kurfürsten Friedrich August I. in Dresden   *278*

   Hofstaat zu Delhi am Geburtstag des Großmoguls Aureng-Zeb (entstanden: 1701–1708)   184, *278*

Domenichino (d. i. Domenico Zampieri) (1581–1641), ital. Maler   44, *211, 229*

   Leda, Amor und Jupiter als Schwan   61, *229*

Domenikino   siehe *Domenichino*

Durand, Friedrich *August* (d. i. Friedrich August Aumann) (1787 bis 1852), Schauspieler; seit 1812 am Hoftheater in Weimar   133

Mandelsloh, Clementine siehe *Milkau*

Mandelsloh, Christian Friedrich Karl von, Königlich-Sächs. Hof- und Justizrat 111 f., 128, 151

Marheineke, Philipp Konrad (1780–1846), Theologe; seit 1811 Pfarrer an der Dreifaltigkeitskirche und Professor der Theologie an der Universität in Berlin; Amtskollege Schleiermachers 63, 67

Marheini(c)ke siehe *Marheineke*

Marquardt, Fräulein (Berlin) 59, 145

Mathäi siehe *Matthäi*

Matthäi, Johann *Friedrich* (1777–1845), Maler; seit 1810 Direktor der Kunstakademie in Dresden 150, 156

Mattausch, Franz (1767–1833), Schauspieler; seit 1789 an den Königlichen Theatern in Berlin 116

May, Kriegsrat 253
  Fernand Cortez oder Die Eroberung Mexikos (Berliner Erstaufführung der Neuinszenierung: 30. April 1818) 115 f., 123, *253*

Meckel (d. i. M. von Hembsbach), Johann Friedrich d. J. (1781–1833), Anatom; seit 1805 Professor in Halle 119

Mecklenburg siehe *Mecklenburg-Strelitz*

Mecklenburg-Strelitz
  Karl Friedrich August, Prinz von Mecklenburg-Strelitz (1785 bis 1831), preuß. General; seit 1816 Herzog, 1817 Mitglied des Staatsrats; Bruder der Königin Luise von Preußen 95, 101, 104, *225*

Meisner, Luise, geb. Minkwitz (Dessau) 32

Mekel siehe *Meckel*

Melzi, Francesco (1493 – um 1570), ital. Maler *211*
  Vertumnus und Pomona (ohne Jahr) 44, *211*

Mencke, C. A., Holzmassen-Bronze-Fabrikant in Berlin 107, *249*

Mendelssohn Bartholdy, Familie (Berlin) 48, 91, 102

Mendelssohn Bartholdy (bis 1812: Mendelssohn), *Fanny* Cäcilie, seit 1829 verh. mit Wilhelm Hensel (1805–1847), Pianistin und Komponistin 91, 102, *243*

Mendelssohn Bartholdy (bis 1812: Mendelssohn), Jakob Ludwig *Felix* (1809–1847), Pianist und Komponist 91, 102, *243*

Mengs, Anton Raphael (1728–1779), Maler und Kunstschriftsteller in Dresden 150, 156, *266*
  Abgußsammlung antiker Plastiken 150, 156, 266

Menke siehe *Mencke*

Mettingh, Emilie *Henriette* von, geb. von Phull (1792–1864), seit 1810 verh. mit Heinrich von M. 50, 58, 78, 80, *215*

Nagler, Karl Ferdinand *Friedrich* (seit 1823) von (1770–1846), preuß. Politiker, Kunstsammler und Geheimrat; Generalpostmeister 75 f., 79, *235*
– dessen Frau 81
– dessen Schwägerin 81
Natzmer, Major (Berlin) 58
Neale, Pauline Elisabeth Luise Wilhelmine Ferdinande Amalie Gräfin von (1779–1869), Hofdame der Fürstin Luise Radziwill 116, *254*
Neel siehe *Neale*
Nees von Esenbeck, Christian Gottfried Daniel (1776–1858), Botaniker, Naturphilosoph und Arzt; 1818 Professor der Botanik in Erlangen, seit 1819 in Bonn 54, 67, 78, *237*
Nicolovius, Familie (Berlin) 48, 51, 58, 65, 77, 79, 87–89, 91, 98, 102, 105, 115 f., 118, 122, 124, 163, *214*
Nicolovius, Alfred (1806–1890), sechster Sohn von Ludwig und Luise (1774–1811) N. 58
Nicolovius, Florentine *(Flora/Florchen)* Luise Henriette (1811 bis 1879), jüngste Tochter von Ludwig und Luise (1774–1811) N. 58, 68, 72, 91, 163, *272*
Nicolovius, Friedrich *Heinrich* Georg (1798–1868), Jurastudent; dritter Sohn von Ludwig und Luise (1774–1811) N. 58, 117, 163
Nicolovius, Georg *Ferdinand* (1800–1881), Student der Forstwissenschaft; vierter Sohn von Ludwig und Luise (1774–1811) N. 68, 117
Nicolovius, Georg Heinrich *Franz* (»unserm«, »d. ä.«) (1797–1877), 1818/19 Jurastudent in Jena; zweiter Sohn von Ludwig und Luise (1774–1811) N. 48, 50, 54–56, 58 f., 61 f., 66–69, 71 f., 75, 78, 84, 91 f., 98 f., 106, 114–118, 144–147, 149, 160, 163, 181, *214*, *265 f.*
Nicolovius, Georg Heinrich *Ludwig* (1767–1839), Jurist; seit 1810 in Berlin, 1817 Mitglied des Staatsrats und Geheimer Oberregierungsrat, Leiter der Kirchen- und Schulangelegenheiten; 1895 bis (verw.) 1811 verh. mit Maria Anna Luise (Lulu), geb. Schlosser (1774–1811), der Tochter von Goethes Schwester Kornelia Schlosser (1750–1777) 48, 50, 53–56, 58 f., 62, 64, 67 f., 70, 74 f., 77, 86, 88, 96, 99, 104, 107, 116 f., 162 f., *232 f.*, *237*, *266*, *272*
Nicolovius, Johanna *Kornelia* Elisabeth (1802–1833), älteste Tochter von Ludwig und Luise (1774–1811) N. 48, 58, 72, 91, 163, *272*
Nikolovius siehe *Nicolovius*

Ompteda, Ludwig Freiherr von (1767–1854), hannov. Gesandter 116
– dessen Frau 116

312

Schadow, Karoline *Henriette* Marie, geb. Rosenstiel (1784–1832), seit 1817 zweite Frau von Gottfried Sch.   54, *266*

Scharnhorst, Gerhard Johann David von (1755–1813), preuß. General-leutnant; seit 1807 Direktor des Kriegsdepartements, seit 1808 Leiter des Kriegsministeriums   55, 59, 64, *222*

Schikaneder, Emanuel (1751–1812), österr. Schauspieler, Theaterleiter und Librettist   *246 f.*

Die Zauberflöte (Berliner Erstaufführung der Neuinszenierung: 18. Januar 1816)   98, 105, 138, 149, 153, 157, *246 f.*

Schiller, Ernst Friedrich Wilhelm (seit 1802) von (1796–1841), Jurist; 1820 am Landgericht in Köln; zweiter Sohn von Charlotte und Friedrich von Sch., Freund August von Goethes   137 f.

Schiller, Johann Christoph *Friedrich* (seit 1802) von (1759–1805)   34, *219, 228, 254 f.*

Die Jungfrau von Orleans (Berliner Erstaufführung der Neuinszenierung: 18. Januar 1818)   53, 56, 59, 65, *219, 228*

Dom Karlos Infant von Spanien (Berliner Erstaufführung der Neuinszenierung: 6. Januar 1819)   116 f., 123, *254 f.*

Kabale und Liebe (Uraufführung: 1784)   34, 39 f.

Schinkel, Familie (Berlin)   78

Schinkel, Karl Friedrich (1781–1841), Baumeister, Architekt und Maler; 1810 Oberbauassessor, 1815 Geheimer Oberbaurat in Berlin   54, 56, 59, 63 f., 87, 98, 105, *214–216, 220, 222, 224 f., 228, 232, 240, 246 f., 253–255*

[Bühnenbildentwürfe zur Aufführung von Mozarts »Zauber-flöte«] (entstanden: 1815)   97 f., 105, *246*

[Bühnenbildentwürfe zur Aufführung von Schillers »Dom Karlos«] (entstanden: 1818)   116 f., 123, *254 f.*

[Bühnenbildentwürfe zur Aufführung von Schillers »Jungfrau von Orleans«] (entstanden: 1817)   53, 56 f., 59, 65, *228*

[Bühnenbildentwürfe zur Aufführung von Spontinis »Die Vesta-lin«] (entstanden: 1818)   48, 51, 58, *214 f.*

[Bühnenbildentwürfe zur Aufführung von Spontinis »Fernand Cortez«] (entstanden: 1818)   115 f., 123, *253 f.*

[Entwurf des Ehrenmals für den russischen Feldmarschall Fürst Kutusow]   87, *240*

Königliches Schauspielhaus am Gendarmenmarkt (entstanden: 1818–1821)   55 f., 59, 63 f., *220, 224 f., 232*

Neue Wache (beendet: 1818)   50, *216, 222*

Universität Berlin; Freund Goethes 50, 52–54, 56, 58–61, 64 f.,
67 f., 74, 78, 80, 89, 92, 103, 147, 162, *216 f., 236, 266*
– dessen Schwager (Bruder von Johanna Schultz) und Frau 54
Schultz, Maria *Johanna* Franziska Marcellina Philippina, geb. Pütt-
mann (1787 – nach 1845), seit 1806 verh. mit Christoph Ludwig
Friedrich Sch. 50 f., 58, 60, 162
Schultz, Sophie Ottilie (geb. 1819), Patenkind Johann Wolfgang und
Ottilie von Goethes 60, 78, 80, 162
Schulze, Johannes Karl Hartwig (1786–1869), Pädagoge; 1808–1812
Griechischlehrer am Weimarer Gymnasium, 1818 Vortragender Rat
im preußischen Kultusministerium, Leiter des höheren Schulwe-
sens 53
Schumann, G. F., Stellmacher und Besitzer einer Bahnfabrik in Berlin
90, *242*
Schwarzburg-Rudolstadt
Karoline Luise, Fürstin von Schwarzburg-Rudolstadt (1771–1854),
122, 125, 130, 141
– deren Tochter 130
? *Seckendorff-Gudent* (auch S.-Gutend), Ferdinand *Alexander* von
(1771–1844), sächs. Kammerherr 191
Seebeck, Thomas Johann (1770–1831), Physiker und Chemiker; seit
1818 in Berlin, Entdecker der entoptischen Farben 70, 74 f., 78,
88, 92, 99, 105, 107, 117, *265*
Seger siehe *Seghers*
Seghers, Daniel (1590–1661), fläm. Blumenmaler 108, *252*
[Blumenstück] 108, *252*
Seidewitz, Frau von (Dessau), Großmutter Luise Meisners 32
Seidler, Luise Karoline Sophie (1786–1866), Malerin 65, *227*
Der Kampf von Herakles mit der Amazonenkönigin Hippolyte
aus dem Fries von Phigalia (entstanden: 1818) 65, *227*
Sekendorf siehe *Seckendorff-Gudent*
Solger, Karl Wilhelm Ferdinand (1780–1819), Philologe und Philo-
soph; seit 1811 Professor in Berlin 98
Solly, Edward (1776–1844), engl. Holz- und Getreidehändler, Kunst-
sammler und -händler; bis 1821 zeitweise in Berlin; Besitzer der
Sollyschen Gemäldesammlung 78, 80, 92, *236, 243*
Solmar, Henriette (1794–1887), Sängerin; Solistin an der Singakade-
mie in Berlin 154, 158, 165 f., 168, 170–172, 174, 184, 187 f., *270*
Spanien
Ferdinand VII., seit 1813 König von Spanien (1784–1833) 137, *268*

Ortsregister

Frontispiz: Julie von Egloffstein: August von Goethe (1817), Blei-
stiftzeichnung
© Klassik Stiftung Weimar – Goethe-Nationalmuseum, Foto:
Sigrid Geske

1 Carl Friedrich Zelter: Skizze des Wegs zu Zelters Wohnung,
Aus Zelters Brief an Ottilie von Goethe, 17. April 1819 (GSA
40/XX,6,7)
© Klassik Stiftung Weimar – Goethe- und Schiller-Archiv

2 August von Goethes Reisepaß, Aus dem Reisetagebuch 1819
(GSA 37/XII,4)
© Klassik Stiftung Weimar – Goethe- und Schiller-Archiv

3 Wilhelm Barth: Lange Brücke in Potsdam (1828), Öl auf Leinwand 143,5 x 143,5 cm (Inv.-Nr. GKI 6654)
© Stiftung Preußische Schlösser und Gärten Berlin-Branden-
burg/Fotograf

4 Friedrich August Calau: Der Pariser Platz mit Blick nach den Linden (um 1820), Aquarell auf Papier (Inv.-Nr. VII 59/649 W)
© Stiftung Stadtmuseum Berlin, Foto: Friedhelm Hoffmann

5 Friedrich August Calau: Opernhaus, Opernplatz und Kirche
S. Hedwig (um 1820), Aquarell Feder auf Papier (Inv.-Nr. VII
59/462)
© Stiftung Stadtmuseum Berlin, Foto: Friedhelm Hoffmann

6 Friedrich Jügel: Getreue Nachbildung des Domes zu Rheims in
dem Trauerspiel »Die Jungfrau von Orleans«, Königliche Schauspiele, 18. Januar 1818, erfunden von Friedrich Schinkel
© Stiftung Stadtmuseum Berlin, Foto: Friedhelm Hoffmann

7 Julie von Egloffstein: Ottilie von Goethe (1817), Bleistiftzeichnung
   © Klassik Stiftung Weimar – Goethe-Nationalmuseum, Foto: Sigrid Geske

8 Friedrich August Calau: Palais des Königs zu Berlin Stadtschloß (um 1820), Aquarell auf Papier (Inv.-Nr. VII 59/646 W)
   © Stiftung Stadtmuseum Berlin, Foto: Friedhelm Hoffmann

9 Wilhelm Thiele: Decoration zu der Schluss-Scene der Oper »Die Zauberflöte« von Wolfgang Amadeus Mozart. Königliche Schauspiele – Opernhaus, 18. Januar 1816, erfunden von Friedrich Schinkel
   © Stiftung Stadtmuseum Berlin, Foto: Friedhelm Hoffmann

10 George Dawe: Johann Wolfgang Goethe (1819), Ölgemälde 66 x 57,7 cm
   © Klassik Stiftung Weimar – Goethe-Nationalmuseum, Foto: Sigrid Geske

11 Christian Haldenwang und Heinrich Theodor Wehle: Die Solitüde am Sieglitzer Berg bei Dessau (um 1800), Aquatinta 25,8 x 33,8 cm (Inv.-Nr. G 426)
   © Anhaltische Gemäldegalerie Dessau, Graphische Sammlung

12 Johann Wolfgang Goethe: Der Stein im Wörlitzer Park (nach 1794), Bleistiftzeichnung
   © Klassik Stiftung Weimar – Goethe-Nationalmuseum, Foto: Sigrid Geske

13 Canaletto: Dresden vom rechten Elbufer unterhalb der Augustusbrücke (Kleinere Replik) (zwischen 1751 und 1753), Öl auf Leinwand 95 x 165 cm, Ausschnitt: Augustusbrücke, Brühlscher Garten und Kuppel der Frauenkirche
   © Dresden Gemäldegalerie Alte Meister, Foto: Hans Reinecke

14 C. Aßmann: Das Theater auf dem Linckeschen Bade (Dresden) (1798)
   © Städtische Galerie Dresden Kunstsammlung

15 August von Goethe: »Reise in die Sächsische Schweiz in 3 Tagen«,
Skizze, Aus dem Reisetagebuch 1819 (GSA 37/XII,4)
© Klassik Stiftung Weimar – Goethe- und Schiller-Archiv

16 August von Goethe: Reisetagebuch 1819 (Ausschnitt), 17. Juni
1819 (GSA 37/XII,4)
© Klassik Stiftung Weimar – Goethe- und Schiller-Archiv

17 Steinbrücke im Liebethaler Grund (um 1820), Deckfarbenbild
© Städtische Galerie Dresden Kunstsammlung

18 »Lied eines Ulahnen«, Aus dem Reisetagebuch 1819 (GSA 37/XII,4)
© Klassik Stiftung Weimar – Goethe- und Schiller-Archiv

19 Pillnitz Schloß vom anderen Elbufer mit Bomätschern (um 1800),
Kolorierter Stich, Ausschnitt
© Staatliche Kunstsammlungen Dresden Kupferstich-Kabinett

20 August von Goethe: Reisekostenabrechnung, Aus dem Reisetagebuch 1819 (GSA 37/XII,4)
© Klassik Stiftung Weimar – Goethe- und Schiller-Archiv

21 August und Ottilie von Goethe: Albumblatt, Aus dem Reisetagebuch 1819 (GSA 37/XII,4)
© Klassik Stiftung Weimar – Goethe- und Schiller-Archiv